GB
한길그레이트북스

인 류 의 위 대 한 지 적 유 산

인류의 위 대 한 지 적 유 산

데이비드 블루어

———

지식과 사회의 상

———

김경만 옮김

한길사

인류의위대한지적유산

David Bloor

—

Knowledge and
Social Imagery

—

Translated by
Kim, Kyung–Man

Knowledge and Social Imagery by David Bloor
Licensed by the University of Chicago Press, Chicago, Illinois, U.S.A.
Copyright(c)1976, 1991 by David Bloor
All rights reserved.
Korean Translation Copyright(c)2000 by Hangilsa Publishing Co., Ltd.
Korean edition is published by arrangement with The University of Chicago Press
through Imprima Korea Agency.

데이비드 블루어

다면체의 꼭지점, 모서리, 면의 수 사이에 성립하는 관계를 발견해서 하나의 수학적 정리를 만들어낸 레온하르트 오일러. 이 정리에 대한 코시의 증명은 그후 수많은 수학적 논쟁을 야기했고 블루어는 이 논쟁이 사회학적으로 분석될 수 있음을 이 책에서 보여주고 있다.

19세기에 갈(Gall)과 슈푸르츠하임(Spurzheim)에 의해서 창시된 골상학은 두개골의 형태가 사람들의 능력을 나타내주고 있다고 주장하였다. 골상학은 즉각 에든버러 대학 해부학 교수들의 반발을 불러일으켰는데, 셰이핀은 이 논쟁은 당시에 사회개혁과 신분상승을 꾀하던 부르주아계급과 지배계급의 첨예한 사회적 이해관계의 대립에서 비롯되었다고 주장한다.

현대 과학철학에서 이른바 반증주의의 창시자로 잘 알려진 카를 포퍼는 과학의 합리성을 이론과 이에 대한 끊임없는 반증 노력에서 찾고 있으나 실제 과학사에서 반증이 가능했는가에 회의를 가진 많은 과학학자들의 비판의 대상이 되었다.

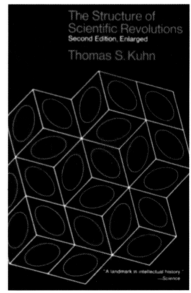

『과학혁명의 구조』를 써서 과학사·과학철학에 커다란 반향을 불러일으킨 토마스 쿤은 과학에 대한 이해는 과학의 '집단적 성격'을 규명함으로써만 가능하다고 주장하였으며 이 점은 그의 패러다임 개념으로 요약되었다.

유스투스 리비히는 유기화학에서 커다란 업적을 남긴 독일의 화학자인데 블루어는 당시의 무기화학자였던 톰슨에 비해서 왜 리비히의 유기화학이 그렇게 성공적이었는가를 지식사회학적으로 분석하고 있다.

기센 대학 교수로 있을 당시 리비히의 실험실(위)과 리비히가 기센 대학에 설립한 화학연구소(아래).
이 연구소는 지금 리비히 박물관으로 쓰이고 있다.

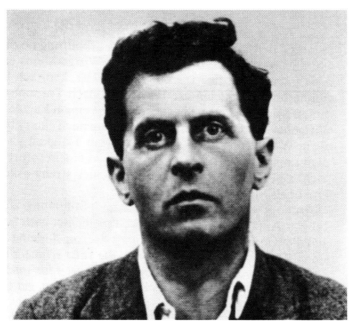

토마스 쿤의 과학철학과 스트롱 프로그램의 사상에 직접적인 영향을 미친 루트비히 비트겐슈타인은 언어와 외부세계의 대응에 기반한 전통적 인식론적 관점의 파괴에 커다란 역할을 하였다(위).
프랑스 혁명의 주된 사상이었던 계몽주의의 개인주의적 성향에 통렬한 비판을 가했던 에드먼드 버크(아래).

경험주의자였던 존 스튜어트 밀은 수학지식도 선험적인 지식이 아니라 경험에 의해서 형성되는 지식이라고 주장하여 수학의 객관성을 옹호하던 프레게의 비판을 받았다. 블루어는 이 논쟁을 통해서 왜 객관성이 결국 사회적인 것이 되어야만 하는가를 밝혀내려 한다.

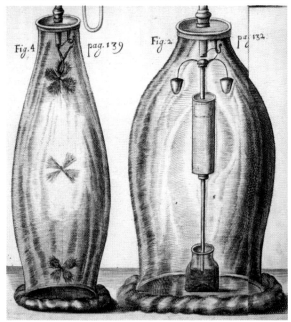

17세기에 토마스 홉스와 진리에 도달하는 방법에 대해서 대논쟁을 벌였던 로버트 보일(위).
셰이핀과 섀퍼는 이 논쟁도 당시의 첨예한 정치적·사회적 이해관계의 대립으로 설명할 수 있다고 주장한다.
아래 그림은 보일의 법칙 실험 장면.

블루어는 경제에서 자유방임과 개인주의, 투기까지를 옹호했던 제레미 벤담이 과학에서 지적 모험과 변이, 그리고 이에 대한 반증을 옹호했던 포퍼와 공통된 이데올로기적 기반을 가지고 있다고 주장한다.

옮긴이 **김경만**은 서강대학교 경제학과를 졸업한 후, 시카고 대학에서 과학사회학, 이론사회학, 과학철학 등을 공부하고, 1989년에 20세기 초 멘델 유전학을 둘러싼 논쟁에 관한 과학사회학적 연구로 같은 대학에서 박사학위를 받았다. 현재 서강대학교 사회학과 교수로 있다.

저서로는 *Explaining Scientific Consensus : The Case of Mendelian Genetics*(New York : Guilford Press, 1994)가 있으며, 주요논문으로는 *Philosophy of the Social Sciences, The Sociological Quarterly, Information sur les Sciences Sociales, Social Studies of Science* 등에 실린 논문들을 비롯하여 여러 편이 있다.

GB
한길그레이트북스

인류의위대한지적유산

데이비드 블루어

지식과 사회의 상

김경만 옮김

한길사

지식과 사회의 상 차례

과학지식 사회학의 스트롱 프로그램이란 무엇인가

김경만(서강대학교 교수 · 사회학)

1. 머리말

이 책의 저자 데이비드 블루어(David Bloor)는 1942년 영국의 더비에서 태어났다. 킬(Keele) 대학과 케임브리지(Cambridge) 대학에서 수학과 철학을 공부한 그는 과학철학에서 세계적인 업적을 쌓은 헤시(Mary Hesse)에게 사사하였고, 실험심리학 연구로 학위를 받았다. 철학에서 실험심리학으로 전공을 옮긴 이유는 이 책에서 확연히 드러나듯이 인간의 지식에 관한 문제를 '과학적', 즉 실험심리학적으로 접근하려는 데서 찾을 수 있다. 과학을 어떤 철학적 편견없이 경험적 현상으로 이해하고 설명하려는 블루어의 시도는 현재이른바 '자연주의적 접근'이라 불리는 과학철학의 한 조류와 일맥상통하는 바가 있다. 이후에 블루어는 과학지식에 대한 심리학적 접근을 사회학적 접근을 사용하여 '확장'시켰고, 그 결과물이 바로 『지식과 사회의 상』이다.

1967년에 케임브리지를 졸업한 후 블루어는 그 당시에 새로 설립된 에든버러 대학의 과학학연구소(Science Studies Unit)에 부임하게되었는데, 이것은 당시 연구소장을 맡고 있던 천문학자 에지(David

Edge)의 천거에 의해서였다. 그는 후에 화학을 전공하고 다시 사회학을 공부한 반스(Barry Barnes), 그리고 생물학을 전공한 후 과학사를 공부한 셰이핀(Steven Shapin) 등과 함께 연구소를 이끌어 나가게 되었다.

이들은 이 연구소에서 함께 연구하면서 이 책의 중심이랄 수 있는 이른바 '과학지식 사회학의 스트롱 프로그램'이란 사회학적 접근을 탄생시켰다. 1992년에 블루어는 과학학연구소의 소장이 되었고, 또한 과학사회학회(Society for Social Studies of Science)에서 과학사회학에 커다란 기여를 한 연구자에게 수여하는 버널상(J.D. Bernal Award)을 받았으며, 1998년에는 과학사회학 분야의 교수가 되었다.

스트롱 프로그램이 과학연구에서 차지하는 위치를 역사적으로 맥락화하기 위해서 우선 과학에 대한 몇 가지 전통적인 접근을 소개하기로 한다. 그것은 대략 세 가지로 구분할 수 있다. 첫째는 그 역사가 가장 오래된 과학철학이다. 과학철학의 주된 관심은 과학의 합리성을 논리적으로 재구성해서, 왜 과학이 외부세계에 대한 진리를 표상할 수 있는가를 보여주는 데 있었다. 이들은 과학의 합리성 자체는 사회, 문화, 정치 등의 과학 외적 요인들과는 하등 관계가 없는 과학 내적인 순수논리로 합리적 재구성이 가능하다고 보았고, 이런 재구성은 어떻게 과학이 외부세계에 대한 진리를 축적해나갈 수 있었는가를 보여줄 수 있다고 믿었다.

반면에 역사적으로 과학의 성장과 퇴보를 자세하게 기술하는 데 역점을 두어온 과학사는 과학발전의 합리적 재구성보다는 다른 역사기술들과 마찬가지로 어떻게 수많은 역사적 우연들이 서로 얽혀서 현재의 과학을 이루어냈는가에 더 관심을 기울여왔다. 예를 들어서 다윈(Charles Darwin)의 자연도태이론을 서술하는 데서 과학철학자들처럼 다윈의 이론을 논리적으로 재구성하고 그에 따라 다윈 이론의 합리성과 경험적 타당성을 평가하는 데 주안점을 두기보다는 다윈이 당시의 사회적, 문화적, 정치적, 종교적, 그리고 지적 환경 속에서 어떻게 그의 자연도태이론을 탄생시키게 되었는가를 역사적 이야기(historical narrative)로 만들어내는 데 관심을 기울였다.

물론 여기서 과학사가 평가적이 아니고 단순한 역사적 서술기능만을 해왔다고 말할 수는 없다. 역사가들의 지적 배경에 따라 그들은 서로 다른 역사철학을 가지고 있고, 이렇게 다른 해석적 원리에 따라 같은 역사적 사건도 다르게 기술하고 설명한다. 그러나 과학사가들은 일반적으로 어떤 이론발달의 내적 논리의 재구성과 이에 입각한 이론의 타당성에 대한 명확한 평가가 그들 작업에서 중심적인 것이라고 생각하기보다는, 그들이 다루는 역사적 사건에 대한 이해가능한 대리경험(proxy experience)을 우리에게 제공하는 것이 그들 작업에서 중심적인 것이라고 생각해왔다.

과학의 내용을 지식사회학적으로 접근하려는 영국의 에든버러 학파(Edinburgh School)가 등장하기 전의 과학사회학은 주로 미국 컬럼비아 대학의 머턴(Robert Merton)이 이끌던 과학사회학 그룹과 시카고 대학의 벤-다비드(Joseph Ben-David) 등에 의해 주도되었는데, 이들은 구체적인 연구대상이 서로 다르기는 했지만 모두 구조기능주의적 시각에서 과학의 제도화와 발전을 설명하고자 하였다. 예를 들어서 머턴은 1938년에 쓴 박사학위 논문 「17세기 영국에서의 과학과 기술과 사회」에서 과학이란 활동이 사회적으로 승인된 활동으로 자리매김하는 데 청교도 윤리가 어떤 공헌을 했는가를 설득력 있게 보여주는 데서 시작해서, 1960~70년대에 걸쳐 기능주의적 과학사회학을 창시하고 미국과 유럽 사회학계에 과학사회학이란 분과를 창출해내는 데 커다란 공헌을 하였다.

반면에 벤-다비드는 과학자의 역할이라는 개념이 사회에서 받아들여지는 속도와 과정을 연구함으로써 영국, 프랑스, 독일, 미국의 과학발전의 차이를 비교사회학적으로 설명하였다. 이들의 과학사회학은 그 구체적인 연구성향은 달랐지만 일반적으로 과학활동과 성장의 제도적 조건에 연구를 집중시켰고, 그 결과로 과학에 대한 전통적인 지식사회학적 접근, 즉 과학지식의 생성과 변화, 그리고 타당성 등의 결정요인에 관한 사회학적 연구를 사전에 배제하게 되었다.

이 책의 저자 블루어를 필두로 해서 반스, 셰이핀, 그리고 매켄지 (Donald MacKenzie) 등으로 대표되는 이른바 에든버러 학파는 후기 경험주의 과학철학과 뒤르켐(Emile Durkheim)의 지식사회학, 그리고 이에 비트겐슈타인(Ludwig Wittgenstein)의 후기철학을 더함으로써 이른바 과학사회학의 강한 프로그램(The Strong Programme in the Sociology of Science)을 탄생시켰다. 이 스트롱 프로그램은 전통적인 지식사회학이 과학지식을 그 연구대상에서 제외시켰던 것을 비판하고 과학지식 자체도 사회학적으로 설명이 가능하다는 것을 주장하였다. 여기서는 지금 언급한 스트롱 프로그램의 세 가지의 영감 (靈感)의 원천에 대해 간략하게 논함으로써 블루어의 스트롱 프로그램을 소개하고자 한다.

2. 스트롱 프로그램의 지적 계보

1960년대부터 콰인(Quine), 쿤(Kuhn), 핸슨(Hanson), 헤시 (Hesse), 툴민(Toulmin) 등을 필두로 시작된 후기 경험주의 과학철학은 과학에서의 이론적 언어를 관찰언어로 완전히 환원시킬 수 있는 방법이 없다는 점을 보여줌으로써 논리적 실증주의의 중심주장이었던 의미의 증명이론(the verification theory of meaning)과 인지적 중요성 명제(cognitive significance thesis)를 비판하였고, 따라서 과학이론이 외부세계의 단순한 투영 혹은 대응이라고 생각해온 전통적인 실증주의를 무너뜨리기 시작했다.

이들은 과학활동과 그 생산물인 과학지식 자체도 초월적인 지식(disembodied knowledge)이 아니며, 다른 문화적 활동과 마찬가지로 집합적인 인간실천(human practice)의 산물이라는 것을 주장하였다. 후기 경험주의적 과학철학은 이론 의존적이지 않은 관찰명제는 존재하지 않으며, 따라서 무엇이 사실이고, 무엇이 가장 최적의 연구방법이며, 또 무엇이 과학이 추구해야 할 목표인가 등은 과학자 집단이 공유하고 있는 패러다임(paradigm)이라고 하는 세계관에 달려 있다고 주장함으로써 전통적인 진리의 대응이론을 기각하였다.

1974년에 쿤은 「패러다임에 관한 재고」(Second Thoughts on Paradigms)라는 글에서 그림을 사용한 예시를 통하여 우리의 이론적 명제가 관찰명제로 환원되기 어려운 이유를 제시하는데, 이는 비트겐슈타인의 가족유사성(family resemblance) 개념과 유사한 예시였다. 우리가 사용하는 개념(concept)과 밖의 세계(external world)는 1 : 1 대응을 하며, 밖의 세계는 우리에게 그것에 대한 단일한 해석(unique interpretation)을 제공하여 주는가? 개념이 지칭하는 밖의 세계는 언어에 의하여 남김없이 객관적으로 묘사되고 잡혀질 수 있을까?

쿤의 예를 잠깐 살펴보자. 아이와 아버지가 동물원에 가서 백조와 거위와 오리를 보는 상황을 생각해보자. 또 아이는 이미 새라는 개념에 대하여 일반적인 인식을 가지고 있다고 가정하자. 백조를 가리키면서 아버지가 백조라고 말했을 때, 아이는 백조라는 새를 그의 인식세계에 추가하였다. 조금 더 지나가서 거위를 기르는 장 앞에 섰을 때, 아이는 그것을 가리키면서 백조라고 했다고 가정하자. 이때 아버지는 이 새로운 새가 백조가 아니고 거위라고 수정해줄 것이다.

여기서 중요한 점은 아이는 백조와 거위간의 유사성(similarity)에 더 천착하고 따라서 거위를 먼저 그의 인지적 틀에 있던 백조에 동화 (assimilate)시키려 한 반면에, 아버지는 이미 사회적으로 공유하고 있는 분류에 맞춰서 오리와 백조의 유사성보다는 차이점에 아이의 주의를 환기시키려고 할 것이다. 차이점을 부각시키는 아버지의 설명에, 결국 아이는 그의 인지적 틀을 적응시키게 되고 이제 거위와 백조의 구분 혹은 분류를 할 수 있게 된다.

여기서 비트겐슈타인의 가족유사성이 의미하는 바는 무엇인가? 우리가 개념을 사용하여 무엇인가를 지칭할 때, 그 개념이 공통적으로 가지고 있는 어떤 본질(essence)을 지칭하는 것인가? 예를 들어서 백조라는 개념 아래 지칭될 수 있는 모든 사례들(instances)이 공유하고 있는 본질이 존재하는가?

비트겐슈타인과 마찬가지로 쿤은 그런 본질의 존재를 부정하고, 백조라는 개념이 포괄할 수 있는 사례들은 그들이 가지고 있는 본질에 의하여 분류되는 것이 아니라, 그 사례들이 가지고 있는 교차되는 유사점(crisscrossing similarities)—마치 가족성원들의 생김새의 차이에도, 즉 가족의 생김새에 공통으로 존재하는 본질이 있지 않음에도 불구하고 가족이라 묶을 수 있는 것은 교차되는 유사성 때문인 것처럼—에 '주의를 환기'하도록 훈련받아왔기 때문이라는 것이다. 아이는 백조와 거위간의 구분을 외부세계에 존재하는 사물의 본질적 차이, 즉 백조와 거위를 정의하는 두 개의 대응원리(correspondence principles)의 확실한 차이들에 의존해서가 아니라, 사회적으로 용인된 백조와 거위라는 개념의 사용법의 차이를 아버지로부터 배움으로써 인식하게 된다는 것이다.

이제 셋째로 뒤르켐의 사회학적 영향을 스트롱 프로그램의 어느 부분에서 볼 수 있는가를 논해야 한다. 뒤르켐의 지식사회학의 출발점은 잘 알려져 있다시피 그의 종교사회학이다. 뒤르켐의 경우에 종교는 밖의 세계를 신성한 것과 세속적인 것(sacred and profane)으로 분류하는 데서 시작된다. 일단 신성한 것과 결합되거나 연결되는 어떤 것도, 즉 예를 들면 신성한 것을 상징하는 문양(文樣)이 새겨진 것은 무엇이나 신성함을 부여받게 된다. 이런 신성한 것 이외의 사물들은 그들의 효용에 의하여 세속적인 것들로 분류되는 것이다. 뒤르켐이 연구한 수족(Sioux)이나 오스트레일리아의 원시부족은 신성시하는 동물의 이름을 따서 부족의 이름을 명명하거나 부족간의 결혼을 이런 집단들의 연계/위계에 의하여 허락하거나 거부하였다.

그러나 여기서 중요한 점은 이들 부족의 신성/세속에 대한 분류가 외부세계의 사물들의 본질적 속성(intrinsic property)에 기인한 것이 아니라, 집단이 진화시키고 유지시켜온 사회적 분류라는 점이다. 결국 뒤르켐에게 진리/거짓, 옳음/그름, 합리적/비합리적 등과 같은 분류를 모두 포괄하는 지식의 문제는 집단이 외부세계를 표상(表象)하는 집단표상의 문제로 귀착되며, 이런 분류도식은 서로 다른 집단의 집합의식에 따라 가변적이며, 어떤 분류도식이 다른 어떤 도식보다 더 인식적인 우위를 가지고 있다고 할 수 없는 것이다. 우리 경험을 가능케 해주는 칸트(Kant)의 선험적 카테고리는 뒤르켐에게는 바로 집단적으로 선험적인(collective apriori) 카테고리가 되는 것이다.

3. 블루어의 목적론 비판

블루어가 이른바 목적론적 관점(teleological view)이라고 부른 지식에 관한 전통적인 접근을 어떻게 비판하는가를 논하면서 위에서 간략히 언급한 세 개의 지적 조류(潮流)가 블루어의 과학지식 사회학에 어떻게 나타나고 있는가를 살펴보자. 블루어에 따르면 목적론적 관점은 과학지식이 합리적이고 옳은 이유는 과학에서 사용하는 논리적, 경험적 방법이 자동적으로 자연세계에 대한 올바른 믿음을 우리에게 보장하여 주기 때문이라는 순환적 관점이다. 왜 과학지식은 옳고 합리적인가? 과학적 방법은 다른 조건들이 변하지 않는 한 항상 합리적이고 올바른 믿음으로 인도해주기 때문이다. 이것 외에 과학의 합리성을 설명해줄 수 있는 것은 존재하지 않는다. 즉 과학은 그 자체에 고유한 내적 논리를 가지고 있으며, 이를 따라갈 때 우리는 정당한 진리(true and justified belief)에 도달할 수 있다는 것이다.

블루어는 철학자들이 지금까지 지식사회학자들에게 지식의 부스러기들만 던져주고 사회학자들은 이것을 당연하게 받아들였다고 주장한다. 지식의 부스러기는 무엇을 의미하는가? 저명한 과학철학자인 라카토슈(Imre Lakatos)나 라우단(Larry Laudan) 등은 위에서 언급한 과학의 내적 논리에서 진리를 벗어나게 하는 외부요인들, 즉 사회적 요인들이 작용하였을 경우에만 지식에 관한 사회학적 설명을 허용하고 있다. 라우단의 비합리성의 원리(arationality principle)는 이 점을 잘 보여준다. 라우단에 따르면, 과학이 제 궤도를 가고 있을 때, 즉 내적 논리와 엄격한 경험적 자료에 의해 통제될 때는 사회학적 설명이 필요하지 않고, 오직 외부적이고 사회적인 따라서 이데올로기적인, 즉 지식을 왜곡시켜서 주어진 내적 논리에서 벗어나게 하는 비합리적이고 사회적인 요소가 작용할 때만 사회학적 설명이 허용되어야 한다. 따라서 사회학자는 이렇게 과학이 비합리적이고 이데올로기적이 될 때, 즉 제 궤도에서 벗어난 오류의 과학에 대해서만 설명할 수 있으며 옳은 과학적 믿음에 대해서는 아무것도 이야기할 수 없다는 주장을 펼친다. 블루어는 이런 관점을 오류의 사회학

(sociology of error)이라 명명하고 오류의 사회학은 지식사회학이 잘못된 믿음만을 설명하도록 사전적으로 지식사회학의 영역을 제한하는 것을 의미한다고 주장한다.

과학이 제 궤도를 가고 있다는 것은 구체적으로 무엇을 의미하는가? 그것은 외부세계에 대한 분류——이것은 옳다/그르다, 정당화될 수 있다/없다 등 우리가 지식이라고 생각하는 모든 것을 포괄하는 분류——가 외부세계를 있는 그대로 표상하는 것을 의미하며, 있는 그대로란 외부세계에 대한 단 하나의 옳은 분류(혹은 이론)가 존재한다는 것을 또한 의미한다. 위에서 논의한 세 가지의 지적 조류는 모두 외부세계에 대한 단일한 표상, 즉 단일한 분류의 가능성을 배제하고 있다.

그렇다면 블루어에게서 외부세계는 지식형성에 아무런 역할을 하지 못하는 것인가? 블루어는 그에게 이러한 관념론을 귀속시키는 것을 단호하게 거부한다. 물론 블루어는 이 책에서 전통적인 경험론을 부정하지만 비판자들이 잘못 지적하듯이, 경험이 우리의 지식형성에 미치는 영향을 전면 부정하지는 않는다. 다만 경험(혹은 외부대상의 속성)이 단일한 분류(unique classification)를 전적으로 결정하지 못한다는 점을 강조하고 있을 뿐이다. 우리가 경험의 괴집(槐集)만으로 밖의 세계에 어떤 질서를 부여하고 설명할 수 있는가? 또한 경험은 그 자체로 의미를 가질 수 있는가? 블루어의 대답은——위에서 간략히 논의한 대로——경험은 그 자체로는 의미를 가질 수 없고 이미 우리가 가지고 있는 세계에 대한 집단적 해석에 의하여 해석된다는 것이다.

외부세계에 대한 감각(경험)자극은 그렇다면 기존의 분류에 아무런 영향을 미치지 않는가? 그렇지는 않다. 블루어의 그림이 보여주듯이 지식은 기존의 사회적 분류와 새로운 경험적 요소라는 두 개의 벡타

(vector)의 합(合)에 의하여 결정되며, 새로운 경험적 요소가 이러한 기존의 분류에 어떻게 동화되는가 혹은 기존 분류를 어떻게 수정하게 되는가를 다루는 것이 지식사회학의 과제인 것이다. 즉 지식의 형성은 사회적인 요소로써만 결정되는 것이 아니라 새로운 경험, 즉 외부대상의 속성이 어떻게 집단에 의하여 소화되고 기존의 지식분류 체계에 동화되거나 그것을 수정하게 되는가에 의하여 결정된다. 이것은 지식사회학적 설명에서 경험도 혹은 사회도 배타적인 설명적 우위(exclusive explanatory primacy)를 갖고 있지 못하다는 것을 보여주는데, 그 이유는 지식이 사회적 요소와 외부속성의 합성물(合成物, amalgamation)이기 때문이다.

이렇게 본다면 과학이 제 궤도를 가고 있는가 혹은 제 궤도에서 벗어나고 있는가라는 질문은 그 자체가 잘못된 것이라는 결론에 도달하게 된다. 왜냐하면 지금 우리가 틀렸다고 믿는 과거의 과학도 사회/외부세계 속성의 합성물이고, 현재 우리가 맞다고 생각하는 과학지식도 사회/외부세계 속성의 합성물이기 때문이다. 따라서 틀렸다고 믿는 과거의 과학은 사회적/이데올로기적 요인으로 설명해야 하고 현재 맞다고 생각되는 지식은 순전히 외부세계의 단순한 표상이므로 외부세계로만 설명되어야 한다는 전통적 합리주의자들의 주장은 기각되어야 한다.

이것이 블루어의 대칭성 명제(symmetry thesis)의 핵심이다. 이것이 많은 블루어 비판자들이 이해하지 못하는 점인데, 스트롱 프로그램이 주장하는 것은 현재 우리가 받아들이는 지식도, 또 우리가 현재 틀렸다고 평가하는 과거의 지식도 그 형성과 타당화를 같은 종류의 원인을 가지고 대칭적으로 설명해야 한다는 것이다.

4. 스트롱 프로그램의 자연주의적 인식론

과학지식 사회학자들이 던지는 질문은 누가 과학적 합리성을 사전적(a priori)으로 혹은 초월적으로 정의할 수 있겠는가이다. 과학을 연구하는 과학철학자들인가 혹은 과학자 자신들인가? 철학자들이 전자를 택했다면, 과학지식 사회학자들은 후자의 답을 택하고 있다. 무엇이 올바른 과학인가는 과학철학자들의 규범적이고 절차적 (normative and procedural)이며 논리적인 선험적 기준에 의하여 결정되는 것이 아니고, 과학자들의 주장과 그에 대한 반대주장, 그리고 협상에 의해서 결정된다는 것이 과학지식 사회학자들의 핵심주장이다. 이런 주장의 타당성을 보여주기 위해서는 과학연구가 과학이 어떻게 행해져야 하는가에 관한 종래의 추상적이고 순수논리적인 연구에 기반을 둔 규범적인 것이 되어서는 안 되고, 경험적이고 역사-사회학적인 연구에 기반을 둔 것이 되어야 한다. 이 점은 현재 과학사, 과학사회학, 과학철학에서 중요한 문제로 대두되고 있는 과학적 실천의 문제에 최초의 힌트를 던졌다는 점에서 중요하다.

과학적 실천이란 무엇인가? 철학적이고 선험적인 논리에 의해서 묘사되고 분석될 수 있는가? 혹은 실제 과학자들의 논쟁과 주장, 실험실에서의 좌절과 성공, 상호작용, 경쟁, 그리고 협상을 통하여 경험적으로 분석되어야 하는가? 지난 30년 간의 과학지식 사회학의 업적은 과학을 성스럽고 논리적인 것으로만 보는 데서 탈피하여 과학을 다른 문화와 마찬가지로 하나의 또 다른 인간실천으로 보아야 한다는 관점을 공고히 했다는 데 있다. 또한 이런 점에서 과학철학의 한 조류인 자연주의적 인식론(naturalistic epistemology)과 과학지식 사회학은 그 궤를 같이한다고 할 수 있다.

현재의 과학지식 사회학 내에는 이론적 다양성이 존재하며 어떤 학파는(예를 들어 행위자-네트워크 이론) 스트롱 프로그램을 비판하고 있으나, 실제로 과학지식 사회학을 묶어주는 가장 중요한 명제가 있다면 그것은 위에서 언급한 대칭성 명제이다. 예를 들어서 대칭성 명제를 설명함으로써 스트롱 프로그램이 무엇인가를 좀더 구체적으로 논의해보자. 이 책에서 블루어가 논의하고 있는 수학에 관한 지식사회학적 접근에서는 수학지식도 경험과학과 마찬가지로 외부대상의 속성과 그 외부대상을 어떻게 볼 것인가에 대한 집단이 공유하고 있는 해석적(그리고 사회적) 원리의 합성물로 보아야 한다.

예를 들어서 그리스 시대의 무리수의 위기에 대한 블루어의 논의를 살펴보자. 오늘날에는 2의 제곱근은 숫자라는 것이 당연시되고 있다. 이것은 우리가 무리수라고 부르는 것인데, 2의 제곱근이 무리수라는 것을 증명하는 절차는 2의 제곱근을 p/q 같은 분수로 표시할 수 있다고 가정하는 데서 시작한다. 이에 대한 증명을 하다보면 처음에는 p가 짝수이고 q는 홀수라는 것이 증명되지만, 이런 식으로 계속하다보면 p가 홀수이고 q가 짝수라는 반대의 모순된 결과가 나온다. 이 계산은 무한히 계속될 수 있지만 보통 증명은 여기서 끝난다.

이렇게 모순된 결과는 2의 제곱근이 어떤 분수로 표시될 수 있다는 처음의 가정이 잘못되었기 때문이라는 결론에 도달한다. 이것은 분명 우리에게는 2의 제곱근이 유리수가 아니고 무리수라는 것을 증명해주지만 그리스 사람들에게는 2의 제곱근이 유리수가 아니라는 것 이상을 증명해주지 못한다(자세한 논의는 이 책의 6장 참조). 그 이유는 그리스 사람들에게 이 증명은 2의 제곱근이 결코 수가 아니라는 것을 보여주기 때문이다. 이들에게 2의 제곱근은 수가 아니라 단위길이를 갖고 있는 직각삼각형의 빗변의 길이가 나타내는 양(quantity)을 표시해주고 있는데, 그 이유는 그리스 수학에서는 대수(代數)와 기하(幾何)가 서로 치환될 수 없도록 심연에 의하여 유리되어 있었기 때문이다.

블루어의 말을 인용해보면 이러한 증명의 의미는 그 계산을 어떻게 볼 것인가를 결정짓는 수에 관한 배경가정들(background assumptions)에 의존한다. 이런 배경가정들은 다시 집합적으로 유지되는 분류와 문화의 의미 안에서 존재한다는 의미에서 사회적이다.

이제 그리스 수학과 현대 수학에서의 무리수의 의미가, 수학적 실재라고 생각되는 수의 속성과 집단 (사회)의 해석적 원리의 합성물이라는 것이 확실해졌다면, 그리스 수학만이 이데올로기와 사회적인 영향 때문에 왜곡된 수학이고 현대 수학은 사회적, 집단적인 해석적 원리에서 자유로운 수의 본질적 속성에 의하여 형성된 것이라고 설명하는 비대칭적 방식은 기각되어야 할 것이다. 오히려 이런 상이한 두 개의 수학체계는 집단의 문화적 유산과 분류체계라는 대칭적 요인에 의하여 설명되어야 할 것이다.

여기서 잊지 말아야 할 것은 증명에 사용된 수학적 계산 내의 어떤 것도 그리스인의 수체계와 현대인의 수체계 중 어느 것이 더 옳거나 그르다는 것을 나타내주지 않는다는 점이다.

이제 블루어의 연구를 떠나서 셰이핀과 섀퍼(Schaffer)의 『리바이어던과 에어펌프』(*Leviathan and the Air Pump*)를 살펴봄으로써 수학이 아닌 경험과학에서 어떻게 대칭성 명제가 예시되는지를 살펴보자. 이 책은 보일(Robert Boyle)과 홉스(Thomas Hobbes)의 과학실험과 진공의 성질에 관한 논쟁을 지식사회학적으로 조명함으로써 비상한 관심을 끌었다. 이들은 전통적으로 합리적이며 옳다고 믿어왔던 보일의 실험에 대한 관점과 주장이 300년 전으로 거슬러 올라가서 보면 그 설득력과 타당성이 결여되어 있다고 주장한다. 이들에 따르면 300년 전의 철학적, 인식론적, 사회적 상황에 적절하게 보일과 홉스의 논의를 맥락화시켜보면, 보일의 주장도 홉스의 주장 못지않게 정치적, 사회적 이해와 밀접하게 연결되어 있었으며, 현재의 과학적 시각에서 볼 때 오히려 더 많은 오류를 안고 있었다.

실제로 19세기 초까지 홉스가 보일과 같은 자연철학자였다는 사실과 이들의 유명한 논쟁이 철학대사전에 나와 있었지만, 19세기 말부터 홉스는 아예 정치철학자로만 치부되었으며 이후 그의 자연철학은 사람들의 뇌리에서 사라져버렸다. 지금 보일과 홉스를 동일한 위치의 자연철학자로 기억하는 사람들은 없으며, 만약 있다고 해도 홉스는 보일의 합리성과 이성에 대항한 한낱 비합리적이고 이해할 수 없는 사회적 이데올로기의 희생물로 간주되고 있을 것이다.

여기서 대칭명제가 비판하는 바는, 보일의 이론과 주장은 과학의 자명한 내적 논리를 따라갔기 때문에 합리적 지식을 생산해낼 수 있었고 또 그외의 다른 설명이 필요 없는 반면에, 홉스는 그 자신의 정치·사회적인 이해관계에 오염되어서 잘못되고 비합리적인 이론을 주장하였고 이것은 인과적 설명을 필요로 한다는 비대칭적인 설명이다.

이에 반해서 셰이핀과 섀퍼는 이 논쟁에 관한 어떤 선험적인 (그리고 현재적인) 판단을 유보하고 논쟁을 야기시키고 지속시킨 당시의 사회적인 맥락으로 돌아가서, 이 두 논쟁 당사자의 입장이 그 당시 첨예하게 대립하고 있었던 사회·경제적 이해관계를 어떻게 대변하고 있었는가에 대한 대칭적이고 공평한, 인과적 설명을 시도함으로써 무엇이 진정한 과학이며 합리적인지는 논쟁 당사자뿐 아니라 그들을 둘러싼 여러 사람들의 상호작용에 의해 사회적으로 구성된다는 것을 보여주고 있다.

홉스와 보일 두 사람 모두의 이론이 외부세계의 속성과 집단의 사회적, 문화적 분류 틀의 합성물이라면, 홉스의 이론만이 순수한 이데올로기와 사회·정치적 요인으로 설명될 수 있고, 보일의 이론은 사회·역사적 진공(眞空, vacuum)상태에서 외부대상의 순수한 속성을 표상하는 객관적 진리라고 설명하는 비대칭적인 설명은 기각되어야 한다는 것이 블루어를 포함한 스트롱 프로그램 사회학자들의 주장이다. 진리의 사회결정론이란 오해에 시달려온 지식사회학은 신성하며 초월적인 진리와 잘못된 믿음의 구분이 우리 밖에서 주어지는 것이 아니라, 우리의 상호작용 안에서 만들어지는 것이라는 점을 밝힘으로써 과학에 대한 전통적 사고에 커다란 전환을 가져왔다.

한국어판 머리말

나는 김경만 교수가 이 책의 한국어 번역이라는 어려운 작업을 맡아준 것에 대해서 깊은 감사를 표하고 싶다. 김교수의 요청에 의해 현재의 내 연구방향에 관한 짧은 머리말을 쓰게 된 것을 기쁘게 생각한다. 나는 이 머리말을 두 부분으로 나누어서 나의 연구를 요약하려 한다. 그 두 부분은 각각 '방어적인'(defensive) 것, 그리고 '건설적인'(constructive) 것이라고 불릴 수 있을 것이다. 첫번째 방어적인 부분은 지금까지 계속 오해를 낳고 잘못 전달되어온 과학지식 사회학의 연구를 설명하고 명확히 하려는 시도들을 담고 있다. 두번째 건설적인 부분은 '제도'와 같은 기본적인 개념의 이해를 깊게 하려는 시도를 담고 있다. 나는 각각의 작업에 대한 몇 가지 예들을 소개할 것이다.

최근에도 스트롱 프로그램, 혹은 에든버러 학파에 대한 격렬한 비판들이 있어왔다. 통상적인 철학적 비판과는 달리 이것은 실제 과학자들로부터 유래된 것이다. 예를 들면 고트프리트(Kurt Gottfried)와 윌슨(Kenneth Wilson)은 저명한 학술지인 『네이처』(*Nature*)에 기고한 글에서, 만약 과학에 대한 지식사회학적 분석이 옳다면 왜 과학이 예측력을 가지는지를 이해하기가 불가능할 것이라고 주장했다. 확실히 과학은 성공적인 예측들을 한다. 그러므로 지식사회학자들은 틀림없이 과학에 대한 잘못된 해석을 유포하고 있는 것이다. 왜 고트프리트와 윌슨은 과학에 대한 사회학자들의 설명이 예측을 이해할 수 없는 '신비'(mystery)로 만들어질 수밖에 없다고 생각하는가? 이에 대한 어떤 설명도 주어지지 않았으나, 대답 뒤에 숨겨진 가정은 다음과 같을 것이다.

사회학자들은 과학자들이 사회에는 반응하나 (비사회적인) 실재에는 반응하지 않는다고 가정한다. 다시 말해서 과학자들의 믿음은 사회에 의해서 결정되지만 (비사회적인) 자연세계에 의해서는 결정되지 않는다는 가정이다. 물론 이것은 최소한 이 책에서 논의되고 옹호되고 있는 지식사회학자들의 주장과는 다르다. 이들은 사회와 자연세계(nature)가 서로 상충하는, 즉 하나의 영향이 크면 다른 하나의 영향이 감소하는 관계(trade-off)를 가정하지 않는다. 즉 이들은 자연세계와 사회간의 제로 섬 게임(zero-sum game)을 상정하고 있는 것이 아니다. 이 책에서 당연시되는, 올바른 관점은, 과학자들이 실제로 자연세계에 반응하고 있다는 것이다. 과학자들은 사회를 통해서 자연세계에 반응하는 것이다. 과학자들의 반응이 담긴 용기는 사회이다.

불행하게도, 이런 잘못된 이해를 하고 있는 사람들은 지식사회학 영역 밖의 비판자들에 국한되지 않는다. 지난 몇 년 동안 라투르(Bruno Latour)도 고트프리트와 윌슨이 가지고 있던 스트롱 프로그램에 대한 잘못된 견해를 전파하는 데 많은 힘을 쏟아왔다(라투르의 1987, 1992년 저작을 보라). 라투르 역시 에든버러 학파의 주장이 자연세계와 사회의 제로 섬 관계에 입각해 있다고 생각한다. 그는 이 점을 부각시키기 위하여 그림을 그렸다. 한쪽에는 자연세계, 다른 한쪽에는 사회가 있는 선을 생각해보라. 이 선 위의 모든 점은 자연세계와 사회 각각의 역할 혹은 기여를 그 점의 오른쪽과 왼쪽의 길이로서 표현할 수 있다는 의미에서 모든 가능한 지식이론을 표시한다. 라투르는 스트롱 프로그램이 이 선의 한쪽 끝, 즉 모든 지식이 사회적으로—따라서 자연세계의 기여는 전무한—결정되는 점에 위치한다고 주장한다. 그러나 스트롱 프로그램은 이 선의 중간점으로도, 끝점으로도 표시될 수 없으며 이 선상의 어느 점으로도 표시될 수 없다.

이런 그림은 제로 섬 게임이라는 잘못된 가정을 스트롱 프로그램에 갖다붙이는 또 다른 방법에 불과하다. 우리 분야에서 상당히 중요한 사람이 이런 잘못된 견해를 가지고 있다는 것은 매우 슬픈 일이다. 과학사회학 내부에서도 이런 잘못된 이해를 강화시키고 있는 상황이니, 과학자들이 지식사회학을 잘못 이해하는 것은 놀랄 만한 일이 아니다. 나는 앞으로 출간될 두 논문에서 최대한으로, 또 명쾌하게 이런 오해들을 찾아내고 논박하고자 노력했다. 이들은 각각 『반-라투르』(*Anti-Latour*)(1999a)와 『인식론 편람』(*Handbook of Epistemology*)에 실릴 '과학지식 사회학'이라는 제목의 논문이다(1999b).

좀더 건설적인 측면에서 본다면, 에든버러식의 접근은 사회제도에 관한 명확한 모형에 의해서 최근 강화되었다. 사회학자들은 지식을 사회적 제도라고 본다. 그렇다면 사회적 제도란 무엇인가? 이 질문에 대한 심오하고 흥미로운 답이 반스의 중요한 논문, 「자기유지적 귀납으로서의 사회생활」(Social Life as Bootstrapped Induction, 1983)에 나와 있으며 이런 분석은 그의 책 『권력의 본성』(*The Nature of Power*)에서 심화되어 있다. 반스는 제도를 (1) 실천적(performative)이며, (2) 자기준거적(self-referential)인 것으로 다루고 있다. 제도란 한 집단 내에서 자기준거적인 실천에 의해서 구성된다. 제도는 마치 거대한 자기실현적 예측(self-fulfilling prophecy)과도 같다.

이 접근은 돈의 경우로 예시될 수 있는, 매우 간단한 생각을 정교화한 것이다. 만약 많은 사람들이 어떤 것을 돈으로 받아들이고, 그것이 돈이라고 믿고, 돈이라고 취급하면, 그것은 돈이다. 이런 활동은 돈을 하나의 실재(reality)로 만들고, 이런 실재는 사람들의 믿음과 의도에 의해서 구성된 실재이다. 이런 의도적인 상태들(intentional states)은 돈을 매개로 해서 서로 상호작용하는 모든 사람들의 의도적 상태를 그 대상물로 가지고 있을 뿐이다.

또 하나의 전형적인 예를 생각해보자. 모든 사람들이 불량하다고 생각하는 은행은 결과적으로 불량하다. 그렇다고 믿는 것이 그렇게 만드는 것이다. 적당한 단서조항을 달면, 같은 논리가 반대의 경우에도 적용된다. 우량하다는 것의 많은 부분은 우량하다는 것에 대한 믿음에 의해서 구성된다. 대체로 우량함과 불량함은 믿음에 의해서 구성된다.

그러나 이런 믿음은 무엇에 관한 믿음인가? 각 사람은 다른 사람들의 믿음으로 구성된 실재에 대한 믿음을 가지고 있다. 이런 각각의 믿음은 같은 성격을 가지고 있다. 전반적으로 볼 때, 믿음의 체계는 그 자체를 지칭하고 있다. 그러므로 여기에 사회적 존재론(social ontology)에 관한 간결한 이론이 있다.

나는 여기서 제도에 관한 이런 분석이 지식사회학에서 차지하는 중요성을 더 이상 논의할 수는 없다. 이런 분석이 중요한 이유는, 만일 "사회적 구성물이 무엇인가?"라는 질문에 유용한 답이 존재한다면 그 답은 다음과 같기 때문이다. "사회적 구성물은 사회적 제도이다" (물론 사회적으로 구성되는 것은 지식이지 실재가 아니다). 이런 접근이 과학에 관한 쿤의 견해에서, 패러다임이 차지하는 지위를 분석하는 도구를 제공해준다는 것을 다시 한 번 상기시키고자 한다. 만일 어떤 집단이 어떤 것을 패러다임이라고 취급하면 그것은 패러다임이다. 아마도 가장 중요한 점은 이런 분석이 어떠한 개념적용의 이해에도 필수적인 규범성(normativity)——즉 맞고 틀리는 것을 판단할 수 있는 능력——에 대한 설명을 제공한다는 점일 것이다.

어떤 개념이 의미를 가지려면 그것의 옳고 그른 적용이 구분되어야만 한다. 달리 표현하자면, 개념이 그것의 사용에 관한 규칙을 가지고 있어야 한다는 것이다. 그러나 규칙이란 무엇인가? 이에 대한 올바른 답은 규칙이 사회제도라는 것이며, 사회제도는 반스의 모형을 따라 이해될 수 있을 것이다. 여기서 주의해야 할 점은 이런 주장들이 나무나 전자(electrons), 혹은 바이러스 같은 독립적인 대상들을 지칭하는 개념들에도 적용될 수 있다는 것이다. 이들은 모두 사용에 관한 규칙을 필요로 한다. 따라서 사회적인 어떤 것(제도로서의 규칙)과 비사회적인 어떤 것(개념화된 실재 혹은 대상)간의 밀접한 연결을 여기서 확인할 수 있다.

사실, 여기서 우리는 왜 사회적인 것이 독립적인 세계의 준거에 필요한 부분인지, 따라서 그 세계에 대한 지식에 필요한 부분인지를 이해할 수 있다. 한마디로, 우리는 인간의 지식에서 자연세계와 사회를 연결하는 제로 섬 게임이 존재할 수 없는 이유를 알 수 있다. 블루어(1996)를 보라.

이들은 어려운 주제들이지만, 반스 모형을 사용함은 수많은 문제들에 대한 분석을 심화시키는 데 이미 도움을 주고 있다고 생각한다. 반스의 권력에 관한 책 이외에도 두 개의 연구가 이런 접근을 사용하고 있다. 하나는 비트겐슈타인의 규칙 따르기에 대하여 내가 쓴 책이며(1997), 다른 하나는 우리가 상식적으로 사용하는 심리적 용어의 지위와 실험심리학에서의 역사적 논쟁들을 다룬, 나의 에든버러 동료였던 쿠시(Martin Kusch, 1999)가 쓴 책이다. 쿠시는 이들도 역시 제도로서 다루어져야 할 필요가 있다고 주장한다.

나는 이 두 가지 연구가——서로 다른 방식이긴 하지만——내가 이 책에서 옹호하려고 노력한 연구전통에 충실한 연구들로 이해될 수 있다고 생각한다. 이들은 이런 전통이 발전할 수 있는, 그리고 발전하고 있는 방향을 나타내준다. 그럼에도 불구하고 나는 『지식과 사회의 상』에서 나타난 좀더 단순한 주장들이 생기 있고, 발전중이고, 또 논쟁적인 이 영역을 독자들에게 소개하는 데 유용한 역할을 할 수 있기를 기대한다.

비록 나는 『지식과 사회의 상』이 간결하면서도 직설적인 영어로 씌어졌다고 믿지만, 그것이 이 책의 번역이 쉬우리라는 것을 의미하지는 않는다. 사실 이렇게 간결하고 직설적으로 쓴 것 자체가 번역에 어려움을 더했을지도 모른다. 모든 사람은 번역이 기계적이지도 않고 또 그럴 수도 없다는 것을 안다. 번역은 재치와 판단, 그리고 원저자와 이 책의 독자들이 속한 문화에 대한 감각을 요구한다. 결론적으로 이 번역을 완성시키기 위하여 김경만 교수가 들인 노력에 대한 감사를 다시금 표하고 싶다. 그에게 깊이 감사드린다.

1999년 8월
데이비드 블루어

맥스 블루어에게

제2판 머리말(1991)

『지식과 사회의 상』의 제2판은 두 부분으로 이루어져 있다. 초판의 글에 새롭고 또 중요한 후기(後記)가 더해졌다. 그 후기에서 나는 나의 비판자들에게 답변을 했다. 비록 내가 이 기회를 철자법 오류와 같은 사소한 오류들을 바로잡는 데 이용하기는 했지만, 지식사회학에 대한 원래의 주장을 바꾸려는 유혹을 물리쳤다. 또한 이제는 구태의연해진 어휘들에 어느 정도 문체상의 변화를 주었다. 그 외는 초판과 다른 점이 없다.

후기에 대하여 말하자면, 나의 비판자들은 어떤 중요한 문제에 대해서도 나의 주장을 철회할 만한 필요를 느끼도록 하지 못하였다. 실제로 그들의 주장이 설득력을 가지는 데 실패한 것이, 나로 하여금 사회학이 중심적인 역할을 하는 지식에 대한 자연주의적인 이해(naturalistic understanding)의 가치에 대한 믿음을 더욱 강화시키도록 만들었다.

내가 후기에서 제시하는 주장들이 비판자들에 대한 나의 반격이 현명하고 정당한 반응이라는 것을 보여주었으면 하는 마음이다. 비판의 방대한 양 때문에 비판자들의 모든 주장에 일일이 대답을 할 수는 없었다. 따라서 필수적인 것들에 한하여 논의를 했고, 내가 다른 곳에서 했던 답변들을 되풀이하는 것은 피했다. 그럼에도 불구하고 후기에서 다루고 있는 주제들은 이 분야에서의 주요 논쟁영역들을 포괄하는 것이다.

유일한 예외가 있다면, 상대주의적인 지식사회학이 자기반박적(self-refuting)이라는 전형적인 비판을 다루지 않은 것이다. 이것은 이 책의 본문에서 논의되고 있으며, 좀더 논의가 필요한 점들은 헤시의 논문(1980)에서 설득력 있게 제시되고 있다.

내가 오늘날 이 책을 다시 쓴다면, 역사적 지식사회학(historical sociology of knowledge) 분야에서 이루어진 충분한 경험적인 작업들을 이용할 수 있을 것이다. 지식사회학의 가능성을 보여주는 주된 증명은 그것이 실제로 현존하고 있다는 것(actuality)이다. 이 분야의 업적을 요약한 셰이핀의 훌륭한 논문 「과학사와 그것의 사회학적 재구성」(History of Science and Its Sociological Reconstruction, 1982)은 과학지식 사회학의 경험적인 토대를 굳건히 하기 위한 중대한 자원이자 지침으로서의 확고한 위치를 굳혔다. 그것이 출간되면서부터 그 분야는 훨씬 풍부해졌다.

우리는 이제 데즈먼드(Desmond)의 『진화의 정치학』(*The Politics of Evolution*, 1989), 러드윅(Rudwick)의 『데본기에 대한 대논쟁』(*Great Devonian Controversy*, 1985), 그리고 셰이핀과 섀퍼의 『리바이어던과 공기펌프』(*Leviathan and the Air-Pump*, 1985)와 같은 인상적인 학문적 성과물들을 가지고 있다.

이러한 것들에 더해서 중력파(重力波) 검출을 위한 반복실험에 대한 콜린스(Collins)의 작업(1985), 입자물리학에 대한 피커링(Pickering)의 사회학적 분석(1984), 그리고 태양-미립자 흐름의 측정에 대한 핀치(Pinch)의 설명(1986)과 같은, 과학사회학자들에 의해서 이루어진 중요한 경험적인 공헌들이 있어왔다.

수학사회학(sociology of mathematics)이라는 흥미로운 분야에서는 이제 키처(Kitcher)의 역사적·철학적 분석인 『수학지식의 본성』(*The Nature of Mathematical Knowledge*, 1984), 매켄지의 『1865~1930년까지의 영국에서의 통계학』(*Statistics in Britain, 1865~1930*, 1981), 그리고 리처즈(Richards)의 『수학적 상상력』(*Mathematical Visions*, 1988) 등을 거론할 수 있다.

이러한 저작들, 그리고 이와 유사한 많은 저작들의 누적적 효과는 논쟁의 구도를 스트롱 프로그램에 유리한 쪽으로 변화시켰지만, 그럼에도 불구하고 아직도 풀리지 않은 많은 문제들과, 불가피하고 건설적인 의견의 차이들이 남아 있다. 물론, 역사적이고 경험적인 자료들만으로는 결코 문제를 해결할 수 없다. 경험적으로나 이론적으로나 완벽한 주장이 개발되어야만 하는 것이다. 이 점은 위에서 언급된 저자들도 충분히 인정하고 있는 부분이며, 또 그 점은 그들의 저작 안에 다양한 방식으로 녹아들어 있다.

나는 이 책에 제시된 논의를 정당화하기 위해서 이러한 사실에 주의를 환기시키고자 한다. 나는 새로운 사례연구를 제시하지는 않고, 단지 몇몇 중요한 이론적 주장들을 결연하게 옹호하고 있을 뿐이다. 후기에서 다루어지는 철학적 비판들을 연구하는 사람들에게는 여전히 이러한 종류의 작업이 필요가 있다는 점이 분명해질 것이다.

지식사회학에 대한 서로 다른 철학적 평가들 모두가 지식사회학에 대한 부정적인 결론들에 도달한 것은 아니다. 이따금이기는 하지만, 다양한 정도로 그 반대의 경우도 존재한다. 예를 들면 겔라틀리(Gellatly, 1980), 헤시(Hesse, 1980), 제닝스(Jennings, 1984), 그리고 매니카스와 로젠베르크(Manicas and Rosenberg, 1985)가 그러한 경우이다.

비록 나는 이 저작에 주의를 환기하도록 도와준 비판자들에게 빚을

지고 있다는 것을 알고 있지만, 말할 것도 없이 위에 언급한 나의 지
지자들에게 특히 감사한다. 또한 시카고 대학 출판사의 직원들과 심
사위원들에게 감사를 표하는 바이다. 그들은 개정판을 내겠다는 나
의 제의를 지지해주었고 이를 준비하는 데 도움을 주었다.

에든버러 과학연구소
데이비드 블루어

감사의 글

이 책을 준비하는 동안 친절하게 원고와 책의 각 부분들을 읽어준 많은 사람들에게 감사의 마음을 표하고 싶다. 그들은 반스, 블루어(Celia Bloor), 에지, 매켄지, 러드윅, 그리고 셰이핀이다. 이 모든 사람들의 논평과 비판으로부터 나는 많은 도움을 받았다. 내가 도움을 받은 비판자들이 내가 주장한 것에 대해서 언제나 동의하는 것은 아니었기 때문에, 그들은 이 최종적인 결과물에 대해서는 전혀 책임이 없다는 것을 강조해야겠다. 이들의 비판에 입각해서, 내가 때때로 수정한 것보다 더 폭넓은 수정을 하는 것이 현명한 처사였을지도 모르겠다.

그들 중에서도 과학연구소의 동료 가운데 한 사람인 배리 반스를 특별히 거론하는 것은 지극히 당연하다. 그것은 내가 그의 사고와 작업에 매우 특별한 빚을 지고 있음을 표현하기 위해서이다. 각주들에서 일일이 밝힐 수 없을 정도로 그 빚이 너무나도 크다는 점을 나는 잘 알고 있다. 마찬가지로, 그의 책인 『과학지식과 사회학 이론』(*Scientific Knowledge and Sociological Theory*, 1974)을 반복적으로 언급하기보다는 이렇게 일반적인 감사의 표시로서 충분하기를 바란다.

확실히, 이 책에서 전개될 입장에 관심을 가지고 있는 사람이라면 누구나, 그것을 논의하는 일이 상당한 중요성을 가진다는 것을 깨닫게 될 것이다. 그럼에도 불구하고 비록 우리의 두 책들이 많은 중요한 전제들을 공유하고 있기는 하지만, 그 책들은 매우 상이한 주제들을 전개하고 있고 매우 다른 영역들로 그 주장들을 밀고나가고 있다.

나는 허친슨 출판사(Hutchinson Publishing Group Ltd)가 딘스(Z.P. Dienes)의 『수학의 힘』(*The Power of Mathematics*, 1964)의 13쪽에 있는 도표를 사용하도록 허가해준 것에 대해서 감사의 뜻을 표하는 바이다. 그리고 또 내가 보기와 예시를 위해서 빌려 쓴 과학사 연구들을 제공한 과학사가들에게도 감사의 마음을 표해야겠다. 나는 자주 그들의 작업을 그들이 허락하지 않을 방식으로 사용하고 있음이 틀림없다.

제1장
지식사회학에서의 스트롱 프로그램

지식사회학이 과학지식의 내용과 성격을 탐구하고 설명할 수 있는가? 많은 사회학자들은 불가능하다고 믿는다. 지식의 생산에 영향을 미치는 조건과는 달리, 과학지식 자체는 그들의 연구능력을 넘어선다고 믿는다. 그들은 자발적으로 자신들의 연구범위를 제한한다. 이것은 사회학의 학문적 입장을 저버리는 것이다. 모든 지식은, 경험과학이든 심지어 수학조차도 철저하게 탐구재료로 다루어져야 한다. 사회학자들은 심리학과 같은 이웃학문에 탐구재료를 넘겨주거나 다른 학문에 종사하는 전문가의 연구에 의존함으로써 스스로 한계를 설정했다. 과학지식 자체의 절대적이거나 초월적인 특성, 혹은 합리성, 타당성, 진리나 객관성에 내재하는 한계란 거의 존재하지 않는다.

지식사회학 같은 학문의 자연스러운 경향은 원시세계관에 대한 연구에서부터 우리 문화가 가지고 있는 세계관에 대한 연구로까지 그 자체를 확장하고 일반화시킬 수 있을 것이라고 기대된다. 이것은 분명 사회학자들이 꺼려온 일이다. 지식사회학은 지식의 본성을 정의하는 책무가 허용되어 온 철학자들이 현재 점유하고 있는 영역으로 더욱 강하게 나아갈 수도 있었다. 사실 사회학자들은 과학에 대한 그들의 관심을 과학의 제도적 구조와 성장률, 혹은 성장방향에 관계되는 외적 요인에만 집중시켜왔다. 이것은 결과적으로 산출된 지식의 성격은 언급하지 않은 채 남겨둔다(Ben-David, 1971 ; DeGré, 1967 ; Merton, 1964 ; Stark, 1958 참조).

이 망설임과 비관주의의 원인은 무엇인가? 그런 연구에 수반될 엄청난 지적이고 실제적인 어려움 때문인가? 분명 이런 점이 과소평가되어서는 안 된다. 그러한 어려움의 정도를 측정하려면 그전에 좀더 제한된 목표에 쏟아부은 노력을 조사해보면 된다. 그러나 이것이 사실상의 이유로 치부되지는 않는다. 사회학자들은 과학지식을 다룰 이론과 방법이 없어서 당황했는가? 분명 그렇지 않다. 사회학은 연구자들이 영감의 모델과 원천으로 이용할 수 있는 타문화의 지식에 관한 모범적 연구들을 제시해주고 있다.

뒤르켐(Durkheim)의 고전적 연구인 『종교생활의 원초적 형태』(*The Elementary Forms of the Religious Life*)는 사회학자들이 지식형태의 심층까지 어떻게 관통할 수 있는지를 잘 보여준다. 게다가 뒤르켐은 그의 연구물을 어떻게 과학지식 연구와 관련시킬 수 있는가에 관해 많은 암시를 주었다. 그러나 사람들은 그 암시에 귀를 기울이지 않았다.

과학을 철저한 사회학적 탐구영역으로 끌어들이는 것을 망설이게 한 원인은 용기와 의지의 결핍이다. 사람들은 과학지식을 사회학적으로 탐구하는 것은 이미 틀려버린 일이라고 믿는다. 물론 용기의 결핍은 이처럼 순수하게 심리학적인 설명보다 더 깊은 뿌리를 가지고 있으며, 이것은 뒤에 연구될 것이다. 질병의 원인이 무엇이든 그 증상은 선험적이고 철학적인 논쟁형태를 취한다. 이런 방식으로 사회학자들은, 과학은 특별한 경우이며, 이 사실을 무시한다면 모순과 어리석음에 빠지게 될 것이라는 확신을 표현한다. 당연히 철학자들은 이 자기포기의 행위를 열렬히 고무할 것이다(예를 들면 Lakatos, 1971 ; Popper, 1966).

이러한 주장 및 금지와 싸우는 것이 바로 이 책의 목적이다. 이런 이유로 이후의 논의는 항상 그런 것은 아니지만, 종종 내용적인 것보다는 방법론적인 논의가 될 것이다. 그러나 나는 이러한 논의가 긍정적인 결과를 얻기를 바란다. 이러한 논의의 목적은 건설적인 작업을 하는 사람들의 손에 무기를 제공하여, 그들로 하여금 비판자들, 의심하는 자들, 회의론자들을 공격하도록 돕는 것이다.

나는 먼저 지식사회학의 스트롱 프로그램이라고 부르는 것을 상세히 설명할 것이며, 이러한 틀에 입각해서 스트롱 프로그램에 대한 상세한 비판들을 살펴볼 것이다. 선험적 주장들은 배경이 되는 가정과 태도 속에 항상 뿌리박혀 있기 때문에, 이것을 표면으로 끌어올려 검토하는 것 또한 필수적이다. 이것은 두번째 중요한 주제가 될 것이며, 바로 여기서 우리의 과학개념에 대한 실질적인 사회학적 가설이 출현할 것이다. 세번째의 주요 주제는 아마도 지식사회학의 모든 장애물 중에서 가장 어려운 것, 말하자면 수학과 논리학에 관한 것이다. 그러나 이와 관련된 원리의 문제들이 그렇게 전문적이지는 않을 것이다. 나는 이 주제들이 사회학적으로 연구될 수 있는지 그 가능성을 보여주고자 한다.

스트롱 프로그램

사회학자는 순수한 자연적 현상으로서의 과학지식을 포함한 지식에 관심을 가진다. 그러므로 지식에 대한 적절한 정의가 일상인이나 철학자의 정의와는 좀 다르다. 지식을 참된 믿음(belief)이나 정당화된 참된 믿음에 제한하지 않고, 사회학자들은 사람들이 지식으로 간주하는 모든 것을 지식으로 본다. 그것은 사람들이 확신을 갖고 지키며 생활하는 모든 믿음들로 이루어진다. 특히 사회학자는 당연시되거나 제도화된 믿음, 혹은 집단에 의해 권위가 부여된 믿음에 관심을 가진다. 물론 지식은 단순한 믿음과 구별되어야 한다. 이것은, 개인적이고 특이한 것은 단순한 믿음으로 남겨두고 집합적으로 지지된 것을 지식으로 한정함으로써 가능해진다.

세계가 어떻게 작동하고 있는지에 대해 우리는 너무나 다양하게 사고한다. 이것은 다른 문화영역과 마찬가지로 과학에도 해당된다. 그러한 다양성이 지식사회학의 출발점을 형성하고, 지식사회학의 주요한 문제를 구성한다. 이 다양한 사고의 원인은 무엇이고, 어떻게, 그리고 왜 사고가 변하는가? 지식사회학은 믿음의 분포와 그것에 영향을 주는 다양한 요인들에 초점을 맞춘다. 예를 들면 다음과 같다. 지식은 어떻게 전달되는가? 얼마나 안정적인가? 지식의 창조와 유지에는 어떤 과정이 개입되는가? 어떻게 지식이 조직되고 다양한 학문의 분야 혹은 영역으로 범주화되는가?

사회학자들은 이 주제를 탐구하고 설명할 필요가 있으며, 이 관점과 부합되는 방식으로 지식의 성격을 규정하려고 할 것이다. 그러므로 사회학자들의 사고는 다른 과학자들이 사용하는 것과 동일한 인과적 언어(idioms)로 표현될 것이다. 그들의 관심은 자료영역 내에서 작용하는 규칙, 일반원칙, 혹은 과정을 찾아내는 것이다. 목표는 이 규칙성을 설명할 수 있는 이론을 세우는 것이다. 만약 이 이론이 최대한으로 일반적인 것이 되어야 한다는 요구를 충족시키려면, 그 이론은 참된 믿음과 거짓된 믿음 둘 다에 적용되어야 하고, 가능한 한 동일한 형태의 설명이 두 가지 경우에 다 적용되어야 한다. 생리학의 목적은 건강한 유기체와 병든 유기체를 설명하는 것이고, 역학의 목적은 작동하는 기계와 작동에 실패한 기계, 그리고 잘 지탱하는 다리뿐만 아니라 무너진 다리도 이해하는 것이다. 비슷하게, 사회학자는 실제로 발견된 믿음을 탐구자들이 어떻게 평가하는지를 개의치 않고 설명할 수 있는 이론을 찾는다.

이미 흥미로운 연구성과를 낳은 이 분야의 몇 가지 전형적인 문제들은 이런 식의 접근을 설명하는 데 도움이 될 것이다. 첫째, 집단의 총체적인 사회구조와 구성원들이 신봉하는 우주론의 일반형태 사이의 관계에 대한 연구가 있다. 인류학자들은 우리가 왜 비인격적이고 자연적인 세계관과 구별되는 의인화되고(anthropomorphic) 마술적인 세계관을 갖게 되는가에 대한 가능한 원인들과 그 사회적 상관관계를 발견하였다(Douglas, 1966, 1970).

둘째, 경제, 기술, 그리고 공업발달과 과학이론의 내용 사이의 관계를 추적하는 연구가 있어왔다. 예를 들면, 물과 증기기술의 실제발달이 열역학(thermodynamics) 이론의 내용에 끼친 영향이 아주 상세히 연구되었다. 둘 사이의 인과적 연관은 논쟁의 여지없이 분명하다(Kuhn, 1959 ; Cardwell, 1971).

셋째, 보통 비과학적인 것으로 간주되는 문화의 특성이 과학이론들과 발견들의 형성과 평가에 커다란 영향을 끼친다는 증거들이 많이 존재한다. 통계학의 상관계수 개념을 만들어내게 된 근원은 우생학에 대한 골턴(Francis Galton)의 관심이었다는 것이 하나의 예이다. 또한 유전학자 베이트슨(Bateson)이 유전자 이론(gene theory of inheritance)을 둘러싼 논쟁에서 비판적인 역할을 담당했던 것을 설명하기 위해 그의 일반적인 정치, 사회, 이데올로기적 입장을 끌어들인다(Coleman, 1970 ; Cowan, 1972 ; Mackenzie, 1981).

넷째, 훈련과 사회화 과정이 과학행위에서 가지는 중요성이 점점 더 입증되고 있다. 이러한 과정에 입각해서 과학이론의 연속성과 불연속성, 그리고 수용과 거부의 형태를 설명할 수 있을 것이다. 켈빈(Lord Kelvin)의 진화이론에 대한 비판은 과학분과에서 필연적으로 요구되는 배경이 연구물에 대한 평가에 어떤 영향을 끼쳤는가를 잘 보여주고 있다.

켈빈은 태양을 식어가는 백열체로 취급해서 그 나이를 계산했다. 그는 진화가 현재 관찰가능한 상태에 도달하기도 전에 태양은 이미 불타 없어졌어야 했으리라는 것을 발견했다. 세계는 진화이론에 따라 진화가 진행됐을 만큼 충분히 오래되지 않았으며, 따라서 진화이론은 틀렸다는 것이다. 엄청나게 긴 시간을 전제해야 하는, 생물학자들이 가정해온 지질학적 단일성(geological uniformity)은 그 타당성을 잃고 말았다. 켈빈의 주장은 실망을 안겨주었다. 1860년대에 이런 주장의 권위는 엄청난 것이었고 아무도 반박할 수 없었다. 게다가 그러한 주장은 설득력 있는 물리학적 전제에서 엄밀하게 도출되었다.

그러나 1890년대에 이르러 지질학자들은 용감하게 켈빈이 오류를 저질렀다고 주장할 수 있게 되었다. 지질학자들이 용기를 지니게 된 것은 어떤 극적인 새로운 발견을 했기 때문이 아니었으며, 실질적으로 이용가능한 증거가 변한 건 전혀 없었다. 그 동안 일어났던 일은 화석기록(fossil record)에 대한 많고 상세한 관찰과 더불어, 지질학이 하나의 분과로서 일반적 통합을 이룬 것이다. 지질학의 이러한 성장 때문에 바로 켈빈 이론의 가능성(probability)과 타당성(plausibility)에 대한 평가에 변화가 생긴 것이다. 즉 켈빈은 틀림없이 중요하지만 알려지지 않은 어떤 요인을 고려하지 않았다는 것이다. 그의 물리학적 주장이 반박될 수 있었던 것은 태양이 에너지의 핵 원천지가 된다는 것을 이해하고 나서부터였다. 지질학자나 생물학자들이 이에 대한 예지를 가지고 있었던 것은 아니었으며, 다만 단순하게 대답을 기다리지 않았을 뿐이었다(Rudwick, 1972 ; Burchfield, 1975). 이 예는 또 다른 중요한 사실을 나타내준다. 그것은 과학에 내재한 사회적 과정을 다루고 있으며, 따라서 지식에 대한 사회학적 고찰이 외적 영향의 작용에만 국한되어야 할 이유가 없다는 것이다.

마지막으로, 독일 바이마르 공화국의 물리학자들에 관한 흥미 있고 논쟁적인 연구를 언급해야 할 것이다. 포먼(Forman, 1971)은 바이마르 공화국 물리학자들의 학술발표가 당시 지배적이었던 반과학적인 '생철학'(Lebensphilosophie)을 지지하고 있음을 보여주었다. 그는 "1918년 이후 독일에서 그렇게 갑작스럽게 솟아오르고 무성하게 꽃이 피게 된, 물리학에서 인과성을 없애려는 운동은 주로 물리학의 내용을 당시 지적 환경이 옹호하던 가치에 적응시키려는 독일 물리학자들의 노력 때문이었다"(p.7)고 주장한다. 이 주장의 대담함과 흥미로움은 현대 양자론에서 비인과성이 차지하는 중심적 역할에 기인한다.

방금 서술한 접근은 과학지식 사회학이 고수해야 할 다음의 네 가지 원칙을 제시한다. 이런 식으로 과학지식 사회학은 다른 과학들에서 당연시하는 가치를 구현할 것이다.

1. 인과성. 과학지식 사회학은 믿음이나 지식상태를 낳은 조건과 관련하여 인과적이어야 한다. 물론 사회적 원인과 함께, 믿음을 만들어내는 데 작용하는 사회적 원인과는 별개인 다른 유형의 원인도 존재할 것이다.

2. 공평성. 과학지식 사회학은 참과 거짓, 합리성 혹은 비합리성, 성공 혹은 실패에 대하여 공평해야 할 것이다. 이 양분된 것의 두 측면이 모두 설명되어야 한다.

3. 대칭성. 설명양식에서 대칭적이어야 한다. 같은 유형의 원인이 이를테면 참된 믿음과 거짓된 믿음을 설명해야 한다.

4. 성찰성. 원칙상 과학지식 사회학의 설명형태는 사회학 그 자체에도 적용할 수 있어야 한다. 대칭성의 요건과 마찬가지로, 이것은 일반적 설명을 추구해야 할 필요에서 나온 반응이다. 이것은 꼭 필요한 원칙인데, 그렇지 않으면 사회학은 자기 이론을 언제나 반박해야만 할 것이다.

인과성, 공평성, 대칭성, 성찰성이라는 이 네 가지 원칙은 지식사회학에서의 스트롱 프로그램이 무엇인지를 정의한다. 그것은 결코 새로운 것이 아니라 뒤르켐(1938), 만하임(Mannheim, 1936), 그리고 츠나니에키(Znaniecki, 1965)에게서 발견할 수 있는 훨씬 낙관적이고 과학적인 경향의 혼합물을 나타낸다.

다음에서 나는 스트롱 프로그램에 대한 비판과 오해에 대항하여 이 원칙들을 지키고자 노력할 것이다. 중요한 것은 스트롱 프로그램이 일관되고 타당한 방식으로 추구될 수 있는가 하는 것이다. 그러므로 이 원칙의 중요성을 끌어내기 위해, 또한 스트롱 프로그램이 비판에 어떻게 견뎌내는지 보기 위해 지식사회학에 대한 주된 비판에 관심을 돌려보자.

지식의 자율성

지식사회학에 대한 일련의 중요한 비판은 어떤 믿음은 아무런 설명도 필요치 않거나, 혹은 인과적 설명이 필요치 않다는 확신에서 유래한다. 이런 느낌은 문제가 되는 믿음이 참이거나, 합리적, 과학적,

혹은 객관적인 것으로 간주될 때 특히 강하다.

우리가 합리적이거나 논리적으로 행동할 때, 우리의 행위는 합리성이나 논리의 요구에 따라 지배받는다고 말하기 쉽다. 왜 일군의 전제들에서 결론을 이끌어내는가에 대한 설명은 논리적 추론 그 자체의 원리 안에 존재하는 것처럼 보일 것이다. 논리는 전제와 결론 사이에 일련의 관계를 구축하는 것 같고, 우리는 이 관계들을 따라갈 수 있다고 생각할 것이다. 어떤 사람이 합리적 상태에 있다면, 그 관계들 자체가 그 추론자의 믿음에 대한 최상의 설명을 제시하는 것처럼 보일 것이다. 철로 위의 기관차처럼, 철로 자체가 기관차의 방향을 지시한다. 이것은 마치 우리가 방향이 없는 물리적 인과성의 무작위적인 움직임을 초월하여 그것을 전혀 다른 원리들로 만들거나 종속시켜, 이 원리들이 우리의 사고를 결정할 수 있도록 하는 것과 같다. 만일 그렇다면 믿음을 설명하는 데 가장 중요한 역할을 제공하는 사람은 사회학자나 심리학자가 아니라 논리학자이다.

물론 어떤 사람이 추론에서 실수를 할 때는 논리 그 자체가 실수를 설명할 수 없다. 실책이나 일탈은 다양한 요인들이 추론을 방해했기 때문에 발생한다. 추론 자체가 추론자의 한정된 능력을 넘어설 만큼 어렵거나, 혹은 추론자가 부주의하거나 논의중인 주제에 감정적으로 너무 많이 연루되었을 수도 있다. 기차가 철로를 벗어났을 때는 사고 원인을 분명하게 찾을 수가 있다. 그러나 우리는 왜 사고가 일어나지 않았는가에 대해서는 원인을 찾아낼 필요도 없고 그래야 할 사명도 없다.

이런 주장은 현대 분석철학에서 상식적인 것이 되어버렸다. 따라서 『마음의 개념』(*The Concept of Mind*, 1949)에서 라일(Ryle)은 다음과 같이 언급한다. "왜 우리가 속는가를 심리학자로 하여금 우리에게 말하도록 하자. 그러나 우리는 우리 자신이 왜 속지 않는가를 우리 자신과 심리학자에게 말할 수 있다"(p.308). 이 접근은 사람들이 옳은 일을 하도록 만드는 것은 아무것도 없으나, 사람들이 잘못되도록 하거나 잘못을 일으키게 할 수 있는 어떤 것은 있다는 주장으로 요약할 수 있을 것이다(Hamlyn, 1969 ; Peters, 1958 참조).

이 설명들의 일반구조는 분명히 드러난다. 이러한 설명들은 행위나 믿음을 옳고 그름, 참과 거짓, 합리적이거나 비합리적인 두 가지 유형으로 나눈다. 그리고 이러한 설명들은 두 가지 유형 중 부정적인 쪽을 설명하기 위하여 사회학적이거나 심리학적 원인들에 호소한다. 실수, 한계, 일탈 등을 설명할 때 이런 원인을 끌어들이는 것이다. 평가적 구분의 긍정적인 쪽은 아주 다르다. 여기에서는 논리, 합리성, 그리고 진리가 그 자체의 설명이 된다. 즉 여기에선 심리적이고 사회적인 요인들에 호소할 필요가 없다.

지적 행위의 장(場)에 적용시 이러한 관점들은 지식을 자율적인 영역으로 만드는 결과를 낳는다. 지적 행위는 행위 자체의 과정, 결과, 방법, 격언에 의존해서 설명된다. 그것은 성공적이고 관례적인 지적 행위를 자기설명적(self-explanatory)이고 자기추진적인(self-propelling) 것으로 보이게 만든다. 지적 행위는 자기 고유의 설명을 가지게 된다. 사회학이나 심리학의 그 어떤 전문지식도 요구되지 않으며 오직 지적 행위 자체에 관한 전문지식만 요구된다.

최근에 유행하는 이런 식의 견해는 과학사를 어떻게 서술해야 하는가에 대한 라카토슈(1971)의 이론에서 찾아볼 수 있다. 라카토슈의 이론은 분명히 과학사회학에도 함의를 지니도록 고안된 것이었다. 라카토슈에 의하면, 과학사 서술의 우선적 필요조건은 과학철학 혹은 과학방법론을 채택하는 것이다. 이것은 과학이 무엇이어야 하며, 그리고 그것의 어떤 단계가 합리적인가에 대한 설명이다. 선택된 과학철학은 이후의 모든 설명작업을 결정하는 기본틀이 된다. 이런 철학의 인도하에, 과학은 그 원칙을 예시하고 그 가르침에 따라 발전하는 과정이라는 것을 보여줄 수 있어야 한다. 이것이 성공할 수 있는 한에서만 과학은 철학에 비추어 합리적인 모습으로 드러날 것이다.

과학이 특정한 방법론적 원리를 구현한다는 것을 보여주는 이 작업을 라카토슈는 '합리적 재구성'(rational reconstruction) 혹은 '내적 역사'(internal history)라고 부른다. 예를 들어 귀납주의 방법론이라면 아마 누적된 관찰을 통해 이론이 출현한다는 사실을 강조할 것이다. 그러므로 케플러(Kepler)가 행성운동법칙을 만들 때 브라헤(Tycho Brahe)의 관찰을 이용한 사건 같은 것에 초점을 맞출 것이다.

그러나 이런 식으로 실제로 다양한 과학실천의 모든 것을 포착하기는 불가능하다. 그래서 라카토슈는 내적 역사는 항상 '외적 역사'(external history)에 의해 보충될 필요가 있다고 주장한다. 이것은 비합리적인 잔여(殘餘)에 주의를 기울이는 것이다. 그것이 철학적인 역사가가 '외적 역사가'나 사회학자에게 양도한 문제이다. 그래서 귀납주의적 입장에서 보면, 케플러가 태양의 위대함에 대해서 가졌던 신비적 신념의 역할은 비합리적 혹은 외적 설명을 요구하게 되는 것이다.

이 접근에서 주목할 점은 첫째, 내적 역사가 자족적이며 자율적이라는 것이다. 과학발전의 합리적 성격을 드러내는 것만으로 왜 사건들이 발생했는지에 대한 본질적으로 충분한 설명이 된다. 둘째, 합리적 재구성은 자율적일 뿐만 아니라, 외적 역사 혹은 사회학에 비하여 보다 중요한 우선권을 갖는다는 점이다. 후자는 단지 합리성과 현실 간의 간격을 좁힐 뿐이다. 사회학적 설명은 내적 역사가 씌어지기 전까지는 정의조차 되지 않는다.

내적 역사가 우선적이며 외적 역사는 단지 이차적일 뿐이다. 왜 냐하면 외적 역사의 가장 중요한 문제는 내적 역사에 의해서 정의 되기 때문이다. 외적 역사는 내적 역사의 관점에서 해석된 역사적 사건들의 속도, 위치, 선택성 등에 대한 비합리적 설명을 제공하거 나, 역사가 합리적 재구성과 다를 경우 왜 다른지에 대한 경험적 설명을 제공한다. 그러나 과학 성장의 합리적 측면은 그 자체의 발 견논리로 완전히 설명된다(1971, p.9).

다음에 라카토슈는 철학이 외적 역사나 사회학이 다루어야 할 문제 들을 어떻게 규정해야 하는가에 대한 답을 제시한다. 슬프게도 외적 역사가들에게 그 대답은 아주 모욕스러운 것이다. 라카토슈에 따르 면, 외적 역사나 사회학의 기능은 파생적일 뿐만 아니라, 최상의 과 학철학은 그 역할을 최소화시키는 것이라고 주장한다. 과학철학의 진보는 합리적인 것으로 펼쳐 보일 수 있는 실제 역사의 양으로 측정 할 수 있다. 인도하는 방법론이 좋으면 좋을수록, 실제 과학은 경험 적 설명의 비합리성에서 더욱더 벗어날 수 있다.

사회학자들은 라카토슈가 어떤 철학도 결코 구제하지 못할, 혹은 하려고도 하지 않는 어떤 비합리적인 사건들이 과학에 항상 존재할 것이라는 점을 유감스럽지만 기꺼이 인정한다는 사실에서 약간의 위 안을 얻을 수 있을 것이다. 라카토슈는 과학에 스탈린주의가 개입했 던 생물학의 리센코(Lysenko) 사건 같은 불미스런 에피소드를 예로 든다.

그러나 이 미세한 논의는 이 입장의 일반적 구조보다 중요하지 않 다. 합리성의 주요 원칙이 어떻게 선택되고 변화되는지는 중요한 문 제가 아니다. 중요한 점은 한 번 선택되면, 과학의 합리적 측면은 자동적(self-moving)이고 자명한(self-explanatory) 것으로 간주된다는 사실이다. 경험적이거나 사회학적인 설명은 비합리적인 것에 한정된다.

사람들이 합리적이거나 옳은 것을 행하거나 믿게 만드는 것은 아무 것도 없다는 사실은 무엇을 의미하는가? 그런 경우에 도대체 왜 행위가 발생하는가? 만약 심리학적이고 사회학적인 원인에 대한 탐구는 비합리적이거나 오류의 경우에만 적절한 것으로 간주된다면, 지적 행위가 내적이고 올바른 기능을 하도록 고무하는 것은 무엇인가? 이러한 사고의 암묵적인 기초가 되는 이론은 지식과 합리성에 대한 목적지향적이거나 목적론적인 견해이다.

진리, 합리성, 그리고 타당성이 우리의 자연스런 목표이고, 우리에게 부여된 어떤 자연적 경향의 나아갈 방향이 있다고 가정하자. 우리는 합리적인 동물이고, 따라서 진리가 우리의 시야에 나타날 때 자연적으로 바르게 추론하고 진리를 따르게 된다. 그러므로 참된 믿음은 특별한 논평을 필요로 하지 않는다. 우리가 어떤 것을 믿는다는 것에 대한 완전한 설명은 그 믿음이 진리이기 때문이라는 것이다. 한편, 진리를 향한 이 자기추진 과정은 방해받을 수도 있고 빗나갈 수도 있는데, 이때 자연적 원인이 틀림없이 발견되어야 한다. 이 자연적 원인이 무지, 오류, 혼란된 추론, 과학진보의 방해물들을 설명할 것이다.

그런 이론을 현대 사상가들에게 전가하는 것이 첫눈에는 불합리하게 보이겠지만, 실제로 이 분야의 많은 저작들은 목적론적인 이론을 뒷받침하고 있다. 심지어는 만하임의 사고 속에도 그런 사상이 스며들어 있었던 것으로 보인다. 만하임이 인과적이고 대칭적인 설명원리를 구축하려고 노력했음에도 불구하고, 수학과 자연과학과 같이 자율적으로 보이는 대상을 다룰 때는 그 역시 이러한 원리를 고수하지 못하였다. 이러한 실패는 『이데올로기와 유토피아』(*Ideology and*

Utopia)의 다음과 같은 문장에 잘 표현되어 있다.

　지식습득 과정이 실제로 어떤 내재적인 법칙에 따라 역사적으로 발전하지 않는다는 것, 사물의 내재적 성격이나 '순수한 논리적 가능성'을 따라서 발전하지 않는다는 것, 그리고 '내적 변증법'에 의하여 추론되지 않는다는 것을……보여줄 수 있는 사고영역에서는 사고의 존재론적 결정(existential determination of thought)을 증명된 사실로 보아도 무방할 것이다. 사실상, 실제 사고의 출현과 구체화는 결정적인 많은 점에서 아주 다양한 종류의 이론 외적 요인들에 의하여 영향을 받는다(1936, p.239).

　여기서 사회적 원인들은 '이론 외적인' 요인들과 동일시되었다. 그러나 이론의 내적 논리나 이론적 요인들에 의해서 지배를 받는 행위는 어떻게 설명되어야 하는가? 그것은 설명을 필요로 하는 사물들을 찾아내는 기준선으로 기능하기 때문에, 분명 사회학적 설명에서 배제될 위험 속에 있는 것이다. 이것은 마치 만하임이 라일과 라카토슈의 인용문에 표현된 의견을 공유하면서, "우리가 논리적인 것을 하면서 올바르게 나아갈 때는 아무것도 더 이상 말할 필요가 없다"라고 혼자말을 하는 것과 같다.

　하지만 어떤 종류의 행위를 문제가 없는 것(unproblematic)으로 보는 것은 그것을 자연적인 것(natural)으로 보는 것이다. 이런 경우에 자연적인 것은 올바르게, 즉 진리를 경유하거나 진리를 향해서 나아가는 것이다. 그러므로 여기에도 역시 목적론적 모델이 작동하고 있다.

　이러한 지식 모델은 스트롱 프로그램의 원칙들과 어떻게 관련되어 있는가? 분명히 이러한 지식 모델은 여러 면에서 스트롱 프로그램의 원칙들을 위배한다. 그것은 철저한 인과적 지향을 포기한다. 오류에 대해서만 원인을 찾을 수 있다. 그리하여 지식사회학은 오류의 사회학으로 제한된다. 더욱이 이러한 지식 모델은 대칭성과 공평성의 원칙을 위반한다. 어떤 믿음이 자명한 것으로 간주될 수 있는지, 혹은 인과적 설명이 필요한지를 결정하기 전에 믿음의 진리값이나 합리성에 대한 선험적 평가가 요구된다. 만약 목적론적 모델이 참이라면 스트롱 프로그램이 거짓이라는 것은 의심의 여지가 없다.

따라서 목적론적 모델과 인과적 모델은 서로를 완전히 배제하는 이론적 대안을 나타낸다. 진정 둘은 대립되는 형이상학적 입장이다. 그래서 처음부터 어느 것이 참인지를 필연적으로 결정해야 할 것처럼 보인다. 지식사회학은 목적론적 관점이 잘못되었다는 점에 의존하고 있지는 않은가? 따라서 스트롱 프로그램을 진행시키기 전에 이런 점을 확립할 필요가 있지 않을까? 대답은 아니라는 것이다. 문제를 우회하여 다른 쪽에서 보면 이해하기 쉽다.

어떤 결정적이고 독립적인 토대가 선험적으로 제시되어 그런 중요한 형이상학적 대안들의 참이나 거짓을 증명할 수는 없다. 두 이론 중 어느 하나에 대해 반론이 제기된다면 이 반론은 다른 이론을 전제로 하거나 그에 의존하고 있음이 밝혀질 것이고, 따라서 문제를 해결할 수 없도록 만든다. 최대한 할 수 있는 일은 상이한 이론들의 내적 일관성을 검토하고, 그에 기초한 실제 연구와 이론화를 행할 때 일어나는 일을 살피는 것이다. 이론이 맞는가를 결정하는 일은 이론을 채택하여 사용한 이후이지 그 전이 아니다. 그래서 지식사회학은 경쟁적 입장을 없애려 하지 않는다. 지식사회학은 단지 그런 입장과 자신을 분리하고, 경쟁하는 입장을 기각하고서, 자신의 이론이 논리적 질서를 이루고 있음을 확인하기만 하면 된다.

스트롱 프로그램에 대한 이런 반대는 지식이 가진 고유한 성격에 근거를 둔 것이 아니라, 목적론적 모델의 관점에서 본 지식에 기반을 둔 것이다. 목적론적 모델을 거부하면 그와 연관된 구별들, 평가들, 비대칭들도 함께 사라질 것이다. 그러한 형태의 설명이 우리에게 설득력을 갖는 것은 그러한 형태가 유일하게 우리의 관심을 차지하고 있을 때일 뿐이다. 목적론적 모델이 존재하고 어떤 사상가들이 그 모델을 사용하는 것을 당연시한다고 해서 그것이 증명력을 가지는 건 아니다.

목적론적 모델 그 자체만 본다면 그것은 확고하게 일관성을 이루고 있으며, 따라서 목적지향적 관점보다 인과적 접근을 더 선호해야 할 논리적 이유가 존재하지 않을 것이다. 그러나 스트롱 프로그램을 선택하도록 충분히 영향을 줄 수 있는 방법론적인 이유는 존재한다.

설명이 선험적 평가에 의거해야 한다면 세상에서 작동되리라 생각되는 인과적 설명은 이러한 평가의 형태를 반영하게 될 것이다. 인과적 과정은 지각된 오류의 패턴을 도려냄으로써 진리와 합리성의 형상을 뚜렷이 부각시킬 것이다. 자연은 진리와 옳음을 지지하고 구체화하는 도덕적인 중요성을 떠맡을 것이다. 그리하여 비대칭적인 설명들을 제공하려는 경향에 빠져 있는 사람들은 자신들이 당연시 여기는 것을 자연적인 것으로 표현할 모든 기회를 갖게 된다. 이러한 비대칭적 설명은 자신이 속한 사회, 가치, 믿음으로부터 시선을 돌리도록 하고, 그러한 것으로부터의 일탈에만 주의를 기울이게 하는 이상적인 처방이다.

이 점을 과장하지 않도록 주의할 필요가 있다. 왜냐하면 스트롱 프로그램도 어떤 면에서는 똑같기 때문이다. 스트롱 프로그램 역시 특정한 종류의 일반성을 추구하는 욕망과 도덕적으로 중립적인 자연세계라는 개념에 대한 욕망, 즉 어떤 가치들에 기반을 두고 있다. 스트롱 프로그램은 또한 비록 부정적인 종류이긴 하지만, 도덕성에 관해서는 자연에다 어떤 역할을 부여해야 한다고 주장한다. 이것은 스트롱 프로그램 역시 그것이 당연시하는 것을 자연적인 것으로 여긴다는 점을 보여준다.

하지만 뭐라고 말하든, 스트롱 프로그램은 다른 모든 과학이 가지고 있다고 배워온 것과 동일한 종류의 어떤 도덕적 중립성을 소유한다. 또한 스트롱 프로그램은 다른 과학과 똑같은 종류의 일반성에 대한 필요를 자신에게 부여한다. 목적론적 관점을 채택하려면 경험과학적 접근의 이러한 가치를 저버려야만 할 것이다. 분명 이런 점 때문에 사람들이 인과적 관점을 채택하는 것은 아니다. 어떤 사람들은 이런 이유들 때문에 인과성을 거부하고, 비대칭적이고 목적론적인 관점을 채택하고 싶어할지도 모른다. 그러나 이러한 점들은 선택의 대안들을 분명히 하고 지식에 대한 접근을 결정해주는 가치들을 노출시킨다. 이런 유형의 대립을 통해서, 지식사회학은 그것이 목적론적 유형과 반대의 입장을 택하기로 했다면 아무런 장애 없이 나아갈 수 있다.

경험론으로부터의 논박

목적론적 모델의 토대를 이루는 전제는 인과성이 오류 혹은 한계와 관련된다는 것이다. 이것은 극단적 형태의 비대칭을 나타내며, 그래서 대칭적 양식의 설명을 주장하는 스트롱 프로그램에 대한 가장 급진적 대안이 되는 위치에 있다. 그러나 조금 덜 극단적인 관점에서도 스트롱 프로그램을 비판할 수 있을 것이다. 어떤 원인은 잘못된 믿음을 야기하고, 반면 다른 원인은 참된 믿음을 야기한다고 말하는 것은 그럴 듯하지 않은가? 만약 조금 더 나아가서 어떤 유형의 원인들이 체계적으로 각각 참된 믿음과 거짓된 믿음에 관련되어 있다고 한다면, 여기엔 스트롱 프로그램의 대칭적 관점을 거부할 수 있는 또 다른 근거가 존재한다.

다음 이론을 고려해보자. 사회적 영향 때문에 우리의 믿음이 왜곡되지만, 지각능력과 우리의 감각장치를 자유로이 사용한다면 참된 믿음을 획득할 것이다. 이렇듯 경험을 지식의 자원으로 치켜세우는 것은, 개개인이 세계를 알기 위해서는 그들의 육체적이고 심리적인 자원에 의존해야 한다는 점을 부각시킬 것이다. 이것은 지식을 얻는 데서 인간의 동물적 능력의 힘을 신뢰한다는 명제이다. 이 능력을 완전히 발휘하여 자연적이면서도 인과적으로 작동시키면, 우리는 세계와의 실제적 상호작용에서 검증된 지식을 얻을 수 있다. 이 길을 벗어나 동료를 믿으면 사람들은 미신적인 이야기, 신화, 억측의 희생자가 될 것이다. 기껏해야 이런 이야기들은 직접지식이 아니라 간접지식을 줄 뿐이다. 최악의 경우 이런 지식 뒤에 숨은 동기는 거짓말쟁이와 압제자의 산물로서 부패한 것으로 판명될 것이다.

이 논의는 쉽게 이해될 수 있다. 그것은 시장과 극장의 우상을 피하라고 경고한 베이컨(Bacon)의 견해이다. 표준적인 경험주의의 대부분은 지식에 대한 이 접근의 정제되고 세련된 진술에 해당된다. 경험주의 철학자들이 가지고 있는 최근 경향은 자신들의 이론을 심리학적으로 해석하는 것을 피하고 있지만, 기본적인 견해는 위에서 묘사한 것과 거의 유사하다. 그래서 나는 주저하지 않고 위의 이론을 경험주의라고 지칭할 것이다.

경험주의가 옳다면 지식사회학은 다시 오류, 믿음, 혹은 의견의 사회학으로 전락하고, 진리 자체를 다룰 수 있는 사회학은 되지 못할 것이다. 이 결론은 목적론적 모델의 결론만큼 극단적이지는 않다. 심리학자와 사회학자는 분업을 하게 되는데, 전자는 진짜 지식을 다루고 후자는 오류나 결코 지식으로 간주될 수 없는 그 무엇을 다룰 것이다. 그럼에도 불구하고 전체적인 접근은 자연적이고 인과적인 것이다. 그러므로 목적론적 모델에서와 같이 과학적 관점과, 또한 이것과는 아주 다른 가치를 담고 있는 관점 중 택일(擇一)을 해야 하는 경우는 생기지 않는다. 여기서 싸움은 온전히 과학의 영역 안에서 벌어져야만 한다. 경험주의 지식개념으로 참과 오류의 경계를 정확하게 그을 수 있는가? 경험주의가 가진 두 가지 결점 때문에 그것은 불가능하다.

첫째, 우리가 지닌 동물적 자원의 자연적 작동이 항상 지식을 생산한다고 가정하는 것은 잘못되었다. 우리의 동물적 능력은 하나의 동일한 유형의 원인을 작동시켜, 똑같은 자연성(naturalness)을 가진 지식과 오류의 혼합물을 생산한다.

예를 들어 중간 수준의 불안은 종종 낮은 수준의 불안과 비교할 때, 학습과 임무의 성과를 성공적으로 증가시킨다. 그러나 불안의 수준이 너무 높아지면 그 성과는 다시 떨어진다. 이 점은 아주 일반적인 실험결과를 말해주고 있다. 음식물을 찾는 미로실험에서 쥐의 학습처럼, 일정 수준의 굶주림은 환경에 관한 정보의 유지를 촉진시킬 것이다. 그러나 굶주림의 수준이 너무 높아지면 음식물이 있는 곳을 재빠르고 성공적으로 학습하겠지만, 현재의 지배적인 관심과 무관한 단서들을 기억하는 자연적 능력은 저하될 것이다.

이러한 예들은 상이한 인과적 조건들이 상이한 형태의 참된 믿음 및 거짓된 믿음과 연관될 수 있다는 것을 보여준다. 그러나 이러한 예들은 상이한 유형의 원인이 단순히 참된 믿음 및 거짓된 믿음과 상관관계가 있다는 것을 보여주지 못한다. 특히 이러한 예들은 심리학적 원인을 모두 이 분할의 한 측면, 즉 자연히 진리에 이르는 쪽에 놓는 것은 틀렸다는 사실을 보여준다.

이러한 단점은 의심의 여지없이 바로잡을 수 있다. 위의 논의에 대한 반례가 보여줄 수 있는 것은, 심리적 학습기제는 최적작용조건 (optimum working arrangement)을 지니며 그것이 초점에서 벗어날 때 오류가 나온다는 점일 것이다. 즉 우리의 지각장치가 정상조건에서 적절한 기능을 수행할 때는 참된 지식을 얻게 된다고 주장할 수 있을 것이다. 이런 식으로 원칙을 수정하는 것을 허용하더라도, 이러한 견해에 대한 더 중요한 비판이 존재한다.

경험주의의 핵심은 그것이 지닌 개인주의적 특성이다. 우리들 각자 혼자 힘으로 가질 수 있고 가져야만 하는 지식의 여러 측면은 이런 유형의 모델로 적절히 설명할 수 있다. 그러나 사람의 지식과 과학이 동물적 능력에만 의존하여 세계와 상호작용하는 개인에 의하여 얼마만큼이나 확립될 수 있을까? 아마도 아주 적을 것이다. 중요한 질문은 나머지 부분에 어떤 분석을 가해야 하는가이다. 심리학적 접근이 지식의 사회적 구성요소에 대한 설명을 빠뜨렸다고 말하는 것은 타당하다.

사실상 공유된 가정, 기준, 목적, 의미의 기본틀 안에서 개별적 경험이 일어나지 않는가? 사회는 개인의 마음에 이런 가정들의 틀을 공급하고, 또한 그것이 유지되고 강화될 수 있는 조건을 만든다. 개인이 이를 잘 파악하지 못하면 그것을 일깨워주는 요소가 있고, 또 그의 세계관이 일탈하기 시작하면 재정렬을 장려하는 메커니즘이 존재한다. 의사소통의 불가피성은 개별정신이 집합적 사고형태를 유지하게끔 도와줄 것이다. 그래서 자연세계에 대한 개인의 감각경험뿐만 아니라, 그러한 경험을 넘어서서 그것에 기본적 틀을 제공하고 더 광범한 중요성을 부여하는 어떤 것이 존재한다. 그것은 총체적 실재 (Reality)가 무엇인가에 대한 개인의 의미를 완성시켜주며, 따라서 그의 경험이 '어떤 실재적 대상'에 대한 것이 되게 한다.

한 사회의 지식은 개별 구성원들의 감각경험, 혹은 구성원들의 동물적 지식이라 불리는 것의 합을 나타내지 않는다. 오히려 사회적 지식은 실재에 대한 구성원들의 집합적인 견해나 견해들이다. 따라서 과학에 비쳐진 우리 문화에 관한 지식은, 어떤 개인이 혼자 힘으로 경험하거나 배울 수 있는 실재에 대한 지식이 아니다. 이 지식은 우리가 피상적으로 생각하는 것과는 달리 가장 잘 증명된 이론과 가장 정통한 사상이 사실로서 인정하는 지식이다. 그것은 실험이 우리에게 제공한다고 믿는 힌트들과 암시로 짜여진 이야기이다. 그러므로 지식은 경험보다는 문화에 더 가까운 것이다.

'지식'이란 말을 이런 식으로 정의한다면, 진리와 오류간의 구별이 (적정한) 개별경험과 사회적 영향간의 구별과 동일시될 수는 없다. 오히려 진리와 오류간의 구별은 경험과 문화의 내용을 구성하는 사회적으로 매개된 믿음들의 혼합물 내에서의 구별이 된다. 그것은 경험과 믿음이라는 경쟁적인 혼합물간의 구별이다. 경험과 사회적 믿음이라는 동일한 두 개의 구성요소가 참과 거짓 두 믿음에서 나타나므로, 동일한 유형의 원인에 호소하는 대칭적 양식의 설명을 필요로 하는 것이다.

이 점을 깨닫고 수용하도록 돕기 위한 한 가지 방법은 과학지식으로 간주되는 것이 대부분 '이론적'이라고 말하는 것이다. 어떤 한 시대에, 과학자들이 알고 있다고 말할 수 있는 것은 대체로 세계에 대한 이론적인 견해이다. 우리가 과학자들에게 세계에 대하여 말해줄 수 있는 것이 무엇인가를 물어보았을 때, 그들이 주로 의지하는 것은 자신들의 이론들이다. 그러나 이론들과 이론적 지식은 우리의 경험 속에서 주어진 것이 아니다. 이론은 경험의 토대가 되고 그것을 연결하고 설명할 수 있는 이야기를 제공함으로써 경험에 의미를 부여하는 것이다. 이것은 이론이 경험에 반응하지 않는다는 사실을 뜻하는

게 아니다. 이론이 경험에 반응하기는 하나, 이론은 자신이 설명하는 경험에 의해 주어지는 것도, 경험에 의해서 유일하게 뒷받침되는 것도 아니다. 이러한 지식의 구성요소를 주도하고 뒷받침하기 위해서는 물리세계와 동떨어진 또 다른 요소가 필요하다. 지식의 이론적 구성요소는 사회적 요소이며, 그것은 단순한 오류의 표시가 아니라 진리의 필수적인 부분이다.

지식사회학을 반대하는 두 개의 근원에 대해 방금 논의했고 둘 다 부정되었다. 목적론적인 모델은 스트롱 프로그램에 대한 급진적 대안이지만, 그것을 수용해야 할 설득력 있는 이유는 조금도 없다. 경험주의 이론은 실제 지식으로 간주되는 것에 대한 서술로서는 타당하지 못하다. 이 이론은 벽돌들을 약간 제공하기는 하나, 이 벽돌로 쌓아올려야 할 여러 가지 건축물의 디자인에 대해서는 침묵하고 있다. 다음 단계는 이 두 입장을 지식사회학에 대한 가장 전형적인 반박과 관련시키는 일이다. 이것은 지식사회학이 자기반박 형태(self-refuting form)의 상대주의라는 주장이다.

자기반박성 논박

만약 어떤 사람의 믿음이 완전히 인과되어 있고 그 믿음에 사회가 제공한 요소가 필연적으로 존재한다면, 비판자들의 눈에는 이 믿음이 반드시 거짓이거나 정당화될 수 없는 것으로 보일 것이다. 그래서 믿음에 대한 어떤 철저한 사회학이론도 덫 속에 갇혀 있는 것처럼 보인다. 사회학자들의 사상도 결정된 것이고, 부분적으로는 사회적으로 결정되기조차 했다는 것을 사회학자들은 인정해야 하지 않을까? 그리하여 사회학자는 자기주장이 이 결정성의 강도만큼 오류라는 것을 인정해야 하는 것이 아닐까? 그것은 어떤 사회학이론도 그 범위에서 결코 일반적일 수 없다는 결과로 나타난다. 그렇지 않으면 그것은 성찰적으로 오류 속에 자신을 빠뜨리거나 자기의 신뢰성을 파괴할 것이다. 그러므로 지식사회학은 믿을 만한 학문이 되지 못한다거나, 과학적 혹은 객관적 탐구는 지식사회학이 다룰 수 없는 예외라고 주장함으로써 자기자신의 연구영역을 오류의 사회학으로 제한해야만 한다. 따라서 결코 지식에 대한 일관되고 인과적이며 일반적인 지식사회학, 특히 과학지식에 관한 사회학이 존재할 수 없다.

이러한 주장은 위에서 논의한 지식의 두 가지 개념, 즉 목적론적 모델과 개인주의적 경험주의 중 하나에 의존하고 있다는 것을 즉각적으로 알 수 있다. 이 이론들이 먼저 받아들여져야만 그러한 결론이 뒤따른다. 왜냐하면 이런 주장은 인과성이 오류, 일탈, 한계를 내포한다는 그들의 중심사상을 그 주장의 전제로 취하기 때문이다. 이 전제는 어떤 인과성도 신뢰성을 파괴한다는 극단적 형태로, 혹은 오직 사회적 인과성만이 이런 효과를 가진다는 좀더 약한 형태로 존재한다. 둘 중 하나는 이 주장에서 중요하다.

이 전제들은 지식사회학에 대한 수많은 나약하고 잘못된 공격과 관련되어 있다. 대부분 그러한 공격들은 그것이 기반으로 하고 있는 전제들을 확실히 드러내는 데 실패해왔다. 만약 자신들의 전제를 드러내는 데 성공했더라면, 그들의 약점은 좀더 쉽게 노출되었을 것이다. 그 공격이 표면적으로 강하게 보인 것은 그들의 진정한 토대가 숨겨졌거나 단순히 알려지지 않았기 때문이다. 여기 이런 주장이 유래한 관점을 분명하게 보여주는 더 좋은 예가 있다.

만하임의 초기 비판자인 그륀발트(Grünwald)는 지식의 사회적 결정이 사상가를 오류에 빠뜨리게 한다는 가정을 분명히 드러내고 있다. 만하임의 『지식사회학에 대한 에세이』(*Essays on the Sociology of Knowledge*, 1952) 서문에서는 "모든 존재론적 결정을 넘어서는 어떤 아르키메데스의 점 없이는 사고의 존재론적 결정에 관한 어떤 의미 있는 진술도 불가능하다……"(p.29)라는 그륀발트의 주장이 인용되고 있다. 그륀발트는 계속해서 모든 사고가 사회적 결정에 종속된다고 주장하는 만하임 같은 이론은 스스로를 논박해야 한다고 결론 내린다. 그러므로 "이러한 사회학주의 견해(version of sociologism) 역시 회의주의의 한 형태이며, 따라서 자신을 반박한다는 것을 분명히 보여주는 데는 긴 말이 필요하지 않다. 왜냐하면 모든 사고가 존재론적으로 결정되며, 따라서 진리라고 주장할 수 없다는 이 명제 자체가 진리라고 주장되기 때문이다"(p.29).

이것은 존재론적 결정이 오류를 내포한다고 주장했던 어떤 이론도 대항할 수 있는 설득력 있는 반박이 될 것이다. 그러나 그것의 전제는 바로 그 자체의 근거 없는 가정과 비현실적인 요구 때문에 도전받을 수 있다. 만일 지식이 사회를 벗어난 관점에서 분석될 수 있고, 진리가 사회관계의 인과적 연계를 넘어서야만 얘기될 수 있다면, 우리는 지식을 상실한 것으로 간주하고 포기해야 한다.

이런 논증은 여러 가지 다른 형태로 존재한다. 한 전형적인 견해는, 믿음의 인과성에 대한 연구 자체는 옳고 객관적인 것으로 제시된다는 것을 직시해야 한다고 주장한다. 이러한 견해에 따르면, 사회학자는 객관적 지식이 가능하다고 가정하기 때문에, 모든 사람들의 믿음이 사회적으로 결정될 수 있는 것은 아니라고 말한다. 역사가 러브조이(Lovejoy, 1940)는 "그들의 일반화를 옹호할 때, 그들조차도 일반화에 대한 가능한 한계 혹은 예외를 필연적으로 가정한다"(p.18)고 썼다. '사회학적 상대주의자'가 필연적으로 전제해야 한다는 이 한계는 사실적 진리와 타당한 추론의 기준을 위한 여지가 남겨지도록 고안된 것이다. 그래서 이 반박 또한 결정되거나 최소한 사회적으로 결정된 신념은 사실적인 진리와 타당한 추론을 그릇되게 할 것이라는 전제에 의존한다.

이 논증들은 너무나 당연하게 받아들여졌기 때문에 그들의 설명은 간략해지고 일상화되었다. 보토모어(Bottomore, 1956)는 다음과 같은 간략한 주장으로 위의 논박을 요약하고 있다. "모든 명제들이 존재론적으로 결정되었고, 따라서 어떤 명제도 절대적으로 참일 수 없다면, 이 명제 자체는 참일지라도 절대적으로 참인 게 아니라 존재적으로 결정된 것이다"(p.52).

이 모든 주장의 근거가 되어온 "인과성이 오류를 내포한다"는 전제를 밝혔고, 그것은 거부되었다. 따라서 그러한 주장들은 그 기반이 된 전제와 함께 기각되었다. 하나의 믿음이 참 혹은 거짓으로 판단되는지 아닌지는 그것이 원인을 갖느냐 갖지 않느냐와는 관련이 없다.

미래지식을 이용한 논박

사회적 결정론과 역사적 결정론은 밀접하게 관련된 사상이다. 사회 과정들과 사회들을 지배하는 법칙이 존재한다고 믿는 사람들은, 그것들의 역사적 계승과 발달을 지배하는 법칙 또한 존재한다고 생각할 수 있을 것이다. 사고가 사회적 환경에 의해 결정된다고 믿는 것은, 사고가 어떤 의미에서 행위자의 역사적 위치에 상대적이라고 믿는 것의 한 형태에 불과하다. 그래서 역사법칙이 존재한다고 믿는 것은 오류와 혼란에 근거한 것이라 믿는 사람이 지식사회학을 비판한 것은 놀라운 일이 아니다. 그런 비판자 가운데 한 사람이 포퍼(Karl Popper, 1960)이다. 이 절의 목적은 이런 비판들을 지식사회학에 적용시키려는 시도를 논박하는 것이다.

법칙탐구가 틀렸다고 주장하는 이유는, 만약 법칙을 발견할 수 있다면 그 법칙은 예측의 가능성을 내포하고 있어야 한다는 것 때문이다. 사회학이 법칙을 제공한다면 미래신념을 예측할 수 있어야 한다. 원칙적으로 역학체계의 미래상태를 예측할 수 있는 것처럼, 미래의 물리학이 어떤 것이 될 것인가를 아는 것은 가능해보일 것이다. 역학법칙과 그 역학체계의 최초의 위치, 그리고 질량과 힘들에 대한 지식을 가지고 있다면 미래의 모든 위치를 예측할 수 있을 것이다.

이 야심에 대한 포퍼의 반대는 부분적으로는 비형식적이고 부분적으로는 형식적이다. 우선 비형식적으로 포퍼는 인간행위와 사회는 자연세계의 어떤 제한된 부분이 그러한 것처럼, 사건들의 반복적인 순환을 보여주지는 않는다고 주장한다. 그래서 장기간 예측은 거의 실현되지 않는다. 여기까지는 확실히 맞다고 할 수 있다.

그러나 주장의 핵심은 지식의 성격에 관한 논리적인 점이다. 포퍼에 의하면, 미래지식을 예측하는 것은 불가능하다. 그 이유는 어떤 예측도 바로 그 지식의 발견에 해당되기 때문이다. 우리가 행위하는 방식은 우리가 알고 있는 것에 의존하며, 따라서 미래행위는 이 예측불가능한 지식에 의존할 것이며, 이것 또한 예측할 수 없을 것이다. 이 주장은 지식의 특유한 속성에 의존하는 것처럼 보이며, 또한 인식자로서 감히 인간을 언급하려고 하는 한 자연과학과 사회과학간의 간격을 만드는 결과를 낳는다. 그것은 원인과 법칙에 대한 탐구를 하는 스트롱 프로그램의 열망은 잘못된 것이고, 좀더 겸허한 수준의 경험적 연구가 요구된다는 것을 암시한다. 아마도 사회학은 오류의 연대기, 혹은 과학을 돕거나 방해하는 외부환경의 목록에 불과한 것으로 제한되어야 할 것이다.

사실상 적절히 이해하기만 한다면, 포퍼가 주장하는 것은 사회과학과 자연과학의 차이보다는 유사성을 강조하는, 진부하기는 하지만 옳은 주장이다. 포퍼의 말을 그대로 따라가면서 다음의 주장을 살펴보자. 만약 이 주장이 옳다면 물리세계는 예측 불가능하다는 점이 증명될 것이다. 이것은 우리의 비판력을 발휘하게 한다. 주장은 다음과 같다. 물리학에서 우리가 전혀 지식이 없는 물리적 과정들을 이용하거나 언급하는 예측을 하는 것은 불가능하다. 그러나 물리적 세계의 과정은 부분적으로 이 미지의 요인들의 작동에 의존할 것이다. 그러므로 그 물리적 세계는 예측이 불가능하다.

당연히 이것이 증명하는 것은, 우리의 예측이 종종 잘못되리라는 것일 뿐 자연을 예측할 수 없는 것은 아니라는 반박이 대두될 것이다. 우리의 예측은 우리가 모르고 있던 사실들이 작용하고 있는 한 실패할 것이다. 역사적 법칙이 존재한다는 주장에 대하여 똑같은 답변이 가능하다. 포퍼는 실제로 무지와 실패에 대한 우리의 기록에 근거한 귀납적 주장을 하고 있다. 이것이 시사하는 점은 우리의 역사적, 사회적 예측은 대체로 틀렸다는 것이다. 그 이유는 포퍼가 정확히 발견했다. 사람들의 미래행위는 보통 그들이 알게 될 것에 의존하겠지만, 현재 우리는 그것을 알지 못하고 있으므로 예측을 할 때 우리는 그것에 대해서 전혀 아무런 고려를 할 수 없다. 사회과학에서 도출할 수 있는 올바른 결론은, 우리가 최소한 다른 사람들이 그들의 상황에 대해 아는 것만큼 알지 못하면 다른 사람들의 행동과 믿음들을 예측해 나아갈 수 없을 것이라는 점이다.

경험적이고 역사적인 사례연구를 토대로 하여 이것들을 더욱 깊이 있게 검증함으로써 잠정적인 이론을 발전시키려는 지식사회학자들을 저지하는 어떤 요소도 위의 주장에는 존재하지 않는다. 제한된 지식과 높은 오류의 가능성은 이러한 예측들이 대부분 틀릴 것이라는 점을 확실히 할 것이다. 반면에, 사회생활이 규칙성과 질서에 의존한다는 사실은 어떤 진보가 가능하리라는 희망의 토대를 제공한다. 포퍼 자신이 과학을 반박된 추론들의 끊임없는 조망으로 본 것은 기억할 가치가 있다. 이 견해는 자연과학자를 위협하기 위해서 의도된 것이 아니므로 그것을 사회과학에 적용할 때도 그 의도가, 물론 포퍼는 이렇게 해석하지 않겠지만, 다른 것이라고 생각할 아무런 이유가 없다.

그러나 여전히 다음과 같은 비판에 답해야 한다. 사회세계는 우리에게, 자연세계가 가진 진정한 법칙적 규칙성이 아닌, 단지 추세와 성향을 제시하지 않는가? 물론 추세는 현상에 내재하는 신뢰할 만한 필연성이라기 보다는 우연적이고 표면적인 흐름이다. 이에 대한 대답은 이 구별들이 잘못됐다는 것이다. 추세라기 보다 법칙의 평범한 상징들이라고 생각되는 궤도를 선회하는 행성들을 고려해보자.

사실상 태양계는 하나의 단순한 물리적 성향이다. 아무것도 이를 방해하지 않기 때문에 태양계는 지속된다. 태양계가 존재하지 않았던 시기도 있었고, 커다란 중력체가 태양계 가까이 지나치거나 태양이 폭발함으로써 어떻게 그것이 붕괴될지 상상하기는 쉽다. 자연의 기본법칙조차도 행성들이 타원 속에서 움직이기를 요구하지는 않는다. 행성들의 기원과 형성의 조건들 때문에 행성들은 태양 주위를 둥글게 선회하게 된 것일 뿐이다. 한편, 똑같은 인력법칙을 따르는 동안에도 행성들의 궤도들은 매우 다를 수 있다.

그렇다. 자연세계의 경험적 외관은 성향에 의해 지배된다. 이 성향들은 법칙, 조건, 그리고 우연성으로 인해 성쇠한다. 우리의 과학적 이해는 관찰가능한 사태들 '뒤에' 존재하는 법칙들을 찾아내는 것이라고 말할 수 있다. 비판의 근거가 되는 자연세계와 사회세계간의 대조는 비슷한 것끼리 비교하는 데 실패했다. 그것은 물리적 성향들 뒤에서 발견된 법칙을 사회적 성향의 순수하게 경험적인 외관과 비교한다.

흥미롭게도, '행성'이라는 단어는 원래 '방랑자'를 의미했다. 행성들이 관심을 끌게 된 이유는 밤하늘에 보이는 일반적 성향들과 일치하지 않았기 때문이다. 천문학에 대한 쿤의 역사적 연구인 『코페르니쿠스 혁명』(*The Copernican Revolution*, 1957)은 성향들 밑에 있는 규칙성을 발견하기가 얼마나 어려웠나를 보여주는 기록이다. 근본적인 사회법칙이 존재하느냐 하는 것은 철학적 논쟁의 문제가 아니라 경험적 연구의 문제이다. 종잡을 수 없고 목적 없는 사회적 현상들이 법칙적 규칙성의 상징들로 판명될지 누가 알겠는가? 이렇게 드러난 법칙은 거대한 역사적 성향들을 지배하지 못할지도 모른다. 왜냐하면 거대한 역사적 성향들은 자연처럼 복합적인 혼합물들이기 때문이다. 사회세계의 법칙적 측면은 경험적으로 관찰가능한 효과들을 산출하도록 결합된 요인과 과정을 다룰 것이다.

더글러스(Mary Douglas) 교수의 훌륭한 인류학 연구인 『자연적 상징들』(*Natural Symbols*, 1973)은 그런 법칙이 어떤 것인지를 보여준다. 자료는 불완전하고 더글러스의 이론도 여전히 발전중이며 다른 모든 과학연구처럼 잠정적이지만, 여기서 어떤 패턴을 엿볼 수는 있다.

구체적인 법칙과 예측에 대한 논의를 위해서 하나의 예를 드는 것이 좋을 것이다. 이것은 과학사회학자들이 실제로 추구하는 법칙이 어떤 종류인가를 보여준다. 또한 사회학이나 과학사의 연구에서 실제로 거의 통용되지 않는 '법칙'과 '이론'이라는 추상적인 용어를 분명히 밝히는 데 도움을 줄 것이다.

과학사회학에서 법칙과 이론의 탐구는 다른 과학연구에서의 법칙 및 이론의 탐구와 그 절차에서 완전히 동일하다. 이것은 다음 단계들을 발견해야 한다는 것을 의미한다. 경험적 연구는 전형적이고 되풀이되는 사건들을 찾아낼 것이다. 선행하는 이론, 암묵적 기대의 위배, 실제적 필요들이 그런 경험적 연구를 촉진시킨다. 경험적 규칙성을 설명하기 위해서는 이론을 만들어내야 한다. 이것은 일반적 원칙을 만들어내거나 사실들을 설명하는 모델을 만들어낼 것이다. 이렇게 함으로써 이론은 일반적 원칙의 정식화(定式化)나 사실을 설명하는 모델에 대해 말할 수 있는 언어를 제공해주고, 따라서 사실 자체의 인식을 예리하게 할 것이다.

최초의 모호한 정식에 대한 설명이 일단 시도되면, 규칙성의 범위는 아마 더욱 명백하게 보일 것이다. 이론이나 모델은, 예를 들어 왜 경험적 규칙성이 발생하느냐의 이유뿐만 아니라 왜 때때로 그것이 발생하지 않는가도 설명할 것이다. 이론은 규칙들의 근거가 되는 조건을 찾아내는 데 도움이 되며, 따라서 일탈과 변이를 찾아내는 데도 도움이 된다. 그러므로 이론은 더욱 정제된 경험적 연구들을 촉진하고, 더 나아가서 경험적 연구는 더욱 심오한 이론적 작업을 요구할 것이다. 즉 선행하는 이론의 기각이나 이론의 수정과 정교화를 유발한다.

다음 사례에서 이 모든 단계를 살펴볼 수 있다. 발견을 둘러싼 우선권 논쟁이 과학의 일상적 특징이라는 것은 자주 지적되어왔다. 미적분의 발명을 둘러싼 뉴턴(Newton)과 라이프니츠(Leibniz)간의 유명한 논쟁과 에너지 보존법칙의 발견에 대한 신랄한 논쟁이 있었다. 또한 캐번디시(Cavendish), 와트(Watt), 그리고 라부아지에(Lavoisier) 등은 물의 화학적 구성에 관한 논쟁에 연루되었으며, 파스퇴르(Pasteur) 같은 생물학자, 리스터(Lister) 같은 의학자, 가우스(Gauss) 같은 수학자, 패러데이(Faraday)와 데이비(Davy) 같은 물리학자들도 우선권 논쟁에 휩쓸려 들어갔다. 그러므로 대체로 참인 일반화가 정식화될 수 있다. 그것은 발견들이 우선권 논쟁을 불러일으킨다는 점이다.

이 경험적 관찰을 제쳐두고 그것이 과학의 진정한 성격과 관련이 없다고 선언할 수도 있다. 과학은 과학적 탐구의 내적 논리에 따라 발전하며 이런 논쟁들은 잘못된 것이고, 따라서 합리적 과정에 단순히 심리적인 것이 침입했을 뿐이라고 말할 수 있다. 그러나 더욱 자연주의적인 접근은 사실들을 있는 그대로 단순하게 취하고 사실들을 설명할 이론을 만들어내는 것이다. 우선권 논쟁을 설명하려고 했던 한 이론은 과학을 교환체계로서 작동하는 것으로 본다. '공헌'은 '인정'과 지위로 교환된다. 그래서 보일(Boyle)의 법칙과 옴(Ohm)의 법칙과 같이 그것을 처음 발견한 사람의 이름을 딴 법칙이 있다. 인정은 중요하고 귀하기 때문에 그것을 둘러싼 투쟁이 있으며, 따라서 우선권 논쟁이 나타난다(Merton, 1957 ; Storer, 1966). 그러면 왜 공헌을 한 사람이 누구인지 분명치 않은가에 대한 질문이 생긴다. 왜 우선권이 논쟁의 대상이 되는가? 과학은 공개되고 공유된 지식에 많이 의존하기 때문에, 일군의 과학자들은 종종 비슷한 발견을 할 수 있는 위치에 있다는 것이 그에 대한 답의 일부이다. 비슷한 단계에 와 있는 과학자들끼리의 경쟁은 더 치열할 것이다. 그러나 두번째로 더욱 중요한 것은, 발견이 경험적 발견물 이상의 것을 포함한다는 사실이다. 발견은 이론적 해석과 재해석의 문제를 포함한다. 경험적 결과에 대한 의미 변화는 오해와 잘못된 서술을 할 풍부한 기회를 제공한다.

산소의 발견이 이러한 복잡성을 설명해준다(Toulmin, 1957). 프리스틀리(Priestley)는 산소를 발견한 사람으로 종종 언급되지만, 그는 자신이 봤던 물체를 산소로 보지 않았다. 프리스틀리는 자신이 분리해낸 새로운 기체를 플로지스톤이 빠져나간 공기로 봤다. 그런 새로운 기체는 플로지스톤 이론으로 개념화한 연소과정과 밀접히 연관된 물질이었다. 플로지스톤 이론이 거부되고 라부아지에의 연소이론이 이것을 대체하고 나서야, 비로소 과학자들은 그들이 '산소'라고 불리는 기체를 다루고 있다는 것을 깨달았다. 과학자들에게 그들 자신과 다른 과학자의 행위들을 이해할 수 있는 용어를 제공하는 것은 과학의 이론적 요소이다. 따라서 누가 발견을 했느냐에 관한 문제는 중요한 발견이 발생했을 때 더욱 골칫거리가 된다.

이제 왜 어떤 발견은 다른 것보다 우선권 논쟁을 덜 불러일으키는지를 설명할 수 있어야 한다. 원래의 경험적 일반화는 정교화될 수 있다. 그러나 이 정교화는 일반화의 범위에 단순하거나 임의적인 한계를 설정하는 것이 아니다. 그보다는 오히려 위의 교환이론에 입각해서 제시된 발견의 여러 가지 형태를 구별하는 형태를 취할 것이다. 이것은 경험법칙의 발전된 진술을 허용한다. 즉 이론 변화기의 발견은 우선권 논쟁을 촉진하고, 이론 안정기의 발견은 우선권 논쟁을 불러일으키지 않는다.

당연히 문제는 여기서 멈추지 않는다. 첫째, 정교화된 법칙은 그것이 경험적으로 타당한지 검증되어야 한다. 이것은 물론 과학자들의 믿음과 행위에 관한 예측을 검증하는 것을 의미한다. 둘째, 새로운 법칙을 이해하기 위해서는 새로운 이론이 발달되어야 한다. 그러한 작업을 위한 새로운 이론이 만들어져 있다는 점을 지적해두고자 하지만, 더 이상의 자세한 설명은 여기서 필요치 않을 것이다. 그것은 쿤이 쓴 「과학발견의 역사적 구조」(The Historical Structure of Scientific Discovery, 1962a)라는 논문과 『과학혁명의 구조』(*The Structure of Scientific Revolution*, 1962)라는 책을 보면 알 수 있다. 다음 장에서 이러한 과학관에 대해 더욱 상세히 논의할 것이다.

교환 모델 혹은 과학에 대한 쿤의 설명이 옳은지 아닌지는 현재 중요한 문제가 아니다. 문제가 되는 것은 경험적 발견과 이론적 모델이 연결되고 상호작용하고 발전하는 일반적 방식이다. 요점은 그것들이 다른 과학에서 작용하는 것과 똑같은 방식으로 지식사회학에서도 작동한다는 사실이다.

제2장

감각경험, 유물론, 그리고 진리

이 장의 목적은 지식을 구성하는 경험적 요소와 사회적 요소와의 관계를 더욱 상세하게 논의함으로써 스트롱 프로그램을 계속 검토하는 데 있다. 앞 장의 목적은 스트롱 프로그램에 대한 반대의 근거가 되는 잘못된 가정들을 직접 논하는 것이었다. 이 장에서는 더욱 적극적인 설명을 함으로써 이러한 결론들을 종합할 것이다. 경험주의에 대한 짧은 논의는 보충될 필요가 있고, 진리의 개념에 대해 무엇인가가 얘기되어야 한다.

나는 경험주의가 지식사회학에 줄 수 있는 중요한 통찰을 강조함으로써 시작하고자 한다. 경험주의의 장점을 보지 않고 단점만 깨닫는 것은 너무나 위험하다. 과학사회학자들에게 이러한 위험은 감각지각의 신뢰성(reliability)에 관한 문제, 그리고 과학에서 잘못된 지각(misperception)에 대한 올바른 이론적 분석으로 귀착된다. 잘못된 지각은 과학에서 사회적 요인의 작용에 접근할 수 있는 매력적인 길을 제공하기 때문에 사회학자들의 관심을 끌어왔다. 이것은 정당하고 가치 있는 일이다.

그러나 만약 사회학자들이 잘못된 지각을 그들 분석의 중심적 특성으로 다룬다면, 그들은 과학의 경험적 근거가 되는 신뢰성(reliability), 반복성(repeatability) 그리고 신빙성(dependability)을 설명하는 데 실패할 것이다. 즉 그들은 과학에서 실험절차, 통제, 그리고 실천이 어떤 역할을 하는지 밝혀낼 수 없을 것이다. 실험절차와 통제, 그리고 실천은 잘못된 지각으로부터 과학을 지키고 그것을 정의하고 노출시키고 수정한다. 만약 사회학자들이 잘못된 지각을 과감하게 노골적으로 강조한다면 그들은 곧 대가를 치를 것이다. 그들의 연구는 일반지식이 아닌 오류의 사회학으로 제한될 것이다. 그들은 과학과 자신 둘 다를 왜곡하는 결과를 초래할 것이다. 그렇다면 지식사회학에서 감각적 비신뢰성의 이론적 중요성은 무엇인가? 나는 먼저 잘못된 지각에 대한 일반적인 사회학적 분석을 먼저 개략적으로 그려본 다음, 그에 대한 대응공격을 하고자 한다.

감각경험의 신뢰성

심리학자, 역사학자, 그리고 사회학자들은 지각, 혹은 지각 및 회상과 상호작용하는 사회적 과정들에 관한 재미있는 여러 예들을 제시했다. 과학자들은 일정한 방식으로 훈련받았고, 그들의 관심과 기대는 구조화된다. 예기치 않은 사건들이 눈앞에 펼쳐져도 보이지 않고, 혹은 보인다 할지라도 아무런 반응도 일으키지 않는다. 역으로 일부 관찰자들이 아무것도 보지 못하거나 그들의 경험에서 어떤 질서나 형태를 간파하지 못할 때도, 다른 사람들은 자신들의 기대에 합치되는 경험을 하거나 경험한 것을 상기한다.

한 예를 들면 수많은 지질학자들이 스코틀랜드의 글렌 로이(Glen Roy)에 있는 평행으로 뻗은 길들을 방문했다. 이것들은 글렌 로이의 언덕비탈에서 볼 수 있는 이상하고 수평적이고 길처럼 보이는(road-like) 현상이다. '비글'(Beagle) 호 선상에서 남미의 지진과 해안돌출을 경험한 다윈은 평행한 길들은 바다에 의해서 야기되었다는 이론을 주장했다. 그러나 스위스에서 빙하를 목격한 적이 있는 아가시(Agassiz)는 그 원인에 대해 다른 견해를 취했다. 그 길들은 빙하기 동안 빙하에 의해 가로막혔던 호수의 작용에 의한 것이라는 주장이다. 이 상이한 이론들은 길들의 범위와 위치에 대해 상이한 예측을 야기했고, 따라서 여러 관찰자들이 서로 다른 발견을 보고했다. 나중에 승리를 거둔 빙하이론을 주장한 아가시가 보았다고, 혹은 본 적이 있다고 믿은 길들은 그후 누구도 분간해낼 수 없었다(Rudwick, 1974).

이 사건들을 어떻게 이해해야 하는가? 이런 많은 경우들이 이론과 모순되는 것은 보지 못하는 과학자들과 연관되기 때문에, 어떤 접근은 그러한 사례들을 '과학적 발견에 대한 저항' 현상으로 치부해버린다. 바버(Barber)는 편견 없는 마음이라는 이상을 과학자들이 실제 위반하고 있는 여러 가지 사례를 논의하면서, 이 사례들이 과학발견에 대한 저항이라고 말한다(Barber, 1961). 이런 사례들은 새로운 사고, 이론, 접근들에 대한 저항을 포함한다. 이것들은 감각경험에 부과되는 해석들에 대한 저항뿐만 아니라, 생물학에서 수학을 사용하는 것과 같은 특별한 기술들에 대한 저항도 포함한다.

한 사례연구에서 바버와 폭스(Barber and Fox, 1958)는, 생물학자들이 효소를 정맥주사한 것이 실험용 토끼의 귀를 말랑말랑하게 만든, 우연적이고 예기치 않은 발견을 어떻게 추적하였는가를 논의한다. 그 주사는 원래 완전히 다른 목적을 위해 투여됐지만, 이 놀라운 현상 때문에 한 연구자는 무엇이 그런 효과를 일으켰는지 보기 위해 귀의 그 부분을 잘라내서 현미경으로 자세히 들여다보았다. 토끼 귀의 연골이 정태적(靜態的)이고 중요하지 않은 물질이라는 다른 연구자들과 공유하고 있던 배경가정을 무시하고, 그는 신축적인 연결조직에 그의 관심을 집중시켰다. 연골도 검사해봤으나 기대했던 대로 문제가 없는 것처럼 보였다. "세포는 건강해 보였고 좋은 세포핵이 있었다. 나는 연골이 결코 손상되지 않았다고 결론내렸다. 그게 전부였다." 귀의 조직이 골고루 건강하게 드러난 것은 당황스러웠다. 바로 그 가시적인 효과를 일으킨 효소의 메커니즘은 무엇인가?

토끼 문제가 다시 부각된 것은 몇 년이 지난 후, 다른 연구에 그렇게 바쁘지 않고 실험병리학 세미나를 위해서 학습실험 자료가 필요했을 때였다. 이번 경우에 연구자는 세미나에서 보여주기 위해 토끼 귀의 두 부분을 준비했다. 교과서적인 연구절차에 따라 연구자는 이들 가운데 하나를 효소처리한 반면, 다른 것은 효소처리를 하지 않았다. 검사결과는 두 개의 현미경 슬라이드가 확실히 다르다는 것이었다. 지금까지 의심하지 않았던 연골은 효소처리를 하면 세포간의 배열이 상실되고, 세포가 확대되며, 여러 가지 다른 효과를 나타내면서 변화되었다. 바버에 의하면 연골이 정태적이라고 믿었던 가정은 과학자가 '과학적 선입견에 의해서 눈이 먼 것이었음'을 보여준다는 사실이다.

바버의 총괄적인 이론적 해석은 아주 흥미로우며, 이런 경우에 맹목성을 준거로 삼는 것이 적당한가 하는 문제로 되돌아간다. 바버는 '편견 없는 마음'이라는 규범의 위배가 과학의 일반적 특성이라고 주장한다. 이 위배는 이론적이고 방법론적인 신봉, 높은 직업적 위치, 전문화 등과 같은 밝힐 수 있는 근원을 가진다. 몇 가지 점에서 가치있고 기능적인 과학의 어떤 특징들은 다른 점에서는 역기능적임을 보여준다.

이것을 지각에 적용할 때, 어느 정도 양에 대한 잘못된 지각은 연구를 촉진하는 과정들의 직접적 결과임을 암시한다. 잘못된 지각이 어떤 의미에서는 정상이라는 생각은 매우 가치 있는 것이므로 이 점을 잘 기억하도록 하자.

바버의 분석은 하나의 불일치되는 점을 내포한다. 그는 잘못된 지각을 병리적인 현상이라고 말한다. 질병처럼, 잘못된 지각을 치료하고 제거하기 위해서는 그것을 이해할 필요가 있다. 어떤 저항은 아마 피할 수 없겠지만, 그 수준은 점차 낮아져야 한다. 그러나 잘못된 지각은 과학의 기능적이고 건강한 측면의 자연스런 결과이면서 동시에 사라져버려야 할 것인가? 분명 그렇지 않다. 바버의 주장은 뒤르켐이 『사회학적 방법의 규칙』(*The Rules of Sociological Method*, 1938)에서 했던 범죄에 관한 유명한 논의와 같은 현실적인 논리로 진행됐어야 했다.

범죄를 없애기 위해서는 다양성과 개인성을 조장하는 가치 있는 힘들을 억눌러야 할 것이다. 범죄라고 간주되는 것을 제거하기 위해 충분한 억압을 가해보면, 사회질서를 위협하는 또 다른 행위가 앞으로 튀어나올 것이다. 문제는 범죄가 있어야 하는가 없어야 하는가가 아니라, 오직 어떤 범죄냐의 문제일 뿐이다. 범죄는 피할 수 없고, 대개는 일정하고 필연적이다. 범죄가 있다는 것은 개탄할 만한 일이지만, 범죄가 완전히 없어지기를 바라는 것은 사회가 작동하는 방식을 잘못 이해하는 것이다. 이러한 논리는 잘못된 지각에도 똑같이 적용될 수 있다.

이러한 생각은 신호감지 과제(signal-detection tasks)로 일컬어지는 심리학적 연구와 완전히 일치한다. 이것은 혼란스런 배경에서 신호를 감지해내는 문제인데, 예를 들면 흐린 레이더 스크린 상에서 흐릿한 한 점을 찾아내는 것이다. 진짜 신호를 봤다고 판단하는 경향은 이 판단의 알려진 결과와 체계적으로 관련된다. 행위자가 실제로 신호를 지각했는지는 그들이 어떤 신호도 놓쳐서는 안 된다든지, 혹은 절대로 잘못된 감지를 해서는 안 된다는 것의 중요성을 알고 있는지의 여부에 좌우된다. 이 다양한 매개변수들에 의해 여러 가지 형태의 지각과 잘못된 지각이 산출된다. 중요한 점은 잘못된 감지를 줄이려는 시도가 필연적으로 신호를 놓치게 한다는 것이다. 또 절대로 신호를 놓치지 않으려는 노력은 잘못된 감지를 유발한다. 여러 가지 다른 종류의 잘못된 지각들 사이에는 하나를 얻으면 하나를 잃게 되는 관계(trade-off)가 있으며, 이것은 그러한 지각이 일어나는 사회적 맥락이 가지고 있는 결과와 의미들에 달려 있다.

잘못된 지각은 정말 피할 수 없고 대개 일정하며 무제한적으로 제거될 수 없다. 그것은 과학적 활동의 사회-심리적 조직과 밀접히 관련되어 있다. 잘못된 지각은 과학적 활동에 대한 가치 있는 지표이자 유용한 연구도구이다. 신봉(commitment), 이해관계의 방향, 이론적 접근의 차이 등과 같은 요인들의 영향을 찾아내는 데 그것을 이용할 수 있을 것이다.

이 관점은 가치가 있다. 그러나 바버와 같이 그것이 지닌 함의에서 뒷걸음질치는 것이 쉽다면, 사려 깊지 못하고 자기파괴적인 방식으로 이런 관점을 아무데나 끼워 맞추는 것도 마찬가지로 쉬울 것이다. 이 관점의 함의가 왜곡되지 않도록 하기 위하여 그것이 가진 몇몇 한계를 고려해보자.

첫째로, 위에서 논의한 역사적 예와 사례연구의 의미는 생각과는 달리 그렇게 직접적이며 확실하지는 않다. 그것은 정말로 잘못된 지각의 경우인가? 또는 아주 다른 심리학적 능력, 즉 기억의 약함을 똑같은 정도로 보여주고 있는 것이 아닌가? 만일 아가시와 다윈이 글렌 로이를 따라 나란히 걸어갔다면 그들이 자신 앞에 놓인 사실에 동의하지 않았을 것이라고 믿기는 어렵다. 그들이 경사각도, 특정한 유형의 조개, 자갈, 모래의 존재에 대한 의미구성을 다르게 했다 할지라도, 자신들이 다르게 해석하고 있는 대상이 무엇인가에 대해서는 분명히 동의했을 것이다. 자기의 이론에 의하여 영향을 받은 것은 아가시의 지각인가, 혹은 그가 봤던 것을 소급하여 기억하고 해석하는 단순화하거나 확대하는 과정인가?

연골의 표본을 현미경으로 관찰하는 연구자에 대해서도 비슷한 점을 말할 수 있다. 그는 하나의 표본만을 따로 보았을 때, 처리된 표본과 처리되지 않은 표본을 직접 비교할 수 있었을 때와는 다른 어떤 것을 보았는가? 바버는 어느 곳에서는 선입견에 눈이 먼 과학자들을 언급했음에도 불구하고, 다른 곳에서는 기억의 실패를 언급한다. 첫번째 경우에 연구자는 오로지 그의 기억 이미지를 하나의 현미경 슬라이드와 비교해야 했다고 바버는 말한다. 만약 기억 이미지가 약하거나 왜곡됐다면, 이것으로 과학자들이 눈앞에서 그냥 지나쳐버리는 판단의 오류를 설명할 수 있다(기억의 구성적 특성은 바틀릿(Bartlett)의 고전 『기억』(Remembering, 1932)에서 사회심리학적 관점으로 탐구되었다).

이런 점들은 생각만큼 현학적이지는 않다. 이런 점들의 중요성은, 이와 같은 예에 의존하는 감각지각에 대한 어떤 비판도 모호하며 지나치게 단순화되었다는 것을 보여주는 데 있다. 그것들은 감각지각에 대한 적정한 평가가 아니다. 감각지각은 믿을 만한 반면, 기억이 내포하고 있는 것은 믿을 만하지 않다고 인정하는 것은 아주 일관성 있는 주장이다. 직접 경험을 활용할 수 있을 때조차도 점점 쇠퇴하는 기억의 기록에 의존하는 실험절차는 의심스러운 과학이다.

다시 말해서, 신호-감지 실험들은 과학관찰이 실제로 행해지는 환경을 제대로 파악하지 않는다고 주장될 수 있을 것이다. 적절한 실험설계와 실험도구와 통제집단의 사용은, 관찰자가 어려운 식별이나 즉 석판단을 피할 수 있도록 해주는 데 그 목적이 있다. 아마도 아가시는 서둘렀을 것이다. 그러나 훌륭한 관찰자들은 가능한 한 관찰, 판단, 비교를 하기에 좋은 위치에 있으려고 한다. 관찰은 만들어졌을 당시에 기록되지 소급해서 기록되지 않는다. 즉 하나의 표본은 기억이 개입하지 않는 방법으로 통제집단과 비교된다. 관찰의 표준적 조건이 주어지고 실험기술에 관한 전통적으로 잘 알려진 주의점들이 주어진다면, 감각의 전달은 모든 사람에게 동일한 의미를 줄 수 있고 이론과 신념의 영향을 받지 않게 될 것이다. 실험절차가 동일한 결과들을 산출하지 않을 때, 혹은 여러 관찰자들이 상이한 결과를 산출할 때, 설계가 나빴거나 실험이 잘못 계획됐거나 신뢰할 수 없는 것으로 간주된다.

이런 상식적 경험주의의 힘을 알기 위해서는 지각의 신호-감지 모델과 맞아떨어지는 과학의 유명한, 혹은 악명 높은 예들 가운데 하나를 상기할 필요가 있다. 프랑스의 물리학자이며 과학아카데미의 회원인 블롱들로(Blondlot)가 N-광선을 발견한 경우가 그 예이다. 블롱들로는 그 당시에 가장 흥미 있는 연구로 관심을 모은 X-광선과 다소 유사한 새로운 형태의 광선을 자신이 발견했다고 믿었다.

블롱들로의 장치는 작은 유리창이 난, 철로 만든 튜브 안에 뜨거운 백금선이 들어 있도록 설계되었다. N-광선은 철을 통과할 수 없으므로 창문으로부터 나왔다. 암실에서 희미한 스크린 위에 광선을 비추도록 해서 광선을 감지하였다. 스크린이 조금 진해지면 광선이 존재한다는 것을 나타냈다. 블롱들로는 N-광선이 다양한 속성을 지닌다는 것을 발견했다. 즉 물체는 N-광선을 저장할 수 있고, 사람들은 그것을 방출할 수 있으며, 소음은 그것을 방해한다는 것 등이었다. 어떤 조건에서는 스크린의 밝기를 저하시키는 음(陰)의 N-광선까지도 관찰되었다(Langmuir, 1953).

물리학자 우드(R.W. Wood)는 블롱들로가 알루미늄 프리즘을 통하여 N-광선의 굴절을 연구하고 있을 때 프랑스의 실험실을 방문했다. N-광선이 단일파장이 아니라 다양한 굴절지수들을 가진 많은 요소들로 구성되었다는 것을 당시 블롱들로는 발견했다. 한 실험 도중 어두운 실험실에서 블롱들로가 보지 못하는 사이에 우드가 그 장치에서 프리즘을 제거했다. 이때 실험을 멈추었어야 했는데 불행히도 블롱들로는 전에 감지해왔던 것과 똑같은 형태의 신호를 스크린 위에서 계속 감지할 수 있었다(Wood, 1904). 블롱들로의 이같은 경험의 원인이 무엇이든 그것은 N-광선은 아니었다. 추측컨대, 이 결과는 나머지 현상들처럼 N-광선에 대한 블롱들로의 믿음에 의해 기인한 것이었다.

문제는 블롱들로의 실험설계에 있었다. 그의 감지과정은 감지의 바로 그 임계치에 있었다. 이처럼 신호소음률(signal-noise ratio)이 형편없을 때는 주관적 경험은 기대와 희망에 따라 좌우되었다. 기대된 사회적 결과, 사회적인 '보상체계'는 핵심변수가 된다.

가짜 N-광선 발견의 중요한 특징은 영국, 독일, 미국 물리학자들이 블롱들로의 실험보고서에서 얼마나 빨리 만장일치로 잘못된 사실을 깨달았는가이다(Watkins, 1969). 블롱들로의 실험결과에 대한 초기의 생리학이론에 대해서는 루머(Lummer, 1904)를 보라. 게다가 우드가 오류를 논증하는 것은 아주 쉬웠다. 그는 간단하고도 통제된 실험을 수행하였다. 프리즘이 있는 경우의 데이터, 즉 굴절되었다고 주장되는 N-광선이 있을 때를 읽고 나서, 프리즘이 없는 경우, 즉 굴절된 N-광선이 없는 경우를 읽어보라. 결과는 똑같으며, 따라서 그 원인은 광선과 관계가 없다. 이 착오는 블롱들로와 동료들의 개인적이고 심리적인 실패였다. 그들에게는 공통되고 표준화된 과정이 부족했다. 그것은 몇몇 프랑스인에 대한 신뢰를 떨어뜨렸을 뿐, 지각

전체에 대한 신뢰를 실추시키지는 않았다.

사회학자들이 블롱들로와 같은 사례를 끌어모아 그들이 과학에 대해 가지고 있는 중심견해로 만든다면 스스로 덫에 걸려들게 될 것이다. 그들은 과학의 경험적 기초에 대한 신뢰성과 반복성을 과소평가하게 될 것이다. 그것은 블롱들로 이야기의 시작만을 기억하게 될 것이고, 어떻게, 왜 끝났는지는 망각하는 결과가 될 것이다. 의심할 여지없이 이것은 그들의 비판자들이 몰아가고 싶어하는 곳으로 사회학자들이 자발적으로 가게 됨을 의미한다. 즉 사회학자들은 과학의 뒤뜰에 폐기처분된 쓰레기더미에서 어슬렁거리게 될 것이다.

이제는 주장의 두 가닥의 흐름을 함께 묶을 수 있다. 이론-편향적 관찰(theory-biased observation)의 사례연구에서 출발하여, 결론은 어떤 잘못된 지각이 필수적이라는 것이었다. 경험주의자들의 상식은, 과학이란 성공적 실험을 위한 절차규범을 갖고 있으며 감각지각의 비신뢰성을 보여주고 있다고 주장하는 많은 사례가, 실은 과학적 노력을 덜 기울이고 필요한 주의를 기울이지 않은 데 기인한 것임을 우리에게 상기시킨다. 당연히 이런 사례는 일시적이며 찾아낼 수 있고 수정할 수 있다. 다행히도 두 조류의 주장은 결코 서로 대립되지 않는다.

불가피한 잘못된 지각의 계속적 흐름은 과학적 관심의 주변에서 계속 일어날 것이다. 과학은 그 관심에 한계가 있다. 즉 과학은 경계를 가져야 한다. 그 경계가 어디인가에 따라 사례들과 과정들은 필연적으로 불충분하고 불규칙적인 관심을 받을 것이다. 신호-감지의 비유가 여기 적용된다. 나중에 생각했을 때 아주 중요한 것으로 여겨지는 경우가 종종 빠지거나 무시된다.

주의를 기울이고 있는 중심부에서 상황은 변화된다. 여기서는 제한된 수의 경험적 과정들이 관심과 논쟁의 초점이 될 것이다. 반복성, 신뢰성, 좋은 실험설계의 요구와 한계효과를 피하려는 요구가 엄격하게 강화될 것이다. 오류는 피할 수 있고 피해야 한다. 오류를 피하지 못한 곳에서는 다른 사람이 직접적으로, 혹은 비판의 내재화된 이미지인 양심을 통해서 제재를 가할 것이다. 토끼에 대한 연구를 하던 바버의 과학자들은 더 적절하고 통제된 절차를 사용하여 마침내 발견을 이루어냈을 때의 부끄러운 심정을 다음과 같이 말하였다. "그일을 생각하면 여전히 괴롭다." 더욱 극적이고 슬프게도 블롱들로는 과학자로서 완전히 파멸했다. 수치와 추방은 가장 생생하게 사회규범의 작용을 보여준다.

　이 사례연구들이 진정으로 보여주는 것은 지각을 믿을 수 없다거나 지각이 우리 욕망의 기능이라는 것이 아니라, 과학에서 고수해야 할 표준적 절차에 대한 요구가 얼마나 강한가 하는 점이다. 이 절차들은 경험은 반복가능하고 공공연하고 비개인적인 한 수용될 수 있다는 것을 명시한다. 이런 속성을 가진 경험을 찾는 것이 가능하다는 사실을 부정할 수는 없다. 그러나 지식이 우리 경험의 이 단면과 중요하게 결합되어야 하는 것으로 생각하는 것은 사회적 규범이다. 그것은 관습적이며 가변적인 강조이다. 다른 행위들과 다른 형태의 지식은 경험의 무상함, 내적 성격, 개별성을 강조하는 다른 규범을 지닌다. 우리 경험의 어떤 것들은 이런 특징을 지닌다는 사실 또한 부정할 수 없으며, 과학이 항상 이러한 양식에 적대적인 것만이 아니었음을 기억할 만한 가치가 있다(French, 1972 ; Yates, 1972 참조).[1]

---

1) 독자들은 이 절에서 블루어가 무엇을 주장하려고 하는지, 상당히 혼란스러울 것이다. 왜냐하면 블루어는 사회학자들이 블롱들로와 같은 사례들만을 모아서 연구한다면 그들은 다시금 '오류의 사회학'을 하게 되는 신세를 면하지 못할 것이라고 경고하면서도 계속 잘못된 지각에 대한 논의를 펼치고 있기 때문이다.
　여기서 독자들이 알아야 할 사실은 블루어에게 잘못된 지각이란 '절대적' 의미에서 잘못된 것이 아니라 어떤 집단의 성원들이 의미있게 생각하도록 '훈

이제 나는 스트롱 프로그램의 주장을 손상하지 않고도, 경험이 믿음에 영향을 준다는 것이 어떻게 주장될 수 있는가를 보여주는 경험의 역할에 대하여 간단히 언급하겠다. 나는 경험의 신뢰성에 대해서 방금 강조한 점과 경험주의적 지식개념의 비적절성에 대하여 앞서 언급한 논의들간의 관계를 분명히 하고자 한다.

련'을 받아온 경험에서 벗어나는 지각을 말한다. 즉 특정한 경험들의 집합만을 의미있는 것으로 보도록 훈련을 받아온 사람들이 공유하는 사회적 인식틀에 '상대적인 의미'에서의 잘못된 지각이다. 따라서 블롱들로의 예에서 블루어는 블롱들로와 그 동료들에게는 "공통되고 표준화된 과정이 부족"했기 때문에 그들의 발견이 과학사회에서 잘못된 지각의 예로서 거론되었다고 주장한다. 다시 말하면 블롱들로의 실패는 그의 실험절차와 결과가 당시의 과학사회에서 무엇이 중요한 경험이고 절차인가를 정의하는 공통되고 표준화된, 집단의 인식틀에서 벗어났기 때문에 실패한 것으로 간주되어야 한다는 것이다.

이를 좀더 잘 이해하기 위해서는 상식적 경험론에 대한 블루어의 비판을 살펴볼 필요가 있다. 위에서 언급한 상대적으로 잘못된 지각에 대해서 상식적인 경험론자들은 이 잘못된 지각이 "과학적 노력을 덜 기울이고 필요한 주의를 기울이지 않는 데" 기인한다고 대답하는데, 이것은 잘못된 지각이 '절대적'으로 정의될 수 있다는 것을 의미한다. 그러나 바로 다음 절에서 블루어가 주장하듯이 우리의 감각경험은 선행하는 지식체계—즉 감각경험을 하는 사람이 받아들이고 있는 사회적 인식틀 혹은 지식체계—와 합해져서 의미를 갖게 되므로 어떤 지각이 '절대적' 의미에서 잘못된 지각이란 것은 잘못된 주장이다.

그렇다면 왜 사회학자들이 블롱들로의 예와 같은 것들만을 모아서 연구하면 결국 오류의 사회학밖에는 할 수가 없는 것일까? 그 이유는, 이렇게 하게 되면 사회학자들은 결국 상식적 경험론이 주장하는 '맥락 자유적인' 경험의 중요성을 받아들이게 되고 결과적으로 선행하는 지식체계—즉 집단이 공유하고 있는 지식체계—가 무엇이 옳은 경험이고 무엇이 옳지 않은 경험인가에 대한 판단에 미치는 영향을 사회학적으로 분석하는 데 실패할 것이기 때문이다. 즉, 그렇게 함으로써 이들은 잘못된 지각이 과학적 노력을 덜 기울이고 주의하지 않았기 때문에 야기된 것으로 보는 실증주의적 오류를 범하게 되기 때문이다(이하 나오는 주는 모두 옮긴이 주임).

경험과 믿음

경험주의가 가진 가치 있는 통찰은, 물질세계에 대한 어떤 반응들이 사람들에게 공통되고 일정하다는 것을 우리의 생리적 기제가 보증한다는 것이다. 이 반응을 지각이라 한다. 문화적 변이는 생물학적으로 안정된 감각능력의 층에 부여된 것이라고 그럴 듯하게 생각되었다. 지각(혹은 감각)능력이 상대적으로 안정되었다는 가정을 갖고 작업하는 것은 감각의 자유로운 사용이 그 자체로는 지식을 구성하지도, 또한 할 수도 없다는 관점에서 후퇴하는 것이 아니다. 왜냐하면 경험은 항상 선행하는 믿음상태와 부딪치기 때문이다. 그리고 경험은 이미 가지고 있는 믿음상태를 수정시키는 원인이다. 따라서 궁극적인 믿음은 항상 선행지식(혹은 믿음)과 새로운 경험이 혼합됨으로써 일어날 것이다. 이것은 경험이 변화를 가져오지만 믿음상태를 하나의 정해진 방향으로 결정짓는 것은 아님을 의미한다.

이것을 잘 이해하는 하나의 방식은 힘의 한 체계와 충돌하는 어떤 힘의 효과를 사용하여 유추(analogy)를 하는 것이다. 힘은 영향을 주지만, 항상 정해진 방향으로 그 결과적 힘을 결정하지는 않는다. 여기서 힘의 평행사변형을 생각해보라. 이 비유는 그림 1에 그려져 있다. 경험을 나타내는 요소를 변화시킬 때 결과적 지식도 변화된다. 분명히 처음 선행하는 믿음상태를 고정시키지 않고는 경험 구성요소의 어떠한 값도 결과적 믿음의 특정한 값과 대응하지 않는다. 경험이 어떤 결과를 가질 것인지 생각할 때 이 점을 항상 고려해야 한다. 또한 변화하는 경험의 어떤 형태나 연속 그 자체가 변하는 믿음의 독특한 형태를 결정하지는 않는다. 세계를 단지 관찰하는 것만으로 세계에 관한 참된 설명이 무엇인가에 관해 우리가 합의를 이루어내지 못하는 것은 놀라운 일이 아니다.

그림 1

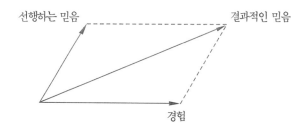

선행하는 믿음　　　　　　　　　　결과적인 믿음

경험

　간단한 사례를 살펴보자. 원시부족이 닭에게 약초를 먹임으로써 신의 뜻을 알아보는 경우이다. 그 닭이 죽는다. 부족민도 분명 그 행동을 보고 우리도 볼 수 있다. 부족민은 신이 부정적인 응답을 했다고 말한다. 우리는 그 닭이 독약을 먹었다고 말한다. 상이한 믿음체계를 가지고 있으면 동일한 경험에 대해 다른 반응을 불러일으킨다. 이것은 우리가 이러한 사건에 관해 보통 말하는 피상적 수준에도 적용되며, 더 나아가서 우리가 사건의 의미라고 믿고 결과적으로 어떻게 그것에 따라 행동하는가 하는 심층수준 두 가지 모두에 적용된다.

　과학적 사례에서도 똑같은 것을 쉽게 발견할 수 있다. 가장 확실한 예는 아마도 여러 시대에 걸쳐 매일매일의 태양의 운동에 부여해온 다양한 의미들일 것이다. 태양의 운동을 주관적으로 경험하면, 태양은 수평선을 안정된 배경으로 하여 운동을 한다. 이 경험이 모든 관찰자들에게 동일할 것이라고 가정하는 것은 그럴 듯하며 검증할 수 있다. 그러나 태양과 지구의 실제 상대적인 위치에 대한 믿음은 프톨레마이오스(Ptolemaeos)의 추종자와 코페르니쿠스(Copernicus)의 추종자 사이에 매우 다르다.

　이 모든 예들에서 지식의 사회적 요소는 분명하며 다른 어떤 것으로도 환원될 수 없다. 선행하는 믿음상태가 만들어지고 분배되는 것을 설명하는 데는 교육과 훈련 같은 과정이 꼭 거론되어야 한다. 경험이 결정적인 효과를 가지려면 그런 과정이 절대적으로 필요하다. 또한 이 과정은 어떻게 결과적 지식들이 유지되는가를 이해하는 데, 그리고 특정믿음과 경험을 연결시키는 연관형태를 설명하는 데 필수적이다. 이 관점은 경험주의의 통찰을 포함하고 있지만, 사회학자들이 다룰 수 있는 영역 밖에 있는 믿음은 없다는 것을 보여준다. 모든 지식에는 사회적 요소가 존재한다.

경험주의는 현재 많은 곳에서 그 설득력을 잃고 있으므로, 그런 잘못된 경험주의적 요소를 지식사회학 내에 수용하는 것은 잘못된 일이 아닐까? 사회학자들은 광범한 철학적 비판의 대상이 되었던 관점을 피하는 게 좋지 않을까? 만약 이 질문이 사회학자들은 단호하게 철학적 유행에서 자기자신을 격리시켜야 한다는 것을 의미한다면, 그것은 건전한 본능이다. 그러나 만약 이것이 경험주의가 단지 철학자들 사이에서 설득력을 잃었기 때문에 경험주의와 싸워야 한다는 것을 의미한다면, 그것은 비겁한 처방이다. 오히려 사회학자와 심리학자들은 유용한 사고들은 무엇이든 이용해야 하고, 그것이 당면 목적에 맞으면 그것을 이용하여 어떤 이론이든 만들어내야 한다.

여기서 지식사회학과 병합되고 있는 경험주의적 견해는 실제로는 심리학이론이다. 이 이론에 따르면, 우리의 지각능력과 사고능력은 서로 별개의 것이고, 우리의 지각이 우리의 사고에 영향을 끼치는 것은 우리의 사고가 우리의 지각에 영향을 주는 것보다 더 크다고 말한다. 이런 형태의 경험주의는 생물학적이고 진화론적인 관점을 내포하지만, 현대의 경험주의 비판자들이 경험주의를 멸시한 만큼이나 현대의 경험주의자들로부터도 멸시를 받아왔다.

현대 철학자들은 이 두 가지 능력에 대한 심리학적 명제를 두 개의 서로 다른 종류의 언어의 존재와 본질에 관한 주장으로 바꾸었다. 즉 자료언어와 이론언어가 그 두 언어이다. 다시 말하면, 그들은 두 가지 서로 다른 종류의 믿음의 위상에 대하여 이야기한다. 경험으로 직접 주어지는 확실하게 참인 믿음과 경험과 간접적으로 연결되어 그 진리값이 문제시되는 믿음을 말한다. 이러한 주장들이 현재 철학적 논쟁의 대상이 되고 있다. 경험에서 직접 유래한 것으로 주장된 믿음들의 절대적 확실성 혹은 높은 확률조차도 문제가 되어왔고, 더욱 최근에는 전술한 두 가지 언어들의 개념 자체가 문제시되고 있다 (Hesse, 1974).

정당화, 그리고 논리와 언어의 문제는 철학자들이 논의하게 내버려두자. 지식의 자연주의적 연구에서 중요한 점은 그러한 자연주의적 연구가 감각경험의 역할에 대한 그럴 듯하며 실질적인 관점을 가진다는 것이다. 만약 이것이 진부하며 심리학적인 경험론과 동일한 언어로 표현되었다면 그만큼 우리의 철학적 유산에 보탬이 될 것이다. 그러한 사실은 그것이 주장된 정신을 계승하고 있음을 보여준다 (Bloor, 1975).

유물론과 사회학적 설명

일관성을 가지는 어떠한 사회학도 지식을 우리 주변의 물질세계에 대한 우리의 경험과 유리된 환상이라고 주장할 수는 없다. 우리는 꿈의 세계에서 결코 살 수 없다. 그 이유를 알기 위하여 그런 환상이 어떻게 우리 사회의 새로운 구성원들에게 전달되는지 생각해보자. 그것은 교육, 훈련, 주입, 사회적 영향, 압력 등에 의존한다. 이 모든 것은 지각의 신뢰성과, 또한 지각된 규칙성 및 구별을 찾아내고 유지하고 그에 따라 행위하는 능력을 전제한다. 인간 신체와 목소리는 물질세계의 일부이고, 사회적 학습은 어떻게 물질세계가 기능하는가를 학습하는 것의 일부이다. 만약 우리가 서로에게서 배우려는 장치와 성향을 가졌다면, 우리는 원칙적으로 비사회적인 세계의 규칙성을 배울 수 있는 능력을 가져야만 한다. 어떤 문화를 막론하고 사람들은 생존하기 위해 이런 학습을 한다. 만약 사회적 학습이 지각기관에 의존한다면 자연적 또는 과학지식도 마찬가지이다. 어떠한 사회학적 설명도 감각지각의 신뢰성이 사회적 상호작용이나 집합행동에서 사용될 때보다, 실험실이나 실지 연구(field trip)에 사용될 때 더욱 낮아진다고 규정해서는 안 된다. 사회학의 전 체계는 우리가 경험을 통해 세계에 체계적으로 반응할 수 있다는 것, 즉 우리가 세계와의 인과적 상호작용을 통해 반응한다는 것을 전제한다. 지식사회학은 유물론과 감각지각의 신뢰성을 전제하며 이 전제에서 절대 물러나지 않는다.

이런 요인들의 역할을 예시하기 위해, 19세기 초의 두 연구학파에 관한 모렐(J. B. Morrell, 1972)의 흥미 있는 비교연구를 살펴보자. 모렐은 글래스고에 있는 톰슨(Thomas Thomson)의 실험실과 기센에 있는 리비히(Justus Liebig)의 실험실을 비교하였다. 두 사람 다 1820년대에 대학에서 응용화학 학파를 개척한 선구자들이었다. 리비히는 성공했고 세계적으로 유명해졌다. 그러나 톰슨은 끝내 잊혀져 버렸으며 그 주제에 관한 역사에서 거의 아무런 자취를 남기지 못했다. 모렐이 다루고자 했던 문제는, 두 학파가 유사한 점이 많았음에도 불구하고 두드러지게 다른 운명을 갖게 된 요인을 비교, 대조하는 것이었다.

모렐의 분석은 눈에 띄게 대칭적이고 인과적이다. 그는 학파의 조직화와 성공에 영향을 미치는 모든 사실과 매개변수들을 포함하는 연구학파의 '이상형'을 만들어냄으로써 연구를 진전시켰다. 일단 이 모델이 만들어지자, 두 학파의 공통된 구조에도 불구하고 글래스고와 기센의 경우 얼마나 차이가 나는지 확연해졌다. 여기서 고려한 요인들은 그 학파 지도자들의 심리적 기질과 그들의 재정적 자원, 그리고 대학 내에서의 권력과 지위, 학생들을 끌어들일 수 있는 능력과 그가 학생들에게 어떤 동기부여와 경력을 제공할 수 있는가, 과학사회에서 지도자로서의 명성, 더 나은 연구를 위해 그가 만들어낸 기술과 선택한 연구영역과 프로그램 등이었다.

톰슨은 학생의 노력의 산물을 마치 자기 것인 양 다루기를 잘하는, 소유욕이 강하고 빈정거리는 사람이었다. 물론 학생의 공헌을 인정하기는 하지만, 학생의 연구를 자기 이름으로 된 책으로 발표했다. 반면에, 리비히 또한 매우 까다롭고 공격적인 사람이었지만 학생들에게 존경을 받았다. 그는 학생들이 자신들의 이름으로 연구를 발표하도록 격려했고, 이런 연구들을 발표하기 위한 창구였던 학술잡지를 편집하였다. 그는 또한 제자들에게 박사학위를 주었고, 제자의 학문적, 산업적 분야에서의 경력에 다른 많은 도움도 주었다. 톰슨의 실험실에서는 그런 유용하고 세련된 교육과정이 제공되지 않았다.

처음에는 두 지도자 모두 자신들의 호주머니에서 학파의 운영자금을 대야만 했다. 리비히는 톰슨보다 실험실, 실험재료, 직원고용에 필요한 자금을 다른 사람들에게서 더 잘 얻어왔다. 자유방임국가였던 영국에서는 생각지도 못했던 연구비용을 국가가 부담하도록 하는 일도 리비히는 성공시켰다. 초기에는 불안정한 지위 때문에 고생도 했으나, 리비히는 자신의 주요 연구작업이 전혀 방해받지 않는 작은 대학의 교수가 되었다. 톰슨은 글래스고에서 대학교수라기보다 흠정강좌 담당교수였다가 끝내 중심적인 인물은 되지 못했다. 또 그는 대규모 의학부에서 강의하는 부담을 지고 있었으며 대학의 잡일과 정치에 힘을 다 소모했다.

이 두 지도자는 자신들의 연구영역에서 현저하게 상이한 선택을 하였다. 톰슨은 돌턴(Dalton)의 에너지 이론이 가치 있고 흥미로운 것이라는 것을 즉시 깨닫고 소금과 무기물(無機物)의 원자량과 화학적 구성성분을 발견하는 연구에 몰두하였다. 그의 주요 관심사 가운데 하나는 "모든 원자 무게는 수소원자 무게의 정수배수이다"라는 프루스트(Proust)의 가설이었다. 그래서 톰슨은 무기화학을 연구하게 되었다. 이것은 발달된 분야였고, 베르셀리우스(Berzelius)와 게이-뤼삭(Gay-Lussac) 같은 당시의 가장 뛰어난 학자들이 그 분야에 자리 잡고 있었다. 더욱이 관련된 기술들은 아주 고도의 기술을 요구하였고, 무기분석의 과제는 많은 실제적 문제들과 복잡함이 따랐다. 안정되고 반복가능하고 유용한 결과를 얻어내기가 어려웠다.

리비히는 유기화학이라는 새로운 분야를 선택했다. 그는 신뢰할 수 있고 반복가능한 발견물들을 일상적으로 생산할 수 있는 분석장치와 기술들을 발전시켰다. 더욱이 그 장치는 보통의 능력 있고 부지런한 학생들이면 사용할 수 있었다. 간단히 말해, 그는 공장과 비슷한 성격을 가진 연구소를 세울 수 있었는데, 그 연구소는 전에는 아무도 그 분야에서 생산하지 못했던 것을 만드는 공장이었다.

톰슨과 그의 제자들의 연구물은 다른 사람들의 연구결과와 달라서 문제를 낳았으며, 베르셀리우스는 그들의 연구를 비판했다. 이 학파의 연구결과들은 종종 서로 모순되었으며 새로운 것이라거나 유용한 것으로 보이지 않았다. 톰슨은 연구결과의 정확성을 확신했지만, 다른 사람들에게는 우연적이거나 불명확한 것으로 보였다. 반면에 아무도 리비히와 그의 제자들을 무시할 수는 없었다.

이러한 맥락에서 핵심적인 방법론적 문제는, 과학에 관한 사회학적 설명에서 이와 같은 예가 물질세계에 대한 우리의 경험의 역할에 대해 무엇을 말해주는가를 판단하는 것이다. 나는 물질세계가 작용하는 방식을 고려하는 것이 사회학적 설명의 대칭적 또는 인과적 특성을 위배하지 않는다는 것을 주장할 것이다.

리비히가 성공했던 이유 중 하나는, 그가 물질세계를 자신의 연구장치를 통해 연구했을 때 물질세계가 규칙적으로 반응했기 때문이었음을 부정할 수 없다. 반대로 어떤 사람이 톰슨이 했던 식으로 물질세계를 연구했더라면 어떤 규칙성도 발견하지 못할 것이다. 그의 절차들은 아마도 그가 연구하던 물체 안에서 작동중인 물리와 화학적 과정을 다 포괄하고 있었고, 또 그 과정들을 뭉뚱그려버렸을 것이다. 두 경우에 있어서 인간행위와 그로 야기된 경험의 피드백의 형태 모두가 아주 상이하다.

그럼에도 불구하고 두 연구학파의 운명에 대한 설명의 전반적 형태는 모두 동일하다. 두 경우 모두 외부세계에서의 자극 혹은 상호작용을 언급하지 않고서는 이해가 불가능하다. 또한 이 둘 모두 과학자들이 어떤 주어진 환경에 대응해나가는 것으로부터 시작한다. 이런 의미에서, 그리고 지금까지는 두 개의 설명이 서로 대칭적이다. 이 설명은 여전히 대칭적으로 이 결과들이 영향을 주는 현존하는 믿음들, 기준들, 가치들, 그리고 기대들을 다룬다. 분명히 상이한 원인들이 두 사례에 작용한다. 그렇지 않다면 상이한 결과들이 나오지 않았을 것이다. 대칭은 원인의 유형 속에 존재한다.

실험실에서 연구결과들의 차이는 두 학파의 상이한 운명을 궁극적으로 결정짓는 인과적 과정의 일부에 불과하다. 연구결과 자체만으로는 이러한 사실들을 충분히 설명할 수 없다. 화학적 사실이 왜 하나의 연구는 성공하고 다른 것은 실패했는지를 말하기에는 적절하지 않다. 정확하게 똑같은 실험행위와 똑같은 실험결과들이 주어졌더라도 두 학파의 운명은 다른 식으로 전개되었을 수도 있었을 것이다. 예를 들면 아무도 유기화학에 관심이 없었다고 가정하자. 생물학자 멘델의 노력이 좌절되었던 것처럼 리비히의 노력은 좌절되었을 것이다. 혹은 반대로 톰슨이 그의 학파를 설립했을 때 무기화학이 그렇게 적극적으로 연구되지 않았다고 가정해보자. 그의 공헌은 더욱 두드러지게 눈에 띄었을 것이다. 이러한 유리한 상황에 힘입어서 그의 학파는 번창하고 아주 중요하고 더욱 지속적인 공헌을 했을 것이다. 신뢰할 만한 생산방법을 지닌 성공적인 공장으로 성장했을 것이다.

화학만이 믿음, 이론, 판단, 그리고 이 경우에는 두 연구학파의 운명의 차이에 대한 원인이라고 말할 수 있는 한 가지의 상황이 있을 수 있다. 이것은 모든 사회적, 심리적, 경제적, 그리고 정치적 요인이 동일하고, 혹은 그 차이가 아주 작거나 별로 중요하지 않은 경우이다. 이런 상황조차도 스트롱 프로그램을 약화시키는 것은 아니다. 이러한 상황이 전체적 설명에서 사회학적 요인이 갖는 중요성을 감소시키지는 않을 것이다. 이 경우에는 사회학적 요인들이 대칭적으로 균형을 이루고 있거나 '통제'되기 때문에 일순간만 주목받지 않을 뿐이지 여전히 설명의 중요한 부분을 차지하고 있는 것이다. 설명의 완전한 구조는 이런 경우조차도 인과적이고 대칭적이다.

진리, 대응, 그리고 협약

진리는 우리의 사고에서 아주 중요한 개념이지만, 그에 대해서는 지금까지 거의 논의를 하지 않았다. 스트롱 프로그램은 설명을 하기 위해 참된 믿음이나 거짓된 믿음이나 똑같이 다룬다는 의미에서, 사회학자들로 하여금 진리개념을 그들의 연구에서 무시하도록 만든다. 앞 절의 논의는 이 요구를 위반하는 것처럼 보일지도 모른다. 좀 거칠게 말하자면, 리비히의 실험실은 그것이 세계에 대한 진리를 발견했기 때문에 번성했고, 톰슨은 연구물의 오류 때문에 실패하지 않았던가? 이 연구 프로그램들의 운명은 분명 진리와 오류의 문제에 달려 있다. 그래서 이것들이 결국 중심적인 역할을 하는 것처럼 보인다. 진리와 스트롱 프로그램간의 관계는 스트롱 프로그램이 특히 실험결과와 감각경험을 통해 모습을 드러내는, 세계의 인과적 자극을 강조하는 부분에서 명백하게 밝혀져야 한다.

우리가 진리를 말할 때 무엇을 의미하는지에 관해서는 거의 의심의 여지가 없다. 어떤 믿음, 판단, 혹은 긍정이 실재와 대응한다는 것을 의미하고, 또 사물이 세계 내에서 어떻게 존재하는가를 잡아내고 묘사하는 것을 의미한다. 이런 종류의 묘사는 아마도 보편적일 것이다. 어떤 사람들이 말하는 것은 거부해야 할 필요와, 또 다른 사람들이 말하는 것은 긍정해야 할 필요는 인간의 상호작용에서 기본적인 것이다. 진리에 대한 이러한 상식적 개념이 상당히 모호하다는 것은 애석한 일이다. 진리를 규정한다고 생각되는 실재와 지식간의 대응관계는 확실한 방법으로 그 성격을 규정짓기가 어렵다.

'부합', '조화', 혹은 '그림' 같은 다양한 말들이 자연스럽게 떠오르지만, 어떤 것이 다른 것보다 더 낫다고 할 수는 없다. 진리개념을 더욱 엄밀하게 정의하려고 노력하는 대신에 다른 접근을 채택할 것이다. 이것은 진리의 개념이 어디에 사용되는가와, 진리의 대응개념이 실제로 기능하는 방식에 관하여 질문하는 것이다. 이런 접근은 진리개념이 모호하다는 게 놀라운 일도 난감한 일도 아니라는 것을 보여줄 것이다.

문제를 분명히 하기 위해 플로지스톤(phlogiston) 이론의 예를 살펴보자. 플로지스톤은 잠정적으로 우리가 수소라고 부르는 기체와 같은 것으로 생각되었다. 18세기 화학자들은 이 기체를 만드는 방법을 알았지만, 그 속성과 움직임에 대한 생각은 우리와 아주 달랐다. 예를 들면 18세기 화학자들은 플로지스톤이 '미니엄'(minium) 혹은

그림 2 산화납에 의한 플로지스톤의 흡수

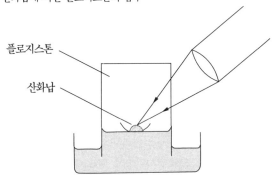

플로지스톤

산화납

'납석회'(Lead calx)라고 불렀던 물체에(혹은 우리가 '산화납'(lead oxide)이라 부르는 것) 흡수된다고 믿었다. 더욱이 그들은 미니엄이 플로지스톤을 흡수하면 납으로 변한다고 믿었다(Conant, 1966 참조).

프리스틀리(Joseph Priestly)는 이 이론을 설득력 있게 논증해 보일 수 있었다. 그는 병에 플로지스톤을 가득 채우고 물 위에 거꾸로 세워서 플로지스톤이 물 위에 갇히게 하였다(그림 2 참조). 병 안의 물 위에는 미니엄을 조금 담고 있는 용기를 띄웠다. 이것에다 볼록렌즈를 사용하여 끌어모은 태양광선으로 열을 가했다. 결과는 정확하게 그가 예상한 대로였다. 그 미니엄은 납으로 변했다. 미니엄이 플로지스톤을 흡수한 증거로 병의 수면이 극적으로 상승했다. 여기서 이론이 실재와 대응한다는 게 확실히 논증됐다.

경험주의자는 우리가 수면이 상승하는 것은 볼 수 있지만, 플로지스톤이 미니엄에 흡수되는 것은 볼 수 없다는 점을 지적할 것이다. 목욕물이 마개구멍으로 급히 내려가는 것을 육안으로 볼 수 있듯이, 미니엄 표면의 작은 구멍이나 틈새로 가스가 빨려들어가는 것을 보는 것과 같은 경험은 존재하지 않는다. 따라서 이론이 가정하는 실재는 가시적으로는 이론과 일치해 보이지 않는다. 우리는 이런 물리적 영역에 접근이 가능하지 않으므로, 이런 물리세계가 이론과 대응했는지도 볼 수 없다.

　우리가 실제로 사용하는 진리의 척도는 이론이 작동하느냐에 달려 있다. 세계에 관한 이론적 관점이 무리 없이 작동하면, 우리는 만족한다. 이론이 성공적 예측을 하도록 이론과 실재간의 관계를 확립하고 유지하는 데 실패하는 것이 오류의 척도가 된다. 이 점을 달리 표현하는 한 가지 방법은, 우리가 사용하는 일종의 대응이 존재하기는 한다는 것이다. 이것은 이론과 실재의 대응이 아니라 이론과 이론의 대응이다. 이론에 의해 해석된 경험은 중요한 것으로 생각되는 내적 일관성을 위해 점검된다. 하나의 이론을 판단하는 과정은 내적인 과정이다. 그것은 실재와 분리되었다는 의미에서 내적인 것이 아니다. 왜냐하면 이론은 명백하게 우리가 대상을 지적하는 방식과 실체와 사건들을 명명하고 정의하는 방식으로써 실재와 연결되기 때문이다. 그러나 그 결합이 일단 이루어지면, 모든 체계는 일정 정도의 응집성을 유지해야 한다. 한 부분은 다른 것과 조화를 이루어야 한다.

　위에서 실제로 서술한 실험은 플로지스톤 이론을 지지할 뿐만 아니라 문제점도 보여주고 있다. 프리스틀리는 마침내 실험을 하는 동안 병 내부에 물방울이 형성된 것을 찾아냈다. 물 위에서 실험을 했기 때문에 처음에는 이것을 주목하지 않고 지나쳤다. 물방울은 전혀 예측하지 못한 것이었으며, 그것은 이론상의 문제점을 의미하는 것이었다. 이론에서는 물이 생성되는 점에 대해서는 전혀 얘기된 것이 없었으나, 수은을 가지고 반복해서 실험한 결과 물방울이 만들어진다는 것이 명백해졌다. 이러한 과정에서 이론과 경험 사이의 괴리가 나타나기 시작했다.

　이런 대응의 결핍을 깨닫기 위해 실험의 배후에 눈을 돌릴 필요는 없었다. 실재의 움직임과 이론의 대응이 결핍되어서, 실재가 이론이 틀렸다는 것을 나타내주는 것은 아니다. 실제로 일어난 것은 실험에 관한 주어진 이론적 개념 내에서 이상현상이 출현한 것뿐이다. 프리스틀리는 이론을 정교화해서 이러한 이상사례를 제거했다. 다시 말해서, 그를 인도한 것은 실재가 아니라 이론 그 자체였고, 그것은 내적인 과정이었다. 그는 다른 사람이 아무도 알아차리지 못한 물을 미니엄이 틀림없이 함유하고 있다고 추론했다. 미니엄이 뜨거워지면 물이 스며나와 병의 표면에 맺히는 것이다. 그는 물의 역할을 발견했고, 이론과 경험 사이의 대응은 다시금 확립되었다.

이 실험에 대한 프리스틀리의 분석을 우리의 견해와 비교하면 재미있다. 왜냐하면 우리가 논의한 바에 따르면, 프리스틀리의 이론 혹은 다시 조정된 이론조차도 실재와 결코 대응하지 않는다는 것을 알 수 있다. 우리는 플로지스톤이 미니엄에 흡수되거나 물이 미니엄에서 나왔다고 말하지 않는다. 우리는 병에 있는 기체는 수소라 하고 미니엄은 산화납이라고 말한다. 열을 가함에 따라, 산소가 산화물로부터 나오면서 납을 남기게 된다. 이 산소는 이후 수소와 결합하여 물을 형성한다. 물이 만들어지는 동안 기체가 사용되어 수은 혹은 물의 높이가 공기병 안에서 상승한다.

우리는 프리스틀리가 보았던 것과 똑같은 것을 보지만 이론적으로는 완전히 다른 방식으로 생각한다. 우리는 프리스틀리가 그랬던 것처럼 실재의 숨겨진 측면들에 접근할 수 없으며, 따라서 우리의 견해는 하나의 이론일 뿐이다. 의심할 여지없이 우리는 우리의 이론이 왜 선호되어야 하는지를 충분히 정당화할 수 있는데, 그 이유는 우리 이론의 내적 조화가 이론적으로 해석된 실험들과 경험들의 더 광범한 영역에 걸쳐서 유지될 수 있기 때문이다.

왜 이론과 실재의 대응관계가 모호한지 이제 알 수 있다. 어떤 단계에서도 이 대응이 지각되거나 알려지거나, 혹은 결과적으로 사용되지 않는다. 하지만 실재가 이론에 대응하지 않는다면 필요할 실재에 대한 이론 독립적인 접근은 불가능하다. 우리가 가진 것, 그리고 우리가 필요로 하는 것은 세계에 대한 우리의 이론과 경험이며 우리의 실험결과와 조절가능한 대상들과의 감각-지각적 상호작용이다. 이 불가사의한 관계를 언급하는 용어가 모호한 것은 놀라운 일이 아니다. 그러나 아무것도 잃을 것이 없으므로, 우리의 사고에서 아무런 실제적 역할도 못하는 이러한 연결(대응)은 모호하게 남아 있어도 될 것이다.

과학적 사고과정들은 모두 내적인 평가원칙을 기반으로 진행될 수 있고, 그리고 진행되어야 한다. 과학적 사고과정들은 우리의 이론, 목적, 이해, 문제, 기준 안에서 오류가 지각됨으로써 진행된다. 프리스틀리가 화학반응 내에서 자신이 찾아낼 수 있었던 모든 현상들에 대한 상세한 설명을 발전시키는 데 관심이 없었더라면, 그는 물방울이 형성될 것을 알아차렸다 할지라도 물방울에 대해 더 깊이 생각하지 않았을 것이다. 이와 비슷하게 더욱더 일반적 이론을 만들어낼 의도가 없었더라면, 우리는 프리스틀리의 견해에 만족하는 데 머물렀을 것이다. 어떤 목적 아래에서는 프리스틀리 이론은 실재에 충분히 대응한다. 이 대응은 오직 우리의 요구와 충돌할 때 깨뜨려진다. 변화의 원동력은 이 요구, 이론, 그리고 경험에 대해 내적인 것이다. 우리의 요구들이 존재하는 만큼 많은 형태의 대응들이 존재한다.

이것은 진리개념에 대해 문제를 던진다. 그러면 왜 진리개념을 폐기해버리지 않는가? 이론을 전적으로 우리가 환경에 대처하고 적응하기 위한 협약적 도구로 볼 수 있을 것이다. 이론들이 여러 가지 정확성과 유용성에 대한 우리의 요구에 제약을 받는다고 가정하면, 이론의 사용과 발전은 완전히 설명될 수 있을 것이다. 여기서 진리 혹은 진리에 관해 이야기하는 것은 어떤 역할을 하는가? 진리개념을 없앤다고 해서 많은 것을 상실하리라고 보기는 어렵다. 그러나 진리라는 용어가 자연스러운 것이고, 특히 적절하게 느껴지는 것에 대해서는 의심의 여지가 없다.

만일 스트롱 프로그램과 우리가 위의 논의에서 밝혀낸 대응의 실용적이고 도구적인 개념이 양립할 수 있다는 것을 보여줄 수만 있다면, 우리의 진리개념은 특기할 만한 일을 한다. 첫째, 구별기능이라 불릴 수 있는 것이 있다. 우리는 필연적으로 믿음을 질서짓고 분류해야 한다. 우리는 성공적인 것과 성공적이지 않은 것을 구별해야 한다. 좀 더 확실히 실용적인 단어들도 똑같은 기능을 할 수 있지만, '참'과 '거짓'이라는 단어들은 비슷한 기능을 하는 다른 어떤 단어들에 못지 않은, 전형적으로 사용되는 명칭들이다.

둘째로 수사적 기능이 있다. 이 명칭은 주장, 비판, 설득을 할 때 어떤 역할을 한다. 만약 우리의 지식이 순수하게 물리세계에 의해서 통제된다면, 무엇을 믿어야 할지에 대해서 아무런 문제가 생겨나지 않을 것이다. 그러나 우리는 우리 지식의 사회적 요소 때문에 기계적으로 세계에 적응하지 않는다. 이 협약적이고 이론적인 장치는 유지라는 지속적인 문제를 제시한다. 진리에 관한 언어는 인지질서의 문제와 밀접히 관련된다. 한편으로 우리는 이런 혹은 저런 특정한 주장이 맞다는 것을 보여주기 위해 일반적 진리에 대해 이야기한다. 다른 한편, 진리는 이미 받아들여진 견해와는 잠재적으로 다를 수도 있는 어떤 개념이라는 점을 이야기하기 위해 거론된다. 진리는 단순한 믿음을 초월하는 어떤 것으로 생각된다.

진리가 이런 식으로 묘사되는 이유는 이렇게 함으로써만 우리가 의심하고 변화시키고 통합시키기 원하는 어떤 것들에 대해서 회의적인 태도를 가질 수 있기 때문이다. 물론 우리가 진리를 확인하거나 오류를 찾아내고 비판할 때, 진리나 오류에 대한 특권적인 접근이나 궁극적 통찰을 가질 필요는 없다. 진리의 언어는 이런 것을 결코 필요로 하지 않는다. 진리의 언어는 우리가 진리의 언어를 가지고 있는 것처럼, 플로지스톤 이론을 옹호하던 프리스틀리에게도 정당하게 주어졌던 것이다.

이런 점은 수사적 기능을 하는 진리가 진리의 초월적이고 권위적인 냄새를 풍긴다는 것을 제외하고는 먼저 말한 진리의 구별기능과 매우 유사하다. 권위의 본질은 즉시 찾아낼 수 있다. 어떤 특정한 이론적 세계관이 권위를 가지는 한, 이 권위는 오직 사람들의 행위와 의견에서 유래한다. 뒤르켐이 실용주의 철학자들을 비판하면서 진리의 강제적 특성을 찾아낸 곳이 바로 이곳이다(울프(Wolff, 1960)와 기든스(Giddens, 1972)의 뒤르켐 선집을 보라). 권위는 사회적 범주이며, 오직 우리만이 이것을 행사할 수 있다. 우리는 권위를 우리의 확립된 의견과 가정에 부여하고자 한다. 자연은 우리에 대해 힘을 가지지만, 권위를 가질 수 있는 것은 오직 우리뿐이다. 진리와 연결되는 초월은 어떤 면에서 동일한 사회적 근원을 가지겠지만, 그것은 또한 진리개념의 세번째 기능을 가리킨다.

이것은 유물론적 기능이라 불릴 수 있을 것이다. 우리의 모든 사고는 본능적으로 결정적 구조를 갖고 있는 공통된 외부 환경 안에 우리가 존재한다는 것을 가정한다. 그러한 환경의 안정성이 어느 정도인지는 분명하게 알려져 있지 않지만, 많은 실제 목적을 위해서는 충분히 안정적이다. 외부환경이 어떻게 작동하는지 세세하게 알 수 없음에도 불구하고 외부세계에 대한 많은 것이 당연시된다. 외부세계가 우리의 사고와 행위에 어떻게 반응하는지에 대해서는 의견이 분분하지만, 실제로 외부세계의 질서가 존재한다는 사실은 결코 의심되지 않는다. 외부세계는 우리의 경험의 원인이고, 우리의 담화의 공통적 준거로 가정된다. 나는 이 모든 것을 '유물론'의 이름하에 묶을 것이다.

종종 '진리'라는 단어를 사용할 때 우리가 뜻하는 바는 바로 이것이다. 세계가 어떻게 생겼는가? 이 말은 우리가 사고할 때 사용하는 이 궁극적 도식(圖式)을 나타내주고 확인시켜준다. 물론 이 도식은 다양한 방식으로 채울 수 있다. 어떤 문화에서는 세계가 아마 보이지 않는 영혼들로 채워져 있는 것으로 생각될 것이고, 어떤 문화에서는 외부세계가 견고하고 더 이상 쪼개질 수 없는(그러나 똑같이 비가시적인) 원자입자들로 채워져 있는 것으로 생각될 것이다. 유물론이란 명칭은 그것이 우리 생활에서 상당히 중요한 역할을 하는 사람들, 대상들, 자연과정의 공통핵심을 강조하는 한 적절할 것이다. 외부 자연세계에 대한 이러한 공통적이고 중요한 예들은 좀더 특수한 문화이론들에 의미를 부여할 수 있도록 모델과 범례를 제공한다. 이러한 모델들과 범례들은 외부세계에 관한 가장 지속적이고 공적이고 생생한 경험을 우리에게 제공한다.

진리개념의 세번째 기능은 나의 분석에 반대하는 주장을 극복하기 위해 사용될 수 있다. 나는 우리가 선택하거나 의문시하거나 긍정한다고 말했고, 이 과정의 산출물은 무엇이든 진리로 간주된다고 말했다. 이 과정은 순환적인 논리를 펴고 있는 것으로 보일지도 모른다. 진리개념을 전제하지 않고도 이러한 과정이 묘사될 수 있을까? 진리의 이름으로 우리는 질문하는 게 아닐까? 그리고 우리가 생각하는 것이 진리라고 확인하는 게 아닐까?

확실히 진리개념을 설명하기 위해 확신개념을 사용하는 것은 잘못이다. 오히려 확신을 이해하기 위해 진리개념이 필요하다. 확신을 이해하기 위해 필요로 하는 대답은, 세계가 이러저러하게 존재하며 이야기될 수 있는 사태가 존재한다는 본능적이지만 순수하게 추상적인 사고이다. 이것이 바로 내가 우리 사고의 유물론적 전제라고 지칭한 사고 도식이 제공하는 것이다. 모든 실체의 문제, 특정내용의 문제는 그 자체로서 독립적으로 확립되어야 한다. 이 권력투쟁에서 이기는 자는 누구든지 스스로 진리의 왕관을 쓸 수 있다. 그러므로 실제로는 선택과 확신이 우선권을 갖는다.

(진리에 관한 일반개념은 특정한 주장이 진리로 받아들여질 수 있는지를 판단하기 위해 어떤 특정한 맥락에서 사용되는 기준과 결코 혼동되어서는 안 된다. 이것은 진리라는 단순한 개념이 진리의 실질적 기준으로 작용할 수 있다는 것을 가정하는 것이다. 이 오류가 룩스(Lukes, 1974)의 반상대주의 주장의 핵심이다.)

우리가 믿음을 분류하고 선택하며 그것을 진리라고 확신하고 권위를 가진 합의를 도출해내야 한다는 것, 그리고 본능적으로 믿음을 원인이라는 외부환경과 관련시켜야 한다는 것은 쉽게 받아들일 수 있다. 그리고 이것은 스트롱 프로그램과 완전히 일치한다. 특히 우리가 다양한 방법으로 적응하는 물질세계에 대한 가정은 실용주의적이고 도구주의적인 대응개념이 전제하는 그림과 꼭 들어맞는다. 여기서 나오는 결론은 즉각 리비히와 톰슨의 문제와 관련시킬 수 있다.

리비히와 톰슨의 서로 다른 성공과 실패를 설명하기 위해 참과 거짓을 거론할 때, 우리는 이 용어들을 리비히와 톰슨이 처했던 상이한 환경을 가리키기 위해 사용한다. 리비히는 반복가능한 결과들을 생산할 수 있었다. 그는 자연으로부터 규칙적인 반응을 얻어내는 방법을 생각해냈고, 톰슨은 그렇지 못했다. 시장선호에 관한 어떤 배경이 주어졌을 때, 만약 한 사람은 땅벌레가 없는 사과를 재배할 수 있고, 다른 사람은 그렇지 못하다면, 당연히 이 요인이 두 사람간의 경제적 성공의 차이를 설명할 수 있을 것이다. 과학연구의 경우에서, 그러한 구별—즉 성공과 실패—을 나타내기 위해 참과 거짓이라는 언어를 사용하는 것은 관습적이며 받아들일 수 있다.

이러한 구별은 지금까지 설명한 기능들의 혼합물이다. 그것은 인과적으로 중요한 환경들과, 이것들의 문화적 선호와 목적과의 관계를 나타내준다. 참과 거짓이라는 언어를 사용하는 것과 스트롱 프로그램이 공존할 수 없다면, 이것은 스트롱 프로그램에 대한 치명적인 타격이 될 것이다. 그러나 그렇지 않다. 스트롱 프로그램이 반대하는 참과 거짓을 구분하는 방법은 아주 다르다. 즉 참과 거짓에 대한 평가를 먼저 내리고 나서, 이러한 평가에 따라서 진리와 오류에 관한 다른 종류의 설명방식을 채택하는 것이다. 예를 들면 거짓이라고 평가된 믿음에는 인과적 설명을 사용하고, 참이라고 평가된 믿음에는 인과적 설명을 적용하지 않는다. 이것은 매우 다른 문제이다. 그것은 우리의 일상사고의 인과적 언어 안에 진리개념을 놔두지 않고 목적론적 모델에 진리개념을 끼워 맞추는 것이다.

과학이론, 방법, 그리고 수용할 만한 결과들이 사회적 관례(Social convention)라는 사고는 이제부터 검토해야만 하는 숱한 전형적인 주장들에 의해서 반박되어왔다. 만약 어떤 것이 관례라면, 그것은 '자의적'인 것이라고 종종 가정된다. 과학이론들과 연구결과들을 관례로 보는 것은, 그것들이 단순한 결정으로 진리가 되며 어떤 결정을 내리는 것도 가능하다는 의미로 해석된다. 대답은 관례는 자의적이지 않다는 것이다. 무엇이든 관례가 될 수 있는 것은 아니다. 그리고 자의적 결정은 사회생활에서 거의 아무런 역할도 하지 않는다. 무엇이 관례, 규범, 혹은 제도가 될 수 있는지를 제약하는 것은 사회적 신뢰성과 실제 유용성이다. 이론들은 어느 정도의 정확성을 가지고 있어야 하며, 이론들이 가져야 한다고 기대되는 범위 내에서는 성공적이어야 한다. 이 관례들은 자명하지도 보편적이거나 정적이지도 않다. 더욱이 과학이론들과 절차들은 사회집단에서 널리 퍼진 다른 관례들과 목적들과 조화를 이루어야 한다. 그것들은 다른 정책제안처럼 용인을 받아야 하는 '정치적' 문제에 직면한다.

이런 질문이 제기될 수 있을 것이다. 어떤 사회집단이 어떤 이론을 받아들인다고 해서 그 이론이 진리가 되는가? 그 질문에 대한 유일한 대답은 그렇지 않다는 것이다. 진리개념 자체에는 어떤 사고를 진리라고 믿게 해줄 수 있는 어떤 것도 결코 존재하지 않는다. 독립된 세계에 관한 기본적인 유물론적 관점과 진리개념과의 관계가 이것을 불가능하게 한다. 이 도식은 영원히 인식주체와 인식대상 사이의 간극을 유지시킨다. 다음과 같이 이 질문을 바꾼다면—이론을 수용하는 것이 그 이론을 집단의 지식으로 만드는가? 혹은 이론을 수용하는 것이 이론을 집단이 세계를 이해하고 적응하기 위한 토대로 만드는가?—이에 대답은 오로지 긍정적일 수밖에 없다.[2]

지식을 어떤 형태의 사회적 합의에 의존하는 것으로 보는 것에 대한 또 다른 반대는 비판적 사고가 위협당하리라는 두려움에서 유래한다. 즉 그런 관점에서는 급진적인 비판이 불가능하리라는 것이다 (Lukes, 1974). 이론이 실제로 예측하는 것은 사회집단의 지식에 관한 급진적인 비판은 특정한 상황들에서만 가능하리라는 것이다. 이

---

2) 여기서 독자들이 혼동하지 말아야 할 대목은 "어떤 사회집단이 어떤 이론을 받아들인다고 해서 그 이론이 진리가 되는가"라는 질문에서 블루어가 마음에 두고 있는 '진리' 개념은 상대적 개념의 진리가 아니라 절대적 개념의 진리이다. 즉 예를 들어서 집단 G가 T라는 이론을 받아들였을 때 T가 G의 구성원들에게는 진리라고 인식될지는 몰라도 블루어와 같은 '분석자의 입장'에서는 T가 '진리'라는 판단은 하지 않는다는 것을 의미한다. 왜냐하면 분석자의 입장에서는 항상 이론과 독립된 세계간의 간극이 존재하기 때문이다.
반면에 "집단이 어떤 이론을 수용할 때 이것이 집단이 세계를 이해하고 적응하기 위한 토대"를 제공한다는 것에 대해서는 분석자도 긍정적 대답을 할 수 있는데 그 이유는 분석자는 T가 진리인가 아닌가를 판단하지 않고서도 G가 T를 수용하고 T를 여러 맥락에서 어떻게 사용하는가를 분석하는 것이 가능하기 때문이다. 이것은 앞에서 나온 '공평성' 원칙(impartiality thesis)과도 상통하는 입장이다.

러한 상황들은 첫째, 하나 이상의 표준과 관례를 사용할 수 있고, 또한 하나 이상의 실재에 대한 정의가 생각될 수 있어야 한다. 둘째, 이 대안들을 이용하고자 하는 어떤 동기가 있어야 한다는 것이다. 고도로 분화된 사회에서는 첫째 조건은 항상 충족될 것이다. 때때로 과학자들은 일탈보다는 표준적 과정과 이론에 순응함으로써 더 많은 것을 얻으리라고 계산할 것이다. 그런 계산에 들어가는 요인은 그 자체로서 심리학적이고 사회학적인 문제를 구성하는 것이다.

아주 간단한 예를 통해 관례가 급진적 비판을 방해하지 않는다는 일반적인 점을 보여줄 수 있을 것이다. 오히려 관례 없이는 그런 비판이 불가능할 것이다. 베이컨(Francis Bacon)은 과학의 위대한 선전자 가운데 한 사람이다. 그는 다른 사람처럼 대학의 타락한 현학주의(scholasticism)에 대한 신랄한 비판자였다. 그러한 현학주의 대신에 그는 장인과 기술자와 밀접히 결합된 실용적이며 실제적인 지식을 확립시키고자 하였다. 그래서 그는 사회 일부에서 통용되는 기준, 습관, 이해, 관례를 다른 유형의 지식을 평가하는 기준으로 사용하였다. 그는 어떤 초사회적 기준들을 탐구하지 않았고 발견하려고도 하지 않았다. 아르키메데스의 점은 없다.

성찰성의 기준을 충족시키려면 지식사회학을 어쨌든 훼손시키지 않고 지식사회학 자체에다 지금까지 옹호해온 설명을 적용할 수 있어야 한다. 이것은 분명 가능하다. 사회학자나 다른 어떤 과학자들도 그의 이론과 방법이 사회에서 유래하는 것으로, 즉 집단적 영향과 자원의 산물이며 문화와 그것의 현재 상황에 특유한 것으로 보는 것을 부끄러워해야 할 이유가 없다. 사회학자들이 이런 점을 인정하는 것을 회피하면, 사회학 고유의 주제와 소재를 손상시키게 될 것이다. 이 점을 인정한다고 해서 과학이 경험을 무시하거나 사실을 간과하는 결과를 수반하지는 않는다. 현재 사회적 환경에 의해서 모든 과학에 부여된 관례적인 요구는 결국 무엇인가? 그것은 여러 학문에서 실천되고 있는, 우리가 과학적 방법이라고 당연시하고 있는 것들이다.

과학의 방법과 결과들이 관례라고 말하는 것이 그것들을 '단순한' 관례로 만드는 것은 아니다. 만일 그렇다고 생각하면 그것은 그런 관례가 쉽게 충족되며 근본적으로 까다로운 것이 아니라는 사고를 하게 되는 형언하기 어려운 실수를 범하게 되는 것이다. 이보다 더 큰 실수는 없다. 관례적 요구는 종종 육체적, 그리고 정신적 능력의 극단까지 우리를 끌고 간다. 이 점을 상기하기 위해 극단적인 예를 사용해보자. 북미 남성 인디언들이 완전한 부족의 전사들이 되기 위해 겪어야 한다는 인내력 시험을 생각해보자. 이론과 과학적 사고가 그들에게 기대된 관례적 요구에 적절히 적응한다는 것은, 다른 어떤 것보다 이들이 성공적인 예측을 한다는 것을 뜻한다. 이것은 우리의 정신적 구성에 부여되는 엄격한 훈련이지만, 그것은 다름 아닌 관례이다.

분명 어떤 형태의 불경스런 일을 저질렀다는 감정이 남을 것이다. 진리가 단순한 사회적 관례로 환원되었다고 여전히 얘기할 수 있을 것이다. 이 감정은 이 장을 포함한 앞의 두 장에서 검토한 지식사회학을 반박하는 자세한 주장의 배후에 있는 동기이다. 이런 주장들은 직접 분석되고 그 결과 기각되었지만, 아마도 감정은 남을 것이다. 그러므로 그 자체를 하나의 현상으로 간주하고 그 현상의 존재를 설명해보자. 바로 그런 점이 존재한다는 사실이 과학에 대한 아주 흥미로운 점을 드러낼 것이다. 왜냐하면 과학본성이 가지고 있는 어떤 것이 이 보호적이고 방어적인 반응을 불러일으키기 때문이다.

제3장

스트롱 프로그램에 대한 저항의 근원

과학지식 사회학에 대한 어떤 반박을 도저히 이겨낼 수 없다고 가정할 때, 그것이 의미하는 바는 무엇일까? 그것은 우리 문화의 바로 한가운데에 가장 놀라운 이상함과 아이러니가 존재함을 의미한다. 사회학이 과학지식에 철저한 방식으로 적용될 수 없다면, 이것은 과학이 자신을 과학적으로 인식할 수 없다는 것을 의미한다. 다른 문화에 관한 지식이나 우리 문화에서 비과학적인 요인들은 과학을 통해 알 수 있는 반면, 모든 사물들 중에서 과학 자체만은 과학을 통해서 이해할 수 없다. 이런 점이 바로 과학을 특별한 사례, 과학적 절차의 일반성에서 영속적인 예외로 만든다.

자기반박성의 오류를 지식사회학이 범하고 있다고 비난하는 사람들은 과학 자체에 스스로 부과된 한계를 기꺼이 받아들이기 때문에 그런 주장을 할 수 있다. 왜 사람들은 기꺼이 이런 주장을 받아들여야 하는 것일까? 무제한적인 일반성이 과학이 추구해야 할 분명하게 바람직한 것으로 보임에도 불구하고, 과학만은 예외로 하는 것이 옳고 적절하다고 생각할 수 있을까? 이 질문을 탐구하면, 스트롱 프로그램에 대한 모든 상세한 반박의 근원을 찾을 수 있으리라 생각한다.

우리의 문화적 행위의 이 이상한 특성을 낳는 힘을 이해하기 위해서는, 과학에 대한 우리 감정의 기원과 본질에 관한 이론을 꼭 발전시킬 필요가 있을 것이다. 이런 이론을 발전시키기 위해 나는 뒤르켐의 『종교생활의 원초적 형태』(1915)를 이용할 것이다. 내가 제시할 이론은 과학과 종교간의 비유에 의존할 것이다.

과학에 대한 뒤르켐주의적 접근

과학에 대한 과학적 탐구에 저항하는 이유는 성(聖)과 속(俗) 사이의 구별에 기반해서 밝혀질 수 있다. 뒤르켐에게 그 구별은 종교현상의 중심에 존재하는 것이다. 그는 다음과 같이 말한다.

그러나 종교현상들의 진정한 특성은 존재하는 모든 것을 포괄하지만, 근본적으로 배타적인 두 개의 무리로 알려지거나 알 수 있는 전체 세계를 나누는 것을 항상 전제한다는 것이다. 성스러운 것들은 금기가 보호하고 격리시키는 것인 반면, 세속적인 것들은 그 금기가 적용되고 성스러운 것과의 거리가 유지되어야만 하는 것들이다. 종교적 신념들은 성스러운 것의 본성, 그리고 성스러운 것끼리의, 혹은 성스러운 것과 세속적인 것과의 관계를 표현하는 표상들이다(p.56).

과학이 성스러운 것 혹은 그에 상응하는 것으로, 세속적인 것과 엄연한 거리를 유지하는 것으로 취급된다면, 과학에 대한 사람들의 수수께끼 같은 태도는 설명될 수 있을 것이다. 이것이 아마도 과학이, 과학이 아닌 단지 신념이나 편견 혹은 오류나 혼란에 불과한 것들을 초월하고 그런 것들과 비교될 수 없는 것으로 주장되는 이유일 것이다. 그리하여 과학은 정치와 권력의 세속적인 세계에서 작동하는 원리에 기반한 것이 아니며, 그런 것과 비교조차 할 수 없는 원리에 의거하고 있으리라고 가정된다.

과학을 설명하기 위해 종교적 은유를 사용하는 것은 이상하지 않은가? 둘은 양립할 수 없는 원리가 아닐까? 그 은유가 적절하지 않으며 불쾌하게 보일지도 모른다. 과학에서 지식의 요체를 찾는 사람들은 과학과 종교에 동등한 타당성을 부여하려고 하지 않을 것이며, 비교하는 것조차 혐오스러워할 것이다. 이런 반응은 사회생활의 두 영역을 비교하고 유사한 원리가 둘 안에 작용하고 있다는 것을 제시하려는 점을 놓치게 할 것이다. 그 목적은 어떤 하나를 깎아내리거나, 혹은 어느 한 영역에 속한 사람들을 당혹스럽게 만들려는 것이 아니다. 종교적 행위는 성과 속간의 구별을 중심으로 구축되었고, 이러한 구별은 종종 과학에 대해 보통 우리가 취하는 태도와 유사하다. 이 접점은 종교에 대한 다른 통찰도 과학에 적용될 수 있음을 뜻한다.

만일 과학이 마치 성스러운 것인 양 취급된다면, 이것이 왜 과학이 과학 자체에 적용될 수 없다는 것을 설명할까? 성스러운 것은 그 자체와 관련을 맺을 수 없는 것일까? 사회학자들로 하여금 과학으로부터 시선을 돌리도록 요구하는 세속화의 과정은 어디서 찾을 수 있을까? 이런 질문에 대답할 수 있는 한 가지 방법은 다음과 같다.

많은 철학자들과 과학자들은 지식사회학을 과학의 일부로 결코 간주하지 않는다. 따라서 지식사회학은 속의 영역에 속하며, 지식사회학이 진짜 과학에 대하여 어떤 이야기를 하기 위해서는 속이 성과 결합해야 할 것이다. 그러나 이 대답은 핵심적인 질문을 회피한다. 왜 처음부터 지식사회학은 과학의 외부에 있는 것으로 간주되었는가? 앞 장의 주장은 사회학의 방법에 관한 그 어떤 것도 사회학을 과학에서 배제시켜서는 안 된다는 것이었다. 이것은 사회학의 주제가 그러한 배제에 책임이 있음을 암시한다. 따라서 아마 지식사회학에다 과학의 특권적인 지위를 부여하지 않으려고 하는 경향은 우연한 것이 아닐 것이다.

지식사회학은 단순히 우연하게 과학의 외부에서 존재하게 됨으로써 위협적인 것이 된 것이 아니다. 오히려 지식사회학은 그것이 선택한 주제가 위협적이었으므로 과학의 외부에 존재해야만 했다. 사회학은 그 성격상 과학에 위협적인 것이다. 또한 지식사회학이 미성숙하고 미발달해서 과학으로 간주되지 않았다고 주장할 수도 있다. 지식사회학은 미성숙했으므로 과학에서 배제되었고, 그래서 세속적이며 위협적으로 보인다. 이것은 다시 핵심질문을 회피한다. 그러면 왜 그렇게 지식사회학은 발달하지 못했는가? 정직하고 과학적인 방식으로 과학의 성격을 검증하려는 것을 적극적으로 꺼리게 하는 것이 있었기 때문에 지식사회학의 발달이 늦어진 건 아닐까? 다시 말해, 지식사회학은 미성숙한 과학이기 때문에 위협적이 된 것이 아니라, 위협적이었으므로 발달하지 못했다.

이런 생각들은 원래의 문제로 되돌아가게 이끈다. 왜 과학의 성스러운 특성은 사회학적 탐구로 인해서 위협받게 되는가? 그 대답은 성스러움의 개념을 더 정교화시킴으로써 찾을 수 있다.

종교는 본질적으로 힘의 근원이다. 사람들은 신과 대화를 할 때 강해지고 고귀해지며 보호된다. 좀더 성스러운 행위에 참여할 수 있는 힘뿐만 아니라, 일상을 계속하기 위한 힘은 종교대상과 의례에서 흘러나온다. 더욱이 종교에 의하면 우리는 영혼과 육체 두 개의 부분으로 이루어진 창조물이다. 성스러움을 가지고 있는 영혼은 우리 안에 있는 것이고, 그것은 성격상 그 나머지 우리의 마음과 육체와는 다르다. 세속적인 이러한 나머지는 엄격히 통제되어야 하며 성스러운 것의 주변에 가까이 오기 전에 의례에 따르게 해야 한다.

이 본질적인 종교적 이원성은 때때로 지식의 속성이라고 이야기되는 이원성과 유사하다. 과학은 모두 동질적이지 않다. 순수과학과 응용과학, 과학과 기술, 이론과 실천, 대중적인 것과 전문적인 것, 일상적인 것과 근본적인 것과 같은 숱한 구별로 표시되는 성격의 이원성을 따른다. 일반적으로 우리는 지식이 인간본성 자체처럼 성스러운 측면과 세속적인 측면을 가진다고 말한다. 지식의 성스러운 측면은 우리가 지식에서 가장 고상하다고 생각하는 모든 것을 표상한다. 이러한 성스러운 측면들은 지식의 중요한 원리들과 방법일 수도 있고, 혹은 지식의 가장 위대한 업적일 수도 있으며, 지식의 기원, 그에 대한 증거, 혹은 과거의 혼란에 관한 모든 구체적인 것에서 추상하여 진술된 가장 순수한 관념적 내용일 수도 있다.

일례로서, 위대한 생리학자 뒤 부아레몽(Du Bois-Reymond)이 순수와 응용작업간의 경계 혹은 임계를 어떻게 사용했는지, 그리고 학문의 영성(靈性)을 어떻게 거론했는지를 주목해보자. 1912년에 출판된 한 강의록에서 그는 순수연구 훈련은 보통의 자질을 가진 사람에게조차도 영향을 주는 가치가 있다고 주장했다. "즉 그 사람이 실제적 연구의 압도적 매력에 사로잡히기 전에, 일생에서 최소한 한 번은 그로 하여금 순수학습으로 들어서는 문턱을 한 발자국 넘어서도록 만듦으로써 그러한 순수한 학문의 정신을 맛볼 수 있게 하며, 진리가 그 자체를 위해 추구되고 발견되고 소중히 간직됨을 볼 수 있도록 한다는 것이다"(터너(Turner, 1971)에서 인용된 것을 인용함).

성스러운 것과의 접촉에서 유래한 힘이 세계 속으로 확장되어야만 하는 것처럼, 과학의 성스러운 모든 측면은 더욱 세속적이고 덜 영감을 주며 덜 생생한 부분들을 계몽하고 이끄는 것으로 생각할 수도 있다. 후자는 과학의 일상적 절차들, 단순한 적용, 외적 형태로 수용된 기술과 방법들이다. 그러나 물론 세속적인 것 안에서 작동하는 종교적 힘의 근원은 믿는 자에게 결코 두 가지 사이의 핵심적 구별을 잊어버릴 정도의 확신은 주지 않는다. 사람들은 그들이 성스러운 것에 궁극적으로 의존한다는 것을 잊어서는 안 된다. 또한 사람들은 성스러운 것들이 자기충족적이고, 성스러운 것들의 힘이 재생될 필요가 없다고 확신해서는 결코 안 된다. 이와 유사하게 과학에서 일상적으로 행해지는 것이 더욱 강력한 자연의 근원에서 힘을 가져올 필요가 있다는 것을 간과해도 될 만한 자기충족성을 갖고 있다고 믿어서도 안 된다. 이런 관점에서 보면, 과학실천은 모든 것을 동일한 실천의 수준으로 환원시킬 정도로 그 자체가 중요시되어서는 안 된다. 에너지가 밖으로 흘러나오고 새로운 접촉이 가능하고 새로워져야만 하는 힘의 근원은 항상 존재해야만 한다.

지식사회학이 제기하는 위협은 바로 이것이다. 지식사회학은 과학과 방법론의 근본진리와 원리와의 접촉으로부터 흘러나온 에너지와 영감의 흐름을 역전시키거나 방해하는 것처럼 보인다. 이 원리에서 파생한 것, 즉 과학실천은 본질적으로 근원 자체보다는 덜 성스럽고 더욱 속되다. 따라서 이 원리에 의해 형성된 행위를 원리 자체로 되돌리는 것은 세속화이며 오염이다. 오직 파멸만이 뒤따를 것이다.

이것이 과학 자체에 과학이 적용되는 것을 가장 환영하지 않는 사람이 과학을 가장 열렬히 옹호하는 사람이라는 수수께끼에 대한 답이다. 과학은 성스럽기 때문에 멀리 떨어져서 격리되어야 한다. 내가 때때로 말하듯이 과학은 '물화(物化)되고' 혹은 '신비화'된다. 이러한 신비화가 지식의 근원으로서 과학이 가지는 효율성, 권위, 힘을 파괴하는 오염에서 과학을 보호하는 것이다.

지금까지 나는 과학 열광주의자에게 적용되는 설명만 하였다. 우리 문화에서 인문주의적이고 문학적인 전통에서는 어떨까? 이런 전통

안에 있는 사상가들은 우리의 지식체계 안에서 과학이 차지하는 위치를 기꺼이 인정하지만, 그 위상에 대한 개념은 열광주의자들의 그것과 다르다. 인문주의자들은 과학의 한계와, 과학이라는 이름 아래 누리고 있는 가식들에 대하여 민감하다. 그들은 다른 형태의 지식에 대한 주장을 활발하게 강조한다. 예를 들면 사람들과 사물들에 대한 우리의 일상지식 같은 것이다. 이것은 과학적 이론화를 훨씬 넘어서는 안정성을 가지고 있으며, 우리가 매일 직면하는 물질세계와 사회세계의 미묘함에 훌륭하게 적응된 지식이라고 얘기된다.

상식철학자와 인문주의는 종종 지식사회학을 비판한다는 점에서는 과학철학자들과 완전히 의견을 같이한다. 분명 과학의 성스러움에 의한 설명은 인문주의자들에게는 적용될 수 없지만, 그들의 입장은 유사한 뒤르켐의 개념으로 분석될 수 있다. 그들에게 성스러운 것은 상식 혹은 문화 같은 비과학적인 무엇이다. 그 결과 과학이 이런 주제에 관여하기 시작하면 철학자들은 반발할 것이다. 침입하는 과학이 물리학이든 생리학이든 경제학 혹은 사회학이든 인문주의 경향을 가진 철학자는 이런 반응을 일으킬 것이다.

이 사상가들이 보호하는 지식형태는 전형적으로 시인, 소설가, 희곡작가, 화가, 음악가의 예술이다. 이것이야말로 우리 인생에서 배워야 할 과제이고 우리 자신을 유지할 수 있도록 하는 진정으로 중요한 진리를 나타내주는 것이다(철학에서 '언어분석'의 대표자들은 이 인문주의적 접근의 풍부한 예를 제공한다. 즉 라일(Ryle)의『마음의 개념』(*The Concept of Mind*, 1949)은 오스틴(Jane Austen) 같은 소설가들이 가진 심리학적 통찰의 우선성과 영속성에 대한 옹호라고 해석할 수 있다).

사회와 지식

과학과 지식은 보통 신자(信者)들이 성스러운 것에 부여한 것과 동일한 대접을 받을 수 있다고 하는 가설을 앞에서 주장했다. 지금껏 이 가설에 대한 유일한 정당화는, 만일 이런 가설이 받아들여진다면 우리의 지적 가치에 관한 수수께끼 같은 특징이 이해가능하게 될 수 있다는 것이었다. 이것은 그 자체로서 무시할 만한 소득은 아니며, 아마도 이 가설이 설명하고자 하는 사실의 이상함은 가설 자체의 이상함에 대한 충분한 정당화가 될 것이다. 그러나 그 이상함의 의미조차도 훨씬 더 심층적인 분석을 가함으로써 감소될 것이다.

반드시 다음과 같은 질문을 해야 할 것이다. 왜 지식은 위의 가설에서 가정된 것과 같은 숭고한 위치를 부여받아야만 하는가? 여기서 사회에서의 지식의 역할과, 그러한 역할에 대하여 생각하고 그 역할에 대한 태도를 형성할 때 사용가능한 자원에 대한 좀더 완전한 논의를 발전시켜야 한다. 나는 뒤르켐의 종교적 경험의 기원과 본성에 관한 일반명제, 즉 종교는 본질적으로 우리가 살고 있는 사회를 인식하고 그 사회에 관한 경험을 이해가능하게 만드는 한 방법이라는 것을 사용할 것이다.

뒤르켐은 다음과 같이 주장한다. "무엇보다도 종교란 개인들이 구성하고 있는 사회와 이러한 사회와 그들이 맺고 있는 긴밀하면서도 확실하지 않은 관계를 그들에게 표상하는 관념체계이다"(p.257). 성스러운 것과 속된 것간의 구별은 사회를 조직하는 원리들을 상징화하는 대상과 실천을 구분해준다. 그 원리들은 사회구성원에게 활력을 부여하고 그들을 유지시켜 주는, 혹은 특별하고 놀라운 효과를 가진 제약으로 구성원에게 영향을 줄 수 있는 힘인, 집합적 힘의 권력을 담고 있다.

사회적 압력은 영적인 방식으로 행사되기 때문에, 사람들에게 그들이 의존하는 도덕적이면서 동시에 영향력이 있는 하나 혹은 몇 개의 힘들이 그들 외부에 존재한다는 사고를 심어줄 수 있다. 사람들은 최소한 부분적으로는 이 힘이 자신들 외부에 존재하는 것으로 생각해야 하는데, 왜냐하면 이것은 명령조로 사람들에게 지시하고, 때때로 사람들의 가장 자연적인 성향까지 거스르도록 명령하기도 하기 때문이다. 만약 사람들이 그들이 느끼는 이 영향력이 사회로부터 나온다는 것을 알 수 있다면, 신화적 체계의 해석이 결코 탄생하지 않으리라는 것은 의심할 바 없는 진실이다. 그러나 사회행위는 너무 우회적이고 모호한 방식을 따르며, 너무나 복잡한 심리적 메커니즘을 사용하기 때문에 보통 관찰자들은 행위가 어디서부터 발생하는지 알 수가 없다. 과학적 분석이 사람들에게 그것을 가르쳐주지 않는 한, 사람들은 그들이 영향을 받고 있다는 것은 알겠지만 무엇에 의해 영향을 받는지는 알 수 없을 것이다. 그래서 사람들은 스스로 자신들과 결합되어 있다고 느끼는 이 힘들에 대한 사고를 창출해야만 하고, 그로부터 우리는 사람들이 어떻게 본성과는 거리가 먼 형태로 그 힘들을 나타내고 사고를 통해서 그 힘들을 변형시키는가를 엿볼 수 있다(p.239).

뒤르켐의 강력한 견해는 우리가 지식의 성격에 대해 생각할 때, 우리는 사회가 조직되는 원리에 대해 간접적으로 생각하고 있다는 것을 전제함으로써 그 힘을 발휘한다. 우리는 암묵적으로 사회의 이미지를 조작하고 있다. 우리의 사고를 구조화하고 이끄는 우리의 마음속에는 본연의 특성이 사회적 모델인 개념들이 자리잡고 있다. 종교적 경험이 사회에 대한 우리의 경험을 변환시키는 것처럼, 나의 가설에서는 철학, 인식론, 혹은 지식에 관한 어떤 일반개념도 우리의 경험을 변환시킨다. 그러므로 왜 지식이 그렇게 성스러운 것으로 보여야만 하는가에 대한 답은, 지식에 대해 생각할 때 우리는 사회에 대해서 사고하고 있는 것이며, 만약 뒤르켐이 옳다면 사회는 성스러운 것으로 이해되는 경향이 있다는 것이다.

지식에 대한 설명이 진실로 사회에 대한 변형된 개념의 특징을 가지는지 아닌지를 알려면 분명 특정사례를 살펴볼 필요가 있다. 다음 장에서 살펴보겠지만 그것을 준비하기 위해서는 많은 점이 논의되어야 할 것이다.

첫째, 사회의 이미지를 조작해냄으로써 지식에 관해 생각한다고 말하는 것은 그것이 의식적인 과정이라거나, 혹은 모든 인식론적, 철학적 탐구 안에서 분명하게 나타나야 한다는 것을 뜻하는 게 아니다. 선의 방향을 작은 선분으로부터 추정해낼 수는 없으며, 기본적인 사회적 모델도 세부적이고 고립된 주장으로 드러나지는 않는다. 사회적 모델은 오로지 광범한 영역의 작업 안에서만 분명해질 것이다.

둘째, 내가 가정한 관계의 타당성은 무엇인가? 왜 지식에 대한 사고를 할 때 사회적 모델이 이용되어야 하는가? 이 질문은 부분적으로는 어떤 모델의 필요성을 강조함으로써, 그리고 부분적으로는 사회적 모델이 특히 유용하다는 것—즉 이러한 두 가지 생각들간에 자연적인 친화력이 있다는 것—을 주장함으로써 대답될 수 있다.

지식의 성격에 대해 생각한다는 것은 즉시 추상적이고 모호한 작업 속으로 자신을 몰입시키는 일이다. 철학자들이 던져왔던 종류의 질문을 하는 것은 우리의 사고를 대개 무기력하게 만든다. 이 영역에서의 사고는 친숙하며, 또한 사고가 의존할지도 모르는 틀을 제공할 수 있는 어떤 것에 호소할 것을 요구한다. 과학지식의 성격이 역사가들이 하는 것처럼 매우 구체적인 방식으로 다루어진다 할지라도 여전히 비슷한 문제가 발생한다. 자료를 일관성 있는 이야기로 정리하려면 이렇게 일관성 있게 자료를 조직화시켜주는 원리들이 필요하다. 역사는 과학에 관한 어떤 관점을 창출하는 것만큼이나 하나의 과학관을 전제로 하며, 역사가들은 이러한 과학관을 암묵적 철학이나 다양한 철학학파의 전통에서 찾는다.

어떤 종류의 모델이 필요하다는 것을 받아들인다 할지라도, 지식을 설명하기 위해서 왜 사회에 관한 어떤 조망만이 적절한 것인가? 지식의 성격에 의해서 당혹스러워질 때 왜 우리는 사회에 관한 지식에 의존해야만 하는가? 대답의 일부는 무엇보다도 우선 우리가 지식의 성격에 대해 당혹감을 가지게 만드는 상황 속에서 찾을 수 있다. 이러한 전형적인 상황은 교회와 일반인, 학자와 일반인, 전문가와 비전문가, 강자와 약자, 기득권을 가진 자와 그에 저항하는 자와 같이 서로 다른 사회집단이 대립되는 주장을 내세울 때이다.

더구나 지식과 사회에는 수많은 직관적인 관계들이 있다. 지식은 모아지고 조직되고 유지되고 전달되고 분배되어야 한다. 이들은 모두 실험실, 작업장, 대학, 교회, 학교 등과 같은 확립된 제도들과 가시적으로 연결된 과정들이다. 그러므로 사람들은 어떤 수준에서 지식과 권위 그리고 권력간의 결합을 그들 마음 속에 각인시키게 될 것이다.

믿음의 유동성이 존재하고 믿음의 선택이 쉽고 믿음에 대한 자유로운 대안이 존재할 때보다 사회전반에 걸쳐서 권위와 통제가 만연하였을 때, 지식의 영역에서는 엄격한 권위와 통제가 나타날 가능성이 높다. 유추와 부분에 대한 감각이 지식과 사회에 대한 우리의 사고들을 결합시킨다. 더구나 우리의 비성찰적인 정신 안에서 이 둘은 결코 분리될 수 없을 것이다.

굉장한 철학자-애국자인 피히테는 어떻게 지식이 사회적, 신학적인 범주 안에 휩쓸려 들어갔는지에 대한 설명을 제공한다. 그는

1811년 베를린에서의 한 목회강연에서 대학은 "우리 민족의 불멸성의 가시적 표상이다"라고 했다. 즉 그것은 인류가 소유한 가장 성스러운 것이다. 이전에 훨씬 약한 표현을 했던 뒤 부아레몽의 경우와 마찬가지로, 이 예도 프러시아에서 교수연구의 성장에 대한 터너(Turner)의 연구에서 가져온 것이다. 이 감정들, 혹은 감정들의 강도가 발화된 시간과 장소에 따라 조건지어진다는 것은 당연한 일이다. 그러나 내 주장에서 이 예시들은 다음과 같은 사실을 상기시켜주려고 사용되었다. 즉 우리는 우리가 생각하는 만큼 이런 종류의 메시지를 보내거나 해독하는 데 서투르지는 않을 것이다.

여기서 아마 비판이 제기될 것이다. 만약 지식이 너무 추상적이어서 그것에 관해 직접적으로 생각할 수 없다면——그래서 사회적 모델이 필요하다면——사회도 충분히 직접적으로 사고하기에는 무리가 있는 것이 아닐까? 왜 우리는 사회를 위한 모델 역시 필요로 하지 않는 것일까? 이 질문은 앞으로 제공될 설명에 더해질 수 있는 값진 것을 암시하고 있다. 왜냐하면 그러한 주장은 분명 타당성을 가지고 있기 때문이다. 우리는 사회 안에 살고 있음에도 불구하고, 아주 단순화된 그림, 이미지, 혹은 '이데올로기'라고 말하는 것을 사용하지 않고는 우리의 성찰적 의식 안에서 사회 전체를 포착할 수가 없다.

뒤르켐적 의미에서 종교는 이런 종류의 이데올로기를 표상한다. 이것이 의미하는 바는, 지식과 사회간의 동일성에 대한 희미한 지각은 사실상 우리의 단순화된 사회 이데올로기가 우리의 지식이론과 결합될 수 있는 통로를 제공한다는 것이다. 우리의 지식이론을 통제하고 구조화할 것으로 기대되는 것은 우리의 실질적인 사회적 경험의 총체라기보다 이런 이데올로기들이다.

지금까지 논의한 것은 어떻게 사람들이 사고하느냐에 대한 이론이다. 나의 가설이 필연적 진리라고 주장하는 것은 아니다. 그것들의 실질적 특성이 뜻하는 바는, 그것이 참으로 증명될 수 없고 귀납적 증거에 의해 다소간 지지될 뿐이란 점이다. 더욱이 여기서 제시된 논의의 적용영역은 아직 결정되지 않았다. 나의 주장을 펼쳐감에 따라 이런 주제를 다루기 위한 또 다른 가설을 탐구하는 일이 필요하겠지만, 물화하거나 신비화하는 경향은 완전히는 알려지지 않은 조건에 달려 있다.

이 장에서 발전시킨 입장을 지지하기 위해, 나는 지식의 성격에 관한 두 가지의 중요한 현대이론을 분석하고 어떻게 그것이 사회적 이미지와 은유에 의존하는지를 분석할 것이다. 이것이 다음 장의 목적이 될 것이다. 다음 장의 끝에서 과학지식은 너무 객관적이어서 사회학적으로 탐구될 수 없다는 느낌이 어떤 조건들에서 극복될 수 있는지를 논의할 것이다.

제4장
지식과 사회의 상 : 사례연구

이 장에서 나는 과학에 대한 두 가지 경쟁적인 관점들간의 오랜 논쟁을 검토할 것이다. 나의 목적은 사회적 이미지들과 은유들이 어떻게 이처럼 대립되는 주장들을 지배하고, 그 스타일, 내용, 서로간의 관계를 결정하는가를 보여주는 것이다.

한 입장은 포퍼(Karl Popper)가 그의 고전, 『과학적 발견의 논리』 (*The Logic of Scientific Discovery*, 1959)에서 논의하고 후기 저서에서 세련되게 만든 입장이다. 다른 입장은 『과학혁명의 구조』(*The Structure of Scientific Revolution*, 1962)라는 논쟁적 저서에서 쿤이 발전시킨 입장이다. 나의 관심은 여기서 상세한 문제를 다루기보다는(상세한 설명은 Lakatos and Musgrave, 1970을 보라) 그 입장들의 총체적 구조를 다루는 데 있다.

이 논쟁이 약 10년 동안 지속됐으며 막다른 골목에 도달한 지 오래되었기 때문에, 나는 그 자체에 대한 어떤 기여를 하고자 하지는 않을 것이다. 이 단계에서 그러한 시도는 커다란 성과를 기대하기 어려울 것이다(이 점에 대한 나의 견해는 Bloor, 1971을 보라). 대신에 나는 이 논쟁을 경제학, 법학, 정치이론과 윤리학에 대한 오랜 논쟁과 연결시킴으로써 여느 때보다 더 광범위한 시각으로 바라볼 수 있도록 할 것이다. 나는 인식론적 논쟁을 우리 문화 속의 깊은 이데올로기적 관심의 표현으로 보지 않는 한, 그것에 대한 온전한 이해는 가능하지 않다고 생각한다.

포퍼-쿤 논쟁

포퍼의 과학개념은 분명하고 설득력이 있다. 과학의 목적은 세계에 관한 중요한 진리를 포착하는 것이고, 우리는 그런 진리를 발견하기 위해 강력한 이론을 만들어내야 한다. 이론이란 우리의 기대들이 빗나감으로써 창출되는 문제를 푸는 실재의 본성에 관한 추측들이다. 어떤 기대들은 선천적이지만, 대부분은 이전의 이론들로부터 파생된 것들이다. 그래서 만약 과학이 암묵적 가정들에서 시작한다 할지라도, 이런 암묵적 가정들은 곧 의식적인 것이 될 것이다. 이론구성의 의식적 과정의 부분으로서, 우리는 신화, 편견, 추측 등 원하는 것은 어떤 것이든 자유로이 사용할 수 있을 것이다. 중요한 것은 이론들이 어디서 오느냐가 아니라, 우리가 이론들을 가지고서 무엇을 하느냐이다.

일단 이론이 한 번 만들어지면, 그것은 논리적인 엄밀함과 경험적 검증에 의해서 엄격하게 비판받아야만 한다. 논리적 비판을 통해 모호함이 줄어들고, 이론에 내포된 주장을 밖으로 끌어낼 수 있다. 경험적 검증은 이론들의 일반적 명제들이 그 검증상황을 묘사하는 진술과 결합되어야 한다는 것을 요구한다. 충분히 정확하게 이론이 만들어졌다면 이제는 이론의 예측을 반증하려고 노력함으로써 그 속에 있는 약점을 찾을 수 있어야 한다. 이론이 검증을 통과하면 그것은 입증된 것이며 당분간은 버리지 않고 유지될 수 있다.

이론검증의 중요성은 우리가 지식을 쉽게 획득할 수 없다는 사실에 있다. 노력 없이는 피상적이고 잘못된 사고를 지닌 상태로 있어야 하기 때문에 우리는 알기 위해 노력해야 한다. 그러나 우리가 이론들에 들이는 노력은 비판적이어야만 한다. 경험의 세계로부터 우리의 이론을 보호하려고만 하는 시도는 독단론이며 지식에 관한 잘못된 생각으로 우리를 이끌 것이다. 과학과 관련된 한, 세계의 대상과 과정들은 영원하게 포착될 수 있는 고정된 본질을 가진 게 아니다. 그래서 과학은 단지 비판적인 투쟁일 뿐만 아니라 끝나지 않는 투쟁이다. 만일 과학이 변화하기를 멈춘다면, 과학은 그 경험적 특성을 상실하고 형이상학이 될 것이다. 진리는 분명한 목적이지만 무한하게 멀리 떨어져 있다.

포퍼 철학의 어조와 스타일은 포퍼 철학의 총체적인 메시지의 중요한 부분이다. 이 어조는 부분적으로는 포퍼가 사용하는 핵심적인 은유들에 의해 제공된다. 포퍼 철학의 어조에는 다윈주의(Darwinism)에서 말하는 투쟁의 이미지가 지배적이다. 과학은 생존투쟁의 투영이지만, 우리 대신에 이론들이 죽는 그러한 생존투쟁이다. 생존투쟁과 약한 이론의 제거를 촉진시키기 위해 우리는 지적인 모험을 감행해야 한다.

부정적 측면에서 보면, 권위의 다양한 원천은 비판받아야 한다. 과학은 이성이나 경험의 권위에 종속되지 않는다. 이성과 경험은 별로 신뢰할 만한 안내자가 되지 못한다. 한 세대의 이성에 자명한 것으로 보이는 것이 다음 세대에는 우연적인 것이거나, 심지어 오류가 될 수도 있다. 우리의 경험은 상당한 오류일 수도 있고, 경험적 결과에 부여된 의미가 근본적으로 변할 수도 있다. 포퍼 저술의 반권위주의적인 다른 면은 인류의 단일성에 대한 이미지인데, 이 경우엔 인류의 합리적 단일성을 의미한다. 어떤 개인이나 집단도 다른 사람들보다 더 많은 권위를 갖고 이야기할 수가 없다. 어느 누구도 진리의 특권적 원천이 될 수 없다. 모든 주장은 똑같이 비판과 검증의 대상이 되어야만 한다.

포퍼 사상의 스타일은 만일 충분한 비판적 노력을 기울인다면, 진보가 이루어질 수 있고, 문제는 해결되며, 문제가 명백해지고, 어느 것이 옳은지 결정될 수 있다는 주장 속에서 엿볼 수 있다. 포퍼 자신의 저서가 한 예인데, 그는 과학 게임의 규칙들을 밝혀내고 독단주의와 모호함으로 이끄는 오류에 대해 상술했기 때문이다. 이런 성문화 (成文化) 과정의 일부로서, 포퍼는 몇몇 중요한 기준과 경계를 규정한다. 가장 중요한 것은 검증가능성과 반증가능성의 기준이다. 이것은 과학적 주장을 사이비과학적 혹은 형이상학적 주장들과 분리시킨다. 형이상학은 의미가 없는 것이 아니라 비과학적이다. 말하자면 형이상학은 개인적 선호의 사적 영역에 속한다. 심리학적으로는 형이상학이 영감의 중요한 근원일 수도 있겠지만 과학 자체와 혼동되어서는 안 된다.

전문분야들을 구분짓는 상이한 경계들과 장벽들은 아주 다르게 취급된다. 전문화라는 병폐는 사상의 자유로운 교통을 가로막는 인공적인 장벽을 대표한다. 과감한 이론은 이 장벽들을 넘나들며, 이 장벽에 의해 방해받지 말아야 한다. 상이한 이론적 관용구들과 언어들에 의해서 부여되는 장벽들에 대해서도 포퍼는 공격을 한다. 내용을 가지고 있는 어떤 것도 하나의 이론적 언어에서 다른 것으로 번역될 수 있다. 언어가 다른 것으로는 표현될 수 없는 진리를 포착할 수 있는 신비한 자원을 갖고 있는 것은 아니다. 인류의 합리적 단일성은 이론적 언어 혹은 관용구를 전혀 존중하지 않는다.

과학에 대한 이러한 엄밀한 성격규정은 확실히 광범한 호소력을 지

닐 만하다. 그것은 과학을 신봉하는 사람들이 자연적으로 칭송하고
자 하는 많은 가치를 분명히 포착하고 있다.

쿤의 과학개념은 세부적인 문제들이 아주 정교하게 다루어질 수 있
는 단순하고도 설득력 있는 전반적 구조를 지닌다는 점에서 포퍼의
과학개념과 공통점이 있다. 그의 분석의 주된 초점은 그가 패러다임
이라 부른 것과 관련된다. 패러다임은 과학적 행위의 어떤 전문화된
영역 안에서 연구전통을 창조하는 예시적인 과학연구이다. 패러다임
탐구는 실험적 방법, 장치, 이론적 해석에 구체적인 안내를 해줌으로
써, 어떤 영역에서 과학을 어떻게 하는지에 관한 연구모델을 제공한
다. 자연으로부터 더 심오한 결과를 도출하기 위해서 변형이나 정교
화는 발달될 것이다.

패러다임을 둘러싼 이 성장과정은 분명 기계적인 복제과정은 아
니다. 패러다임적인 연구에 입각하여 시행되는 상이(相異)한 실험
들간의 미묘한 관계들은 말로 설명을 하는 것보다는 보는 것이 더 이
해하기 쉬울 것이다. 그것들의 결합은 유추와 '가족 유사성'(family
resemblance)의 망(網)을 형성할 것이다.

하나의 패러다임을 둘러싸고 성장하는 전통은, 제한적이기는 하지
만 비결정적인 연구영역에서 쿤이 '정상과학'(normal science)이라
고 말한 상대적으로 자율적인 행위집합을 구성할 것이다. 정상과학
은 패러다임의 성공과 가치에 근거하고 있으며 결코 패러다임에 의
문을 제기하지 않는다. 정상과학은 연구전통의 촉진이 문제들보다는
수수께끼를 야기시키는 것으로 보는 정신상태와 같다. 어떤 것을 수
수께끼라고 부른다는 것은 어떤 문제에 대한 해답이 존재하며, 더 나
아가서 그러한 해답의 형태가 패러다임 연구과정에서 성공적이라고
이미 증명된 것과 유사하리라는 것을 가정하고 있다. 그러나 정상과
학의 수수께끼는 일군의 '규칙들'의 적용으로 얻어질 수 없다. 해답

은 패러다임 탐구 안에 암묵적으로 내재해 있지도 않으며, 탐구에 반드시 수반되는 것도 아니다. 정상과학은 본질적으로 창조적인데, 왜냐하면 그것은 정상과학의 기반이 된 원래의 탐구를 확장시키는 가운데 그 자체를 만들어 나가야 하기 때문이다. 쿤은 이 창조적이면서 제약된 활동을 판례법에서의 법적 선례의 적용에 비유한다.

쿤은 정상과학을 일련의 성공적인 수수께끼 풀이로 본다. 이 누적적 성공이 연구자에게 경험에 대한 확신과 배경을 주어 연구주제가 가지고 있는 알려지지 않은 측면들에 대한 실험에 박차를 가하도록 한다. 연구전통의 모든 이론적 측면의 성장은 이러한 세세한 연구에 의미를 부여하고 이들이 중요한 방식으로 조화를 이루도록 해준다.

과거의 성공에서 생겨난 그런 확신과 신봉은 현재 아주 정교화된 패러다임의 범위 안에서 때때로 변칙사례가 나온다고 해서 흔들리지 않을 것이다. 수수께끼를 풀지 못한다는 것은 우선 개인 연구자의 능력을 반영하는 것이다. 풀리지 않는 변칙사례는 아마 당분간 그대로 남겨둘 수밖에 없는 특별히 복잡한 경우라고 생각할 것이다. 그러나 특정 패러다임의 관점이 풀리지 않는 변칙사례가 왜 그렇게도 많은 어려움을 낳는지에 대한 이유를 대지 못한다면, 그리고 그 문제가 해결책을 찾아야 할 시기임에도 여전히 가장 유능한 과학자조차도 그것을 풀 수 없다면, 패러다임에 대한 신뢰가 흔들리는 위기가 출현할 것이다. 그 변칙사례는 특별한 관심의 초점이 될 것이고, 설명되지 않는 현상의 모든 경험적 측면을 연구하는 데 더 많은 노력을 기울일 것이며, 그것의 중요성을 포착하기 위해 점점 더 괴상한 이론들이 필연적으로 필요하게 될 것이다. 정상과학의 성장 패턴은 분열되고 쿤이 '비정상적 과학'(extraordinary science)이라고 규정한 여러 가지 상이한 기류가 형성될 것이다.

어려움에 빠진 영역에서는 이 위기를 해소하기 위해서 과학을 실천하기 위한 새로운 모델을 만들어낼 것이다. 새로운 패러다임이 핵심적인 변칙사례를 수용할 수 있다면, 전문가 공동체는 연구를 위한 새로운 패러다임을 수용하게 될 것이다. 이런 일이 발생할 때, 쿤은 이것을 '혁명'이라고 말한다. 과학혁명은 전문가 공동체가 새로운 패러다임이 이전 것보다 미래의 발전을 위해 더 좋은 전망을 제시한다고 결정할 때 발생한다. 그와 같은 결정에 연관되는 것은 무엇인가? 낡은 절차의 위기의 깊이와 새로운 것의 전망을 평가하기 위해서는 세세한 것까지를 포함한 그 영역에 대한 깊은 이해가 필요하다.

그러나 그러한 결정의 지적인 측면들은 반드시 판단을 수반하게 된다. 과학적 전략의 변화를 지지하거나 반대하는 여러 가지 이유에 붙여진 상대적인 가중치들은 오직 일정한 정도로만 정당화될 수 있다. 증명이란 존재하지 않기 때문에, 정당화는 어떤 지점에서 멈춰야 하며 정당화의 근거가 없는 어떤 조치가 취해진다. 또한 과학자는 그의 전문분야 밖에서 오는 도움에도 많이 의존할 수 없는데, 그 이유는 공동체 자체가 관련된 지식과 경험의 장소이기 때문이다. 그것이 최후의 상고법정이다.

포퍼의 저작들이 그런 것처럼, 과학에 관한 쿤의 설명도 저자 자신이 자연스럽게 사용하는 은유에 의해 적어도 부분적으로 야기된 특정한 냄새를 갖고 있다. 과학자들은 실천자들의 '공동체'를 형성한다. 그 자체의 스타일, 습관, 관례를 지닌 안정된 생활양식과 사회적 연대성이라는 강한 냄새를 가지고 있는 '공동체'라는 주제가 쿤의 은유를 지배한다. 이 주제는 주기적으로 공동체를 흔들어놓는 '혁명'의 논쟁적 이미지와 대비됨으로써 강화된다. 쿤에게는 권위라는 개념을 반대하는 캠페인이 전혀 없다. 오히려 쿤의 연구 가운데 하나에서는 과학에서 독선(dogma)이 가지는 유용한 기능이 논의되고 있다. 과학교육의 과정은 권위주의적인 것으로 비쳐진다. 이러한 과학교육 과정은 학생들에게 이전의 패러다임과 관련되었던 경쟁하는 관점들에 대한 공평한 설명을 제시하려고 하지 않는다. 오히려 이러한 교육과정은 현재의 패러다임 안에서 전에 경쟁하던 관점을 해석하려 한다.

쿤은 과학에 대한 모든 것이 분명하고 확실하게 될 수 있다고 말하지 않는다. 과학은 명시적인 방법론을 가진 행위라기보다 일군의 구체적인 실천들이다. 궁극적으로 과학은 보편적 기준에 관한 어떤 추상적인 언어적 진술에 그 토대가 놓이지 않은, 행위와 판단의 한 패턴이다. 명백한 이론화와 같은 확실한 언어로 표현될 수 있는 수준에서 행해지는 과학의 특징들은 패러다임적인 실천 안에 깊이 박혀 있는 개념들을 사용한다. 따라서 패러다임의 변화는 언어와 의미의 변화를 동반한다. 패러다임의 경계를 가로지르는 번역의 문제는 심각하며 완전히 극복될 수 없는 것일 수도 있다.

지금까지 과학에 대한 아주 다른 두 가지의 설명을 논의했다. 그 차이는 부정할 수 없음에도 불구하고 광범위한 영역의 공통토대가 존재하고 있다. 과학에서 실제로 진행되는 것이 무엇인가에 대한 논쟁은 그 수가 아주 적다. 포퍼는 극적인 추측과 엄격한 검증에 주의를 기울인다. 예를 들면 빛이 거대한 물체 근처에서는 굽을 것이라는 아인슈타인의 예측 같은 것이다. 쿤은 그러한 사건들의 존재나 중요성을 부정하지는 않지만, 그러한 사건들을 가능하게 만들고 중요성을 부여한 배경을 강조한다. 포퍼 쪽에서는 '정상과학'의 존재를 부정하지는 않지만, 그것은 과학에 대한 진부한 관점이라고 주장한다. 예를 들어 물질에 관한 이론에 대하여 장기간 지속된 이론적 논쟁에 대한 그들의 태도를 고려해보자.

포퍼의 설명에서는 이런 논쟁들이 물리학과 화학에서 중심적인 것이다. 쿤에게는 그러한 논쟁들은 비정상적 과학의 상태를 보여줄 뿐이며, 따라서 아주 드물어야 한다. 장기간의 논쟁이 실제로 지속될 때에 쿤은 이러한 논쟁은 과학 내의 문제에 관한 것이라기보다는 형이상학적 문제들에 관한 것이라고 주장한다. 그것은 과학이 실제로 어떻게 실천되는지에 대해서는 실질적 영향력이 거의 없다는 것이다. 이것은 물론 과학을 일군의 구체적이고 지엽적인 실천들로 보는 쿤의 경향을 강화시켜주지만, 반면에 포퍼적 해석은 과학의 비판적인 특성을 강화시켜준다.

과학에 대한 이 두 가지 관점 모두가—비록 이런 사실들의 중요성이 어떤 관점에서 논의되느냐에 따라 그 중요성이 달라지겠지만—많은 사실들을 설명할 수 있다. 두 접근간의 정확한 차이점을 정의하는 것은 미묘한 문제이며, 쿤은 포퍼와 자신이 갈라지는 곳이 인지전환(Gestalt switch)의 지점이라고 말한다. 즉 동일한 사실들이 과학에 대한 각기 다른 관점을 형성하게 된다는 것이다.

쿤과 포퍼가 과학의 해석에서 동의하는 두 가지 중요한 점은 진리와 사실의 본성과 관련된다. 이것은 간략히 논의할 만한 가치가 있는데, 실제로는 이 두 가지 점들이 포퍼와 쿤의 차이를 드러내지 않음에도 불구하고, 그것들이 두 사람간의 중요한 차이를 구성한다고 생각될 수 있기 때문이다. 첫째, 쿤은 순수한 사실의 존재를 믿지 않기 때문에 과학의 객관성을 훼손하고 있다고 때때로 말해진다 (Scheffler, 1967). 쿤에게는 이론을 판결할 수 있는 안정적이고 독립적인 법정이란 없다. 사실로서 간주되는 것은 패러다임 의존적이다. 경험과 실험적 결과들의 의미와 중요성은 세계에 대한 우리의 지향의 결과들이고, 그러한 지향을 제공하는 것은 패러다임에 대한 신봉이다.

그러나 인식론의 수준에서, 포퍼는 사실들이란 확실하고 직접적인 경험을 통해서 우리에게 주어지는 단순한 것이 아니라는 것을 받아들인다. 포퍼는 관찰과 실험결과에 대한 어떤 보고도 그것들을 사용하여 검증되어야 할 가설과 동일한 논리적 지위를 가지고 있다고 생각한다. 이론들은 그가 '관찰가설들'이라고 부른 것에 의해 검증된다. 과학의 관찰적 토대를 형성하는 진술은 경험에 의해 촉진된다. 그러나 포퍼에게 경험이란 하나의 (관찰)가설을 우리가 수용하게끔 하는 원인에 대한 하나의 단순한 사실에 불과하다. 경험은 합리적 근거를 제시하지 않을 뿐만 아니라, 관찰보고를 받아들여야 하는 결정적인 이유도 제시하지 않는다. 모든 진술은 그것을 촉진한 경험을 넘어서며, 따라서 추측적 일반화(conjectural generalisation)로 작용한다. 이 분석은 포퍼가 좀더 큰 규모의 가설의 기원과 당분간만 그 가설을 진리로 받아들이는 이유 사이에 그은 예리한 경계와 완전히 일치한다. 경험이란, 마치 종교적 경험이 어떤 세계관의 비합리적 원인인 것처럼, 낮은 수준의 가설의 비합리적 원인이다. '사실들'에 관해서, 포퍼와 쿤은 보통 생각하는 것보다 훨씬 회의적이며, 둘 다 사실들이 '이론 의존적이라는 것'을 믿는다.

둘째, 쿤은 우리에게 진리를 제공하는 역할을 과학으로부터 빼앗는 것처럼 보일 것이다. 왜냐하면 쿤에 의하면, 과학은 어떤 이론이 다른 이론보다 더 진리라는 것을 보장할 수 없는 끝없는 패러다임의 진행에 불과하지 않은가? 결국 과학과는 완전히 독립된 패러다임의 진보를 측정할 수 있는 독립적인 세계로의 접근은 불가능하다. 그러나 포퍼도 정확하게 똑같은 입장을 취한다. 진리는 하나의 이상 혹은 목표이지만, 너무나 멀리 떨어져 있다. 두 설명 중 어느 것도 과학이 진리의 목표를 향해서 진보해간다는 것을 확신시켜줄 보장책을 갖고 있지는 않다. 두 설명은 인식된 오류들을 제거하는 방식들이다. 둘 다 과학이 어떤 안정되고 궁극적인 것을 포착할 수 있다는 것에 대해 회의적이다. 두 설명에서 사실과 진리가 어떻게 다루어지느냐는 포퍼와 쿤의 과학관의 차이를 보여주지 않는다.

그럼에도 불구하고 두 과학관간의 차이는 상당하다. 그 차이는 다음과 같은 점에서 찾을 수 있다. 첫째, 규범적인 측면과 서술적인 측면에 싣는 무게가 다르다. 포퍼는 명백히 방법론적 규범을 제시하고 있다. 동시에 그가 규정하고자 하는 것은 과학의 절차이고, 따라서 그 절차는 과학실천의 현실과 연결되어야만 하며, 또한 분명히 연결된다. 쿤은 과학을 어떻게 해야 한다는, 규범적인 요소와 연관되지 않는 서술적 설명에 더 가깝다. 그러나 압력을 받을 때는 쿤 역시 자신의 설명이 과학은 어떻게 행해져야 하는가에 대한 설명이 될 수도 있다고 명백히 말한다. 따라서 둘 다 규범적이고 서술적이지만, 그 요소들이 차지하는 비율과 무게가 다르다.

둘째, 포퍼는 논쟁, 의견의 대립, 비판을 강조하는 한편, 쿤은 동의되고 당연시되는 영역을 강조한다. 즉 둘 다 과학의 사회적 성격에 천착하지만, 무엇이 가장 중요한 사회적 과정인가에 대한 그들의 의견은 다르다. 하나는 공적인 논쟁이고, 다른 하나는 공유된 삶의 방식이다.

셋째, 포퍼는 방법론적 원칙들과 일반적, 지적 가치 등과 같은 과학의 보편적이고 추상적인 여러 측면들에 초점을 맞추고 있지만, 쿤은 어떤 실천자 집단에게 예시를 제공하는 특정한 연구와 같은 과학의 지엽적이고 구체적인 측면에 초점을 맞춘다.

넷째, 포퍼의 과학에 대한 시각은 과학을 단선적이고 동질적인 과정으로 보는 것이다. 동일한 방법과 과정이 모든 단계에 다 적용된다. 포퍼의 시각에서 과학은 매 단계마다 지식의 첨가와 진보를 통하여 내용과 힘이 확장된다. 반대로 쿤은 순환적인 개념을 지녔다. 의심할 여지없이 쿤은 정상과학의 조용하지만 유연한 활동을 강조했음에도 불구하고, 단일한 과학적 연구행위 대신에 질적으로 상이한 과정들의 순환으로 과학의 성격을 규정하였다. 포퍼의 과학자들은 미래를 지향하지만, 쿤의 과학자들은 대개 이전의 연구를 토대로 연구한다. 그 준거점은 과거에 있다.

계몽주의 대 낭만주의 이데올로기

방금 서술한 과학철학에서의 논쟁은 약 2백 년 동안 정치, 사회, 경제, 윤리, 법률이론의 영역에서 진행된 논쟁과 구조적으로 동일하다. 사실상 포퍼와 쿤의 충돌은 계몽주의와 낭만주의 이데올로기들이라 불리는 것들간의 순수한 대립의 경우를 대표한다(나의 이데올로기 규정은 만하임의 보수주의 사상에 대한 훌륭한 에세이(1953)에서 그 예를 취한 것이다).

내가 '계몽주의' 사회사상이라 부르는 것은 전형적으로 '사회계약'의 개념에 의존한다. 사회계약은 사회의 역사적 기원에 대한 추정이거나 사회성원들에게 부과된 권리와 의무를 규정짓는 방법일 수도 있다. 사회계약의 신화에 대응하는 사회 이전의 '자연상태'에 대한 신화가 존재한다. 때때로 자연상태는 사회가 등장하기 이전의 야만적인 상태로 생각되기도 했다. 좀더 세련되게 말한다면 자연상태는 사회라는 것이 깨어질 때 우리가 빠지게 되는 상태라고 생각되었다. 자연상태 혹은 사회계약은 생명, 자유, 소유권에 관한 자연적이고 포기할 수 없는 권리와 결합되어 있다. 이 권리의 자세한 내용과 계약이라는 은유가 다루어지는 방식은 매우 다양했지만, 18세기 저술가들에게 이런 일반적 주제는 전형적인 것이었다.

실질적인 자연법 사상보다 더 중요하고 더 지속적이었던 것은 계몽주의 사상의 방법론적 스타일이다. 그것은 네 가지의 특징을 지닌다.

첫째로, 계몽주의는 개인주의적이고 원자적(原子的)이다. 이것은 전체 혹은 집합적인 것을 개별적 단위들의 집합과 동등한 것으로 생각하는 데 아무 문제가 없다는 듯이 생각하는 것을 의미한다. 이 개별 단위들의 본성은 모아놓아도 변하지 않는다. 따라서 사회들은 그 본질적인 특징과 개인성이 사회와 아무 관련이 없는 개인들의 집합일 뿐이다. 예를 들면 개별인간들은 추론이나 계산능력, 필요와 욕망, 그리고 물론 그들이 소유하는 자연권으로 구성된다. 그리고 개인들의 이러한 성질들은 사회마다 다양하고 각기 다른 시대마다 상이하다고 생각되지 않는다.

둘째로, 이러한 개인주의는 사고에 대한 어떤 정적인 접근과 밀접히 관련된다. 역사적 다양성은 영원하고 보편적인 것에 대하여 부차적인 것으로 종속되어버린다. 합리성과 도덕성, 즐거움을 찾고 고통을 피하려는 우리들의 속성은 변치 않으며, 우연적이고 구체적인 것들의 혼돈 속에서도 그러한 속성을 추출할 수 있다.

이러한 점들은 추상적 연역주의라 불릴 수 있는 계몽주의 사상의 세번째 특성과 밀접히 관련된다. 특정 사회현상 혹은 개별행위의 사례는 그것이 도덕성에 관한 원리이든 추론에 관한 원리이든 과학에 관한 법칙이든 간에 그것들에 관한 추상적인 일반원리들과 밀접히 관련시킴으로써 설명된다.

아주 중요한 네번째의 마지막 특징은 방금 서술한 특징들의 사용과 관련된다. 계몽주의 사상은 항상 그런 것은 아니지만, 종종 개혁, 교육, 변화와 관련되기 때문에 규범적이고 도덕적인 성질을 강하게 지닌다. 계몽주의 사상은 중립적인 서술의 수단으로서 만들어진 것이 아니라, 변화시키기 어려운 사회현실과 개혁적 '당위'를 대립시킬 수 있도록 고안된 것이다. 이 도덕적 목표는 고정되고 안정적인 결합의 형태를 사용할 수 있는 원자적이고 분석적인 경향과 연결되어 있다. 계몽주의 스타일의 추상적인 보편주의는 계몽주의가 확실하고 일반적인 원리를 유지하도록 해주는데, 이러한 실재에서의 유리는 현실에 대한 비판과 행위에 대한 목표설정을 가능케 해준다. 이러한 추상적 보편주의는 후에 다른 목적에도 사용할 수 있다는 것이 밝혀질 것이다.

이와 대조되는 이른바 '낭만주의적' 사상에서는 자연권, 사회계약, 자연상태 등의 개념들을 어디에서도 발견할 수 없다. 전사회적(前社會的)인 자연성의 개념은 우리가 근본적으로 가지고 있는 사회적인 성격개념으로 대체되었다. 사회는 처음부터 자연스러운 것이다. 사회계약이라는 계산적인 함축은 가족의 통일성이라는 유기적 이미지로 대체되었다. 낭만주의의 관점에서 볼 때, 가족관계에서 권리와 의무, 그리고 권위가 동일하게 주어져서는 안 된다. 권리, 의무, 그리고 권위는 세대와 위치와 역할에 따라 차등적으로 분배되어야 한다. 더욱이 정의는 헌법 혹은 계약상 협정이라는 수단을 통해 가족 속에서 창조되지 않는다. 당연히 전제주의가 채택되겠지만, 그러한 전제주의는 변하는 나이, 책임, 그리고 가족 구성원의 조건들에 점차 적응하는 유연하고 자애로운 형태를 띨 것이다.

낭만주의 사상의 방법론적 스타일은 계몽주의 사상과 하나씩 하나씩 대조시킬 수 있다. 첫째, 낭만주의 사상은 원자론적이고 개인주의적이지 않다. 사회적 총체는 개인들의 단순한 집합으로 취급되지 않으며 특별한 종류의 속성, 즉 어떤 정신, 전통들, 스타일, 국가적 특성 등을 가지는 것으로 취급된다. 이런 속성들이 어떻게 발전되고 완성되는가는 놓치기 쉽기 때문에 이들에 대한 연구가 요구되고 또 정당화되는 것이다. 고립된 요소들에만 너무 집착하는 사람들은 그런 요소들의 전반적인 형태와 법칙을 찾아낼 수 없을 것이다. 개인들은 그들이 처한 맥락 안에서만 이해될 수 있다.

둘째, 이러한 맥락에 대한 강조는 구체적이고 역사적인 것이 보편적이고 영원한 것보다 더 중요하다는 생각으로 이끈다. 이성에 관한 보편적 원리개념은 지엽적으로 조건화된 반응과 적응의 변형이라는 개념으로, 그리고 모든 창조적 사고의 산물이 역사적으로 조건화되고 발전한다는 믿음으로 대체된다.

셋째, 특정사례들을 추상적인 일반적 법칙으로 포섭하는 추상적인 연역적 절차 대신에, 구체적인 개별성을 강조한다. 그것들을 구체적 개별성의 관점에서 볼 수 있다면, 특정한 사례들은 추상적 원리보다 훨씬 실재적인 것이라고 생각된다.

네번째 특성은 계몽주의 사상의 도덕주의적이고 규범적인 경향에 대응하는 것이다. 계몽주의의 해체-분석적인 명료함은 추상적 입장에 의해 무시되기 쉬운 사회적 특징의 실재에 대한 강조로써 비판된다. 사회실천의 총체성, 복잡함, 상호연결이 강조된다. 낭만주의 사상가들이 가지고 있는 방어와 저항의 습관적 태도는 낭만주의의 서술적이며 규범적인 요소들을 묶어주는 역할을 하고 있다. 낭만주의자들에게 가치란 내재적이고 혼합되고 사실과 통합된 것으로 보이는 경향이 있다.

포퍼는 계몽주의 사상가로, 쿤은 낭만주의 사상가로 분류되어야 한다는 것을 보여주기는 쉽다. 포퍼는 과학을 고립된 이론들의 집합으로 취급한다는 점에서 개인주의적이고 원자론적이다. 그는 이론구성 전통에는 거의 관심을 보이지 않으며, 과학전통 내의 연속성과 상이한 시대간의 불연속에 거의 관심이 없다. 그의 분석단위는 개별적인 이론적 추측이다. 이 단위들의 논리적이고 방법론적인 특성은 모든 경우에 동일하고 모든 과학적 탐구단계에 동일한 것으로 드러난다. 더욱이 그는 훌륭한 과학적 사고의 영원하고 보편적인 속성에 관심을 가진다. 소크라테스 이전 철학이든, 혹은 현대물리학이든 어떤 장소 어떤 시대에서도 예를 찾을 수 있을 것이다. 이 개별사례들은 추상적 합리성의 원리, 혹은 시대를 초월한 구별기준과 연결시킴으로써 평가할 수 있다. 포퍼 사상의 규범적인 측면에 대해서는 언급한 바가 있다.

마지막으로 포퍼의 과학개념 속에는 사회계약의 신화와 유사한 점이 발견된다. 이것은 이미 간략하게 서술한 과학의 '관찰기초'에 관한 포퍼 이론의 논의 속에서 볼 수 있다. 포퍼는 어떤 기초진술을 당분간 사실로 '수용하는', 과학공동체가 내리는 '결정'이 존재한다고 말함으로써 이 기초를 특징짓는다. 실제로는 이러한 기초진술들이 과학의 모든 진술과 똑같은 가설적인 것들이므로 '판단'이 연루된다. 그 과정은 배심원의 결정에 비유된다(1959, pp.108~109).

물론 이것은 하나의 비유일 뿐이지 역사적 사실로서 제공된 것은 아니다. 그럼에도 불구하고 특히 이 특별한 종류의 비유로 비약하는 것은 확실히 우연적인 것이 아니다. 사회가 구성되는 것이 계약적인 판단에 기반한다는 것에 호소하는 것과 마찬가지로, 포퍼의 비유는 어떤 특정한 성향(性向)을 드러내며 분석의 특정한 스타일과 방향을 가지고 있다. 이것은 자연적 과정에 호소해야 하며 심리학적이고 사회학적인 질문을 던져야 할 바로 그 점에서 연구가 임의적으로 끝이 난다는 것을 의미한다. 너무 쉽게 '계약'과 '결정'은 과정으로가 아니라, 그 과정이 끝나버린 점들로 생각된다. 즉 구조나 역사가 없는 사물들, 혹은 순간적인 사건들로 생각된다는 것이다. 이런 식으로 본다면, 계약과 결정들은 연구를 끝장내는 불연속성으로 기능할 수 있다.

쿤의 과학개념이 가지고 있는 여러 가지 낭만주의적 측면 또한 너무나 분명하다. 개별과학적 사고는 항상 포괄적인 전체연구 전통의 부분이다. 과학의 공동체적 측면이 특히 부각되며, 이와 함께 교육

과정의 권위주의적 특징도 부각된다. 이 설명에서는 반증의 방법론적 과정에 딸린 명백한 논리적 과정도 없다. 변칙사례에 대한 대응과, 그 변칙사례가 이미 확립된 접근에 위협이 되는지 아닌지를 결정하는 것에는 항상 직관적 판단이 개입된다. 또한 이론발전 속에서도 추상적인 절차에 관한 원리는 발견할 수 없다. 그 이유는 패러다임들이 말로 다 표현할 수 있는 이론들이 아니기 때문이다. 연구전통들은 성문화된 헌법이 아니다. 특정 연구분야에서의 역사적, 문화적 다양성들은 당연시된다. 마지막으로, 규범적인 내용이 암묵적으로만 포함되어 있는 쿤의 설명에서의 서술적 특성은 낭만주의 스타일과 또한 일치한다.

이제 두 가지의 전형적인 사회적, 정치적인 사상과 과학철학의 두 가지의 상반된 입장간에 구조적 동일성이 있음은 분명하다. 다음에는 두 가지의 전형적인 사회 이데올로기들이 실제 역사 행위자들이 취하는 입장들과 대응한다는 것을 보여줄 필요가 있다. 이것은 다음 장에서 다룰 것이다. 이러한 논의는 구조라기보다는 세부사항과 내용의 문제에 천착하는, 즉 사회적인 것과 인식론적인 것의 관계에 대한 더 심층적인 점을 부각시킬 수 있는 기회를 제공한다. 일단 이러한 논의가 끝나면 다음과 같은 핵심적인 질문이 나올 것이다. 왜 이데올로기적 논쟁의 전통과 인식론적 논쟁간에 동형성(同形性)이 존재하는가?

이데올로기들의 역사적 위치

계몽주의와 낭만주의의 전형을 역사적 행위자들과 집단들이 취하는 입장과 주장 안에서 찾는 것은 상대적으로 쉽다. 그 이유는 이러한 두 전형들이 18세기 후반, 19세기, 20세기 초반에 일어났던 중요한 사건들을 다루는 데서 우리가 취할 수 있는 수용과 거부라는 두 가지의 기본적 반응들과 대응하기 때문이다. 그 전형들은 종종 전쟁과 혁명에 대한 반응, 유럽 최근사(最近史)에서의 공업화 과정과 민족주의의 추구에 대한 반응을 통해서 정교화되었다. 그런 사건들은 분명히 분열을 조장하는 것들이다. 그런 사건들은 즉각적으로 의견의 양극화를 초래하는데, 그 이유는 어떤 사람들은 지고 어떤 사람들은 이기기 때문이다.

이런 사건들이 그들의 재산과 이해관계와 연관될 때면, 사람들은 이에 대하여 더욱 깊이 성찰하고 주장하게 된다. 즉 사례들을 들추어 내고, 그런 주장을 옹호하기 위한 지적 자원을 찾아내기 위해 지적 전통을 연구할 것이며, 광범위한 호소력을 지니는 도덕적 기준들을 끌어들여서 그들의 목적에 맞게 구조화시킬 것이다. 신과 인간과 자연에 대한 개념은 우리가 겪는 경험을 설명하기 위해 사용될 것이며, 우리가 서 있는 입장, 우리가 취하고자 하는 행위를 정당화하기 위해 사용될 것이다.

내가 대략 그려본 두 가지 대립되는 이데올로기들을 예시하기 위한 중요한 사례들 가운데 하나는 물론 1789년의 프랑스 혁명이다. 혁명의 개인주의적이고 합리주의적인 이상은 혁명이 가져온 많은 법률 속에서 분명히 드러난다. 예를 들어 새로운 법률은 개인들로 구성되는 집단 사이를 매개하는 길드와 조합과 같은 제도적 질서를 무너뜨려 버린다. 사회전체를 지탱시켜왔던 구조들은 깨어지고 원자화되었다.

니스벳(Nisbet, 1967)은 1791년의 샤프리에 법(Loi Le Chapelier)을 인용한다. "국가 안에 어떤 조합도 없다. 단지 각 개인들의 특수이익과 일반이익만 존재할 뿐이다……"(p.36). 혁명적 이데올로기스트와 입법자들에게는 가족이라는 중요한 단위도 마찬가지로 공화국 그 자체의 소우주로 간주되었다. 선행한 법에 의해 보장되었던 아버지의 전제권 자리를 평등주의 원리와 권리가 대신해야 한다고 선포되었다. 통치단위의 단순화, 법률과 정부의 합리화는 그 당시의 질서였다.

이 놀랍고 궁극적으로 피비린내나는 경향에 대항해서 영국과 프랑스, 독일의 반동사상가들은 자신들의 수사와 분석을 만들어냈다. 버크(Edmund Burke)의 훌륭한 『프랑스 혁명에 대한 반추』(*Reflections on the French Revolution*)는 아마 가장 뛰어난 예일 것이다. 인간의 권리와 자유를 정당화하기 위해 자연법에 호소하는 사람들에 대항하여, 버크는 안정된 사회 안에서 통치되고 구속되며, 또 살기를 바라는 것은 똑같이 자연적인 권리라는 것을 대비시켰다. 사회를 비판하기 위한 기초로 이성의 힘에 호소하는 사람들에게, 버크는 과감하게 사회는 이성이 아니라 편견에 기초해야 한다고 선언했다. 개인이 가지고 있는 자원으로서의 이성은 적절하지 못하다. 우리가 의존하는 이성은 우리 사회에 사회적으로 구현된 지혜이며 현대적 말투로는 '규범'이라 불린다.

우리는 인간이 자신들의 사적인 이성의 저장물에 기반해서 살아가게 될까 염려스럽다. 왜냐하면 우리는 각 개인의 이성의 저장물이 작고, 따라서 개인들이 국가와 시대가 가지고 있는 일반적인 자본을 이용하는 것이 더 좋지 않을까 하는 의구심을 가지기 때문이다(p.168).

편견은 행위를 가능케 해주며 연속성을 만들어낸다는 점에서 개인의 계산적 이성보다 훨씬 더 커다란 장점을 가진다.

편견은 이성과 더불어 그 이성을 움직이게 하는 동기를 부여하며, 이성에 영원성을 주는 감성도 가진다. 편견은 비상시에 항상 적용될 준비가 되어 있다. 그것은 미리 정신을 지혜와 미덕의 계속적 흐름에 참여시키고, 사람들로 하여금 회의하고 당황하고 망설이는 결정의 순간에 주저 없이 결정을 내릴 수 있게 한다. 편견은 인간의 미덕을 습관으로 만들지, 일련의 분리된 행위로 만들지 않는다. 단지 편견을 통해서만 그의 의무는 그의 본성의 일부가 된다(같은 쪽).

버크는 그의 적들이 생각하는 것처럼 모든 것을 비판하고 논의하고 주장하려는 욕망을 그 시대의 영광이 아니라 불행으로 본다. 계몽화된 정치가들과 문학가들에 대항하여, 버크는 그들이 기성의 모든 것에 대한 속죄할 수 없는 전쟁을 하고 있다고 비난하고 다음과 같이 주장한다.

그들은 오래되었다는 이유 하나만으로도 사물에 대한 사고의 오래된 틀은 파괴되어야 한다고 생각한다. 이러한 계몽사상가들은 서둘러 지은 빌딩, 즉 새로운 사고틀의 지속성에 대한 어떤 종류의 공포도 가지고 있지 않다. 왜냐하면 그 전 시대가 거의 혹은 아무것도 이루어놓은 것이 없다고 생각하며, 그들의 모든 희망을 발견에만 두는 사람들에게 지속성은 아무런 관심의 대상이 아니기 때문이다(같은 쪽).

버크의 가장 재미있는 주제 가운데 하나는 단순성과 복잡성, 그리고 그것들이 인간의 행위를 규제하는 규칙과 가지는 관계에 대한 것이다. 인간본성과 환경은 복잡하다. 인간에 대한 문제들을 지배하는 단순한 법칙을 만들어내고자 하는 사람들은 그들이 무엇을 하는지 모르거나 그들의 의무를 무시한다. 예를 들어 우리의 자유와 규제들을 생각해보자. 이것들은 "시간과 환경에 따라 다양하고 무한히 변형될 수 있기 때문에 어떤 추상적인 규칙에 의하여 해결될 수 없으며, 추상적 원칙에 근거해서 그것들을 논의하는 것만큼 어리석은 것은 없다"(p.123).

분명 버크는 낭만주의 사고양식의 많은 국면들을 예시화한다. 포퍼의 과학개념을 비판할 방법을 찾는 사람들은 버크의 입장에서 쉽게 그 방법을 빌려올 수 있다. 발견에 대한 반동적인 조소에서, 복잡성을 강조하고 단순성을 기각하는 데서, 편견에 부여하는 역할에서(독단에 대한 쿤의 개념과 아주 비슷하게), 추상적인 사상이라기보다 구체적인 행위에 대한 관심으로, 분열적이고 비판적인 개인주의에 반대하는 사회적 결속의 주제 등에서 말이다.

프랑스 혁명이 추구하던 가치에 대한 거부는 영국에 국한되지 않는다. 뮐러(Müller), 할러(Haller), 뮈저(Müser) 등의 많은 독일 사상가들도 혁명에 반하는 이론을 정교화하는데, 그들은 지엽주의자, 전통주의자, 애국자, 군주제주의자, 전제주의자들이었다. 뮐러는 버크의 영향을 받았는데, 특히 흥미 있는 경우이다. 라이스(Reiss, 1955)는 뮐러의 『정치학의 요소들』(*Elements of Politics*)을 정선하여 번역하였는데 다음과 같은 점에 천착하였다.

계몽주의 사상가들은 전형적으로 가르고 구별하는 특징을 가지고 있다는 것이다. 따라서 계몽주의 사상가들은 사실에서 가치를, 사회에서 이성을, 전통에서 권리를, 실재하는 것에서 합리적인 것을, 단순한 믿음에서 진리를, 사적인 것에서 공적인 것을 분리하였다. 계몽주의 사상가들이 떼어내고 분리하려고 한 것을 다시 붙이려고 한 것이 낭만주의적 경향이다. 뮐러는 몇 페이지 안에 체계적으로 이 모든 범주를 섞고 통합하여 계몽주의적 '명확화'의 상징인 경계긋기와 분할하기 작업을 무효화한다. 그러나 여기에는 통합하려는 경향과 반대되는 단순히 경계긋고 나누려는 경향 이상의 무엇이 연루되어 있다. 계몽주의는 나누려는 사상적 습관이 있고, 낭만주의는 유추를 사용하여 통합하려는 사상적 습관이 있다. 그러나 실제로 낭만주의자는 사회의 구조적 분리를 당연시하고, 또 계몽주의 사상가는 실제로 그러한 구조적인 것들을 원자화된 동일성으로 분해시킨다.

사적 영역과 공적 영역의 관계에 대한 뮐러의 입장은 다음의 예에서 보여지는데, 이는 전형적인 공리주의 감정과는 선명한 대조를 이룬다. 뮐러는 다음과 같이 말한다.

> 국가는 인간사의 총체, 살아 있는 총체로서의 연합이다. 만약 인간존재의 가장 사소한 부분이라도 이 총체적 결합에서 배제된다면, 한순간이라도 우리의 사적 생활이 공적 생활에서 분리된다면, 우리는 국가를 더 이상 삶의 현상이나 사상으로서 인식하지 못할 것이다……(p.157).

현재 맥락에서 이것의 중요성은, 이것이 체계의 부분과 요소가 전체와 긴밀한 통합의 상태로서 존재한다는 낭만주의의 중심적 사고를 보여준다는 것이다. 따라서 과학적 추론들은 고립된 사고단위가 아니라, 말하자면 그런 추론들을 포괄하는 패러다임의 소우주들이다. 혹은 다른 방식으로 유추한다면, 추측의 배후에 있는 사고나 영감은 과학자들의 사생활의 일부가 아니라는 것이다. 그것을 과학이 아닌 심리학적인 영역에 속하는 것으로 봐서는 안 되며, '정당화의 맥락'이 아니라 인위적인 '발견의 맥락'에 국한시켜서도 안 될 것이다. 오히려 창조과정은 과학 전체에서 필수적인 부분이며, 포퍼의 경계구분의 추상적 원리에 의해서 과학으로부터 분리되어서는 안된다.

뮐러는 지식과 사회의 관계, 혹은 그에 의하면 과학과 국가간의 관계에 그의 통합된 접근을 계속해서 적용한다. 과학과 국가는 영혼과 육체와 같이 하나이다. 뮐러는 다음과 같이 주장한다.

> 만약 절대적으로 추상적인 경계가 관념적인 세계와 실재적인 세계 사이에 그어질 수 있다면, 그리고 오직 반만, 즉 관념적인 것만 우리에게 할당된다면 우리는 과학과 과학 고유의 본질을 이해할 수 없다. 만일 위대하고 통합되어 있으며 단일한 세계가 떨어진 두 개의 별개의 세계——즉 국가라는 실제 세계와 과학이라는 상상적 세계——로 분리될 수 있다면 과학과 과학의 본질을 이해하지 못할 것이다. 왜냐하면 우리는 결국 그 자체로서 온전하며 단일한 차원에서 살아가는 인간이며, 따라서 이른바 통째로 잘린 온전한 세계(whole world)를 요구하기 때문이다(p.156).

이 예들은 낭만주의 사상가들이 일반적인 사회적 문제에 대하여 취하는 상세한 입장이 무엇인가를 보여준다. 위에서 논의한 두 개의 이데올로기들이 서로 대립했고, 또 대립하는 또 하나의 아주 중요한 전장(戰場)은 경제이론이다.

계몽주의 사상은 스미스(Adam Smith)와 리카도(Ricardo) 학파에 속하는 고전경제학자들과 자유방임을 옹호하는 사람들에 의해서 강하게 나타난다. 이들이 가지고 있던 전제들에 대한 가장 분명한 진술은 벤담(Jeremy Bentham)에 의해 제공되었다. 벤담의 경제학 이론에 대해 한 논평자가 주장한 것처럼, "벤담과 리카도주의자들은 동일한 이데올로기를 가졌다"(Stark, 1941, 1946). 뒤에 나오는 벤담의 모든 인용은 이 유용한 논문들에서 가져온 것이다. 벤담이 스스로 말한 것처럼, 그는 밀(James Mill)의 정신적 아버지였고 따라서 리카도의 정신적 할아버지인 것이다. 벤담은 스미스가 그 자신의 입장이 가지는 논리적 결과를 피했다고 생각했을 때만 빼고는 스미스의 주장에 진심으로 동조하였다.

예를 들어 『국부론』(*The Wealth of Nations*, 1776)에서 스미스는 돈을 빌려쓸 때 최대이자율을 법적으로 제한해야 한다는 것을 받아들임으로써, 시장에 관한 모든 문제에서 자유롭고 개인적인 거래에 대한 그의 옹호를 제한한다. 스미스는 그런 한계가 없으면 빌려준 돈의 많은 부분이 '난봉꾼이나 투기꾼'들에게 간다고 생각했다. 벤담의 대답은 궁극적으로 다음과 같이 질문하는 것이었다. 그게 어쨌다는 것인가? '투기꾼' 없이는 어떤 진보도 없을 것이다. 위험을 무릅쓰는 것은 경제행위의 핵심이고 부를 창출하는 것이다. 이런 정서는 지적인 모험이 과학행위와 지식창출의 본질이라고 본 포퍼의 정서와 동일하다. 벤담은 사람들이 스스로 어떤 행위와 연관되는 이익과 손해와 위험을 계산할 줄 알아야 한다고 주장하였다. 그는 "거의 예외 없이, 최대한의 즐거움을 획득하기 위한 가장 효과적인 방법은 각 개인이 자신들의 최대한의 즐거움을 추구하도록 내버려두는 것이다"라고 주장했다. 이 개인주의는 자연히 사회전체를 부분들의 합으로 보려는 경향과 일치한다. 개인과 사회의 관계에 대한 산술적 개념은 벤담이 다음과 같이 말할 때 잘 드러난다.

정치와 도덕의 전반적인 차이는 이것이다. 하나는 정부의 움직임을 통제하고, 다른 하나는 개인들의 움직임을 통제한다. 이들의 공통대상은 행복이다. 다수에 적용되는 산술규칙이 작은 수에도 적용되는 한, 정치적으로 좋은 것이 도덕적으로 나쁠 리가 없다.

벤담에게 도덕이란 시장과정에 통합되어버린다. 그것은 이성의 행위이고, 이성은 계산에 의해 작동하며, 계산은 즐거움과 고통의 양을 조절한다. 자연은 우리 모두를 '두 개의 통치자'인 즐거움과 고통 아래 놓았다. 그러므로 미덕을 베푸는 가장 고귀한 행위도 쉽게 선과 악에 대한 계산으로 환원된다. 이러한 계산은 미덕의 품위를 손상시키지도 약화시키지도 않고 이성의 효과로서 그것을 표현하는 것이며, 아주 단순하고도 이해하기 쉬운 방법으로 미덕을 설명하는 것이다. 이성, 계산, 단순성, 이해가능성에 대한 강조는 내가 계몽주의 사상이라고 부른 것의 모든 핵심주제들이다. 벤담은 이 합리주의적 그림이 하나의 추상적 추측이라는 것을 알지만 필연적인 것이라고 주장한다.

고전경제학 이론은 결국 보통 '사회적 다윈주의'(social Darwinism)라고 불리는 완전한 이데올로기로 꽃피게 되었다. 이 관점은 개인의 경쟁이라는 기본적인 경제학적 입장을 취하고 있으며, 이런 관점을 투쟁의 '자연적' 필요성, 개인의 노력, 적자생존, 열등한 것과 비효율적인 것의 소멸의 중요성 등과 연결시킨다. 이 이데올로기의 아름다운 아이러니는 자연질서에 관한 다윈적인 견해 속에서 그 정당화를 추구한 사회질서 자체가 생물학 이론의 영감이었다는 것이다. 다윈과 월리스(Wallace) 모두가 적자생존이라는 중심개념에 도달할 수 있었던 것은 맬서스(Melthus)를 읽고 난 후였다. 이 개념은 원래 극빈자 구제와 스미스 경제이론의 결론이 낙관적인가 혹은 비관적인가에 대한 정치경제학 논쟁의 일부였다(Halévy, 1928 ; Young, 1969). 무자비한 반증이라는 포퍼 이론은 과학영역에서의 사회적 다위니즘이다. 다위니즘과의 친화성은 포퍼의 후기 저서에서 정교화된다.

고전경제학 이론들은 도전받아야만 했다. 19세기 영국 경제의 우월성은 점점 영국의 경쟁자가 되어가던 독일에게는 관심의 대상이었다. 독일 사상가들은 영국 경제의 활성화를 가져온 바로 그 조건——
즉 자유무역——을 지적으로 정당화시켜준 것은 스미스의 이론이었다
는 것을 즉각 알게 되었다. 독일은 자신의 이해관계를 인식하고 반대
되는 보호정책을 주장했다. 많은 독일 경제학자들은 추상적이고 보
편적인 경제학 이론은 다양한 시대와 장소에 따라 다양한 경제조건
에 관심을 두는 분석 스타일로 대체되어야 한다고 주장하였다. 이렇
게 해서 로셔(Roscher)나 힐데브란트(Hildebrand), 크니스(Knies),
슈몰러(Schmoller) 같은 유명한 경제학자들을 포함하는 경제학의
'역사학파'가 태어났다. 그들의 역사적 원리들은 거의 낭만주의의 전
형과 일치한다. 경제학은 역사와 사회학의 한 분과가 되어야 하며, 경
제행위를 사회적 맥락 안에 놓아야지 추상적이고 보편적 방식으로 다
루어서는 안 된다는 것이다(아래 인용의 출처인 Haney, 1911 참조).

　로셔(Wilhelm Roscher, 1817~1894)는 역사학파 연구의 대강을
다음과 같이 요약한다.

　1. 정치경제학은 다른 사회과학과의 밀접한 관련 아래에서만 설명
될 수 있다. 특히 법학과 정치학과 문명의 역사와의 관계 안에서만
설명된다.
　2. 국민은 존재하는 개인들의 집합 이상이며, 국민경제에 대한 연
구는 단순히 현재 존재하는 경제관계들에 대한 관찰에 토대를 둘 수
없다.
　3. 일군의 현상에서 법칙을 만들려면, 가능한 한 많은 민족들이 비
교되어야 한다.
　4. 역사적 방법은 경제제도를 칭찬하거나 비판하기를 꺼릴 것이다.

　해니는 그 당시 영국 경제학자의 주장과 이것을 대조시킨다. "정치

경제학은 국가를 초월하는 것이다. 그것은 인간정신의 속성에 기초한 것이며, 어떤 힘도 인간속성을 변화시킬 수 없다"(p.10).

위에서 언급한 경제사상의 차이가 독일과 영국간의 이해관계의 차이와 바로 대응된 것으로 보는 것은 너무 단순할 것이다. 독일에도 소수의 스미스 추종자가 있었지만, 대학은 역사학파가 지배하였다. 반대로 영국에서도 아일랜드 경제학자들인 잉그램(J. Kells Ingram, 1824~1907)과 레슬리(Cliff Leslie, 1825~1882) 같은 고전경제학에 대한 비판자가 있었다. 영국에서도 과도한 산업주의의 성장과 자유방임이라는 이데올로기에 대한 오랜 반대가 있었다. 이런 비판의 초기 주창자는 시인 콜리지(Samuel Taylor Coleridge)였다. 후에 칼라일(Thomas Carlyle)의 강력한 수사는 비인간적이고 기계적인 특성을 지닌 개인주의의 사회분열적 이데올로기에 대항하는 것이었다(칼라일과 독일의 콜리지 추종자들에 대해서는 Mander, 1974를 보라).

법학과 법률은 계몽주의와 낭만주의 양식의 이데올로기적 양극성이 극명하게 드러나는 또 다른 분야들이다. 구체적인 것과 특정한 것을 강조하는 버크에 대항해서, 벤담은 "이제까지 주로 본능과 편견이라는 미약한 근거 위에 세워져 왔던 법률이란 느낌과 경험이라는 확고한 기반 위에 세워져야 할 것이다"라고 주장하였다. 벤담의 표어는 '성문화'였다. 그는 명확하고 단순하고 합리적이고 비용을 절약하는 발판에 근거해서 법률을 수립하는 것을 원했다. 나폴레옹의 정복을 통해 프랑스의 영향이 퍼져감에 따라 유럽 전역이 '법전'의 지배권 아래 놓였다. 이것은 민족주의적 반응을 불러일으켰으며, 나폴레옹의 몰락과 함께 민족주의는 법에 대한 '역사주의적' 접근으로 변하였다.

경제학자 로셔는 이러한 접근을 경제학 방법론의 모형 중 하나로 언급하였다. 법은 민족정신에서 나와야만 한다. 그것은 민족적이지

세계적인 것이 아니다. 또한 구체적인 판례법이어야지 추상적으로 성문화된 법이어서는 안 된다. 다시 뮐러를 인용하면, "법에 대해서 생각하는 어떤 사람이든지 법이 적용되는 특정한 장소와 그 법이 적용되는 특정한 경우를 즉각 생각하게 된다……. 씌어진 형태로서의 실정법을 알고 있는 사람은 법에 대한 단순한 개념만을 가지고 있을 뿐이다—즉 생명력이 없는 단어들만을 갖고 있을 뿐이다." 아마도 '민족정신'의 표현으로서의 법을 옹호하는 사람들 가운데 가장 유명한 사람은 하이델베르크의 판사 티바우트(Thibaut)와 이 문제에 대하여 논쟁을 벌였던 사비니(Carl von Savigny)였을 것이다. 문제는 독일이 독일법전을 가져야 하는가 아닌가였다. 사비니는 프러시아와 오스트리아에서 선행(先行)한 법전이 실패했다는 데 근거를 두고 그 생각에 반대했다. 모든 법률은 관습법에서 나온다. 법률은 사용과 대중적인 믿음에 의해 창조되었으며 복잡하고 역사적인 현상으로서만 이해될 수 있을 것이다(Montmorency, 1913과 Kantorowicz, 1937 참조).

계몽주의와 낭만주의 양식간의 대조는 또한 도덕이론에서도 현저하다. '철학적 과격파'인 벤담, 밀, 시지윅(Sidgwick)의 공리주의적 도덕은 19세기 후반에 영국 관념론자인 브래들리(F. H. Bradley)와 보즌킷(Bernard Bosanquet)에 의하여 격렬하게 비판받았다. 브래들리의 유명한 『윤리연구』(*Ethical Studies*)는 행위가 계산에 기반을 두거나, 혹은 추상적인 공리주의 원리에서 유래한다는 생각을 조롱하고 있다. 이것은 단순히 위선을 낳을 뿐이다. 도덕원리는 보편적이지 않다. 도덕의 본질은 다양함이다. 같은 행위가 모든 사람, 시간, 공간을 초월하여 정당화될 수 없다. 행위의 적절성은 다양한 관습과 습관들의 문제이고, 사람들의 지위와 의무에 그 근거를 두고 있다.

게다가 『국가에 관한 철학이론』(*Philosophical Theory of the State*,

1899)에서, 보즌킷은 또다시 벤담과 그의 정치적 의무에 대한 개인주의적 설명을 공격한다. 보즌킷은 의지는 개인적이고 향락적인 현상이라는 주장을 반박하기 위하여 루소의 사회의 '실재의지'라는 개념을 되살린다. 실재의지는 양심의 목소리가 우리에게 말하는 것, 즉 한 차원 높은 자아이다. 개인 안에 존재하는 더 높고 강제적인 그것은, 일반적으로 뒤르켐의 이론에서처럼 보즌킷의 이론에서도 개인에 외재하며 개인보다 더 위대한 그 무엇에서 온다. 두 사상가 모두 그 더 위대한 실체를 사회 속에서 찾았다. 그러나 뒤르켐의 이론이 예언한 것처럼 보즌킷에게 사회는 여전히 신학적인 의미들로 넘쳐 있다.

전쟁에서의 선동문구들은 두 이데올로기들이 드러나는 또 다른 경우를 보여준다. 예를 들면 1914년 독일의 선전은 두 이데올로기의 전형적인 대조로 흠뻑 젖어 있었다. 독일 '문화' 대 영국과 프랑스 '문명', 행상인의 가치와 영웅의 가치(Händler und Helden), 그리고 왜곡된 퇴니에스(Tönnies)의 게마인샤프트와 게젤샤프트의 구별(Staude, 1967 참조)이 그것이다.

다른 한편, 반독일적 의견과 개인주의에의 확신은 심리학자 맥두걸(McDougall)의 『집단정신』(*The Group Mind*, 1920)의 서문에 잘 나타나 있다. 맥두걸은 보즌킷 같은 사람을 신랄하게 비판하였으며, 그들의 헤겔주의와 독일적 가치를 경멸하였다. 관념론이 옥스퍼드에 끼친 영향은 "그것이 모국의 정치적 도덕성에 파괴적이었던 것처럼, 정직하고 명료한 사고에 해를 끼친다"고 맥두걸은 말한다(p.ix).

이런 주장을 "모든 시대의 모든 사람들에게 적용시키는 것이 얼마나 어리석은가"를 보여주기 위하여 1818년의 독자들에게는 홉하우스(L.T. Hobhouse) 교수의 『국가에 관한 형이상학이론』(*The Metaphysical Theory of the State*, 1918)이 추천된다. 현대의 독자는 물론 동일한 목적을 가지고 씌어진 『열린 사회와 그 적들』(*Open Society and Its*

Enemies, 1966)을 읽어볼 수도 있다. 이것 또한 개인주의 가치를 옹호하기 위해 쓴 것으로서, 포퍼가 그러한 입장에 선 사람들의 편에서 싸우려는 노력의 일부로 저술한 것이다.

이 간단한 연구는 두 무리의 가치와 두 무리의 사고양식간의 이데올로기적 대립이 얼마나 체계적이고 깊이 배어 있었는가를 보여주었다. 그 대립은 물론 정적이지 않다. 대립하는 이미지들간의 힘의 균형은 시간과 장소에 따라 변했다. 경제적 자유주의는 19세기 중반의 영국에서 융성하였으나, 보호주의 정책이 유럽에서 일반화되었을 때인 1870년대와 1880년대에는 쇠퇴했다. 보호주의와 함께 융성했던 철학적 관념론은 세계대전 이후에 영국에서 쇠퇴했다. 개별 사상가들과 두 전형(典型)들간의 연결은 단순하지 않다.

전형들은 논쟁에서 자주 사용되지만, 논쟁 당사자들은 전형적이고 순수한 경우만을 추구한다. 그래서 버크는 경제적으로는 자유주의자였으나 정치적으로는 보수주의자였다. 그는 공리주의를 선택했지만 그것을 보수적으로 사용하였다. 벤담도 마찬가지로 자연권 사상에 반대하는 정치적 보수주의자로 출발했다. 벤담에 따르면, 사람들은 자연권을 갖고 있지 않으며 자신과 같은 입법자가 쓴 헌법에 의해서 그들에게 부여된 권리만 가지고 있다. 다른 한편, 벤담은 그 자신이 선택한 전제로부터 자연권을 옹호하는 수사를 사용해서 도달하게 되는 것과 본질적으로 동일한 결론을 이끌어낸다. 개인들은 그들의 개별적인 경로를 따라서 집합적 결론에 도달한다.

전형은 비록 그것을 옹호하는 사람들이 이런 전형화된 사상에 대하여 완전히 동의하지 않는 경우에도, 그것들에 반대하는 사람들에게는 확실히 실재하는 것 같은 사상의 전형적인 묶음으로 인식된다. 개별 사상가들은 동시대인이나 선조들의 저서와 수사에서 얻을 수 있는, 즉 문화적 자원으로서 그들을 둘러싸고 있는 사상들에서 그들이 필요한 예들을 선택하여 사용하는 것으로 생각될 수 있다. 시간이 흐름에 따라 이 자원들은 내가 대략 윤곽을 그리고 설명한 두 개의 거대하고 특징적인 사회사상으로 정교화되었다.

한편으로는 포퍼와 쿤, 그리고 다른 한편으로는 계몽주의와 낭만주의 이데올로기의 구조적 유사성에 대한 논의를 보충하기 위하여, 나는 간단하게 그들이 가지고 있는 내용적 유사성을 서술함으로써 그들 밑에 깔려 있는 사회적 은유가 어떤 것인지를 보여줄 것이다. (1) 개인주의적 민주주의와 집단주의적이며 가부장적인 권위주의간의 대조는 위에서 논의한 두 개의 지식이론에서 확연히 볼 수 있다. 포퍼의 이론은 반권위주의적이며 개인주의적인 반면에, 쿤의 이론은 전체론적이며 권위주의적이다. (2) 세계주의와 민족주의의 대조 또한 쉽게 찾아볼 수 있다. 포퍼 이론이 주장하는 인류가 가지고 있는 단일한 합리성과 의견의 자유로운 교환은, 패러다임이 보여주는 폐쇄된 지적 세계 및 패러다임이 가지고 있는 특정한 언어의 풍부함과 대조를 이룬다(여기서의 유사점은 둘 다 낭만주의 이데올로기의 요소인 피히테의 폐쇄된 상업국가(Reiss, 1955 참조), 그리고 헤르더의 언어관(Pascal, 1939 참조)에서 찾을 수 있다). (3) 벤담류의 '성문화'와 명확성에 대한 추구, 버크의 편견에 대한 주장간의 대조는, 포퍼의 방법론적인 규정, 과학과 비과학간의 구분과 쿤의 독단과 전통, 그리고 판단에 대한 대조와 대응된다.

이제 문제는 과학철학과 같이 특정한 분야에서 왜 이러한 반복되는 이데올로기적 갈등의 패턴이 고개를 드는가이다. 왜 과학철학은 이러한 주제들을 벗어나지 못하는가? 과학철학과 이데올로기간의 관계는 너무나 중요하며 함축이 많은 문제이므로 무시될 수 없으며, 따라서 어떤 설명이 반드시 요구된다.

인식론적인 논쟁과 이데올로기적인 논쟁의 연관성

지금까지 보여준 것은 두 가지의 중요한 인식론적인 입장들과, 서로 연결된 몇몇 이데올로기적 논쟁들이 구조와 내용에서 밀접한 유사성을 가지고 있다는 것이다. 이러한 유사성을 예측하고 설명하기 위하여 이미 상정된 가설은, 지식에 대한 이론은 실제로는 사회적 이데올로기의 반영이라는 것이다. 앞으로 연구되어야 할 것은 어떻게 하나의 사상이 한 영역에서 다른 영역으로 옮겨질 수 있는가이다.

이것에 대한 그럴 듯한 추측을 하기는 어렵지 않다. 이데올로기적 대립은 우리 문화 전반에 걸쳐서 만연되어 있다. 이데올로기적 대립은 눈에 띄며 반복적이므로 좀 생각을 하는 사람이면 누구나 역사책을 통해서건, 소설을 통해서건, 신문을 통해서건, 혹은 정치가들의 수사에 대한 반응을 통해서건 그러한 대립에 직면하게 된다. 이런 대립의 형태는 눈에 띄게, 그리고 완전히 발달된 형태로 인지되지는 않는다. 처음에는 대립의 한쪽에 대한 경험을 통해서, 그러고 나서 때로는 암묵적이며, 때로는 확연한, 그리고 어떤 맥락에서는 부분적으로만, 다른 맥락에서는 완전히 드러나는 또 다른 경험을 통하여 감지된다. 두 개의 주된 이데올로기는 사회적 경험의 지속적 리듬과 사물의 구조와 형태에 대한 추구를 통해서 우리 안에 확립되며, 우리 사고의 기반과 자원을 형성하게 된다.

이러한 이데올로기적 전형을 배우기 위하여, 우리는 우리의 언어에 완전히 노출되는 것 이상을 필요로 하지 않을 것이다. 단어들의 의미들은 떨어질 수 없는 연상과 함의들로 꽉 차 있다. 이들은 패턴을 형성하며, 이런 패턴은 어떤 사고와 경험을 연결시키고, 어떤 사고와 경험은 서로 배타적이 되게 한다. 윌리엄스(Raymond Williams)의 책 『문화와 사회』(*Culture and Society*, 1958)가 여기서 특기할 만하다. 그는 '문화' 라는 단어의 가변적인 의미를 연구한다. 문화는 보통 곡물의 성장 혹은 경작을 의미해왔으며 지금도 이러한 함의를 가지고 있다. 농업적인 의미를 내포하고 있는 유기적 성장의 은유는, 산업주의와 개인주의의 성장을 개탄하던 콜리지의 사상에서 유래된 사상적 전통에 의하여 적절한 은유가 되었다. '문화' 라는 단어가 지금 우리에게 가지고 있는 의미를 생각해본다면, 문화는 전통, 단일성, 그리고 영혼성, 혹은 어떤 형태의 고귀함이라는 함축적 의미를 지니고 있다는 것이 확연히 드러날 것이다.

  문화라는 바로 그 개념은 이미 낭만주의적 사회 이미지로 이끄는 사상을 포함하고 있다. 물론 이것은 낭만주의 이데올로기가 문화개념에 수반하는 것을 탐구하는 데서 파생되기 때문은 아니다. 오히려 문화개념이 낭만주의 이데올로기와 결합되었기 때문에 문화가 그런 함의를 갖게 되는 것이다. 문화개념이 가지고 있는 논리는 문화가 가지고 있는 사회적 역할의 나머지일 뿐이며, 그 역은 성립하지 않는다. 거꾸로 우리는 문화를 그것과 반대되는 테제(antithesis)와 암묵적으로 연결시키지 않으면 문화라는 말 자체를 생각할 수조차 없다.

  이러한 반대되는 테제는 전통을 파괴하는 어떤 것이 될 것이며 변화와 활동을 의미한다. 또한 이것은 총체감을 저하시키며 분열을 조장하고 갈등과 투쟁과 개인화를 촉진하는 어떤 것이다. 문화와 대립되는 이러한 테제는 영성과 좀더 차원 높은 것들과 대립하며, 그 대신에 세속적인 것과 실용성과 효용, 그리고 돈을 강조한다. 이러한 주장은 산업화, 자본주의의 윤리, 그리고 자유방임적인 경쟁을 표상하는 이미지 이외에 무엇이겠는가? 한마디로 우리는 사회적 생활경험과 언어를 통해서, 우리가 지금까지 다루어온 지식에 관한 이론들에 영향을 미치는 것으로 보이는 주된 사회적 유형을 우리 마음 속에 이미 가지고 있는 것이 아닐까?

사회적 이데올로기들과 지식이론들간의 관계는 전혀 이상할 것이 없으며, 오히려 우리가 살아가며 생각하는 방식으로부터 나온 완전히 자연스럽고 일상적인 결과이다. 사회적 이데올로기는 너무나 강하게 우리에게 스며들어 있기 때문에, 왜 우리가 사용하는 개념들이 어떤 특정한 구조를 가지고 있는가에 대한 명백한 설명이 된다. 사실 이러한 이데올로기들의 내용과 형태에 익숙하다는 것은, 이러한 이데올로기를 기반으로 해서 만들어낸 사상의 형태들이 당연시되며 의심되지 않는 성격을 띠게 된다는 것을 의미한다. 이데올로기들은 우리의 사고 바로 그 자체 안에 무의식적으로 스며들어 있을 것이다. 철학자들이 이러한 개념들에 대한 순수한 분석, 혹은 그 개념들의 의미에 대한 순수한 인식, 혹은 이러한 개념들이 가지는 논리적 함의라고 느끼는 것들은 실제로는 우리 시대에 축적되고 있는 어떤 경험들의 반복일 뿐인 것이다.

또 하나의 변수, 위협 아래서의 지식

지금까지 포퍼와 쿤의 과학관에 대한 논의는 완전히 대칭적이었다. 이 두 관점 모두 다 각각 사회에 대한 상이한 관점과 연결되어 있는 것으로 논의되었다. 그러나 바로 이러한 대칭성은 좀더 많은 논의를 필요로 하는데, 그 이유는 이러한 대칭성이 위에서 논의된 뒤르켐의 이론에 어떤 함의를 가지고 있기 때문이다. 만일 지식의 이미지와 사회 이미지간에 존재하는 관계 때문에 지식이 어떤 성스러운 성격을 부여받고 있다면, 쿤의 연구 프로그램이나 포퍼의 연구 프로그램 둘 다 마찬가지로 지식사회학에 적대적인 것이 된다. 그러나 사실 그들은 지식사회학에 똑같이 적대적이지는 않다. 실제로 포퍼에게 영향을 받은 사람들이 쿤에 대해 가지고 있는 불만 가운데 하나는, 쿤의 과학에 관한 연구가 근본적으로 하나의 사회사라는 데 있다. 바로 이러한 쿤의 연구 프로그램의 특성이 쿤을 주관주의, 비합리주의, 그리고 상대주의를 신봉하는 사람으로 매도하게 하였던 것이다. 따라서 내가 지식사회학에 대한 비판의 원천을 뒤르켐 식으로 설명하려 한 것은 분명히 불완전한 것이다. 나의 뒤르켐적 설명은 비대칭이 있는 곳에서 대칭을 예견한다. 여기에 또 하나의 중요한 변수가 존재한다. 이 변수는 지식과 사회가 위협 아래 놓여 있다고 느끼는 정도를 의미한다.

이러한 변수가 어떻게 작용하는가를 논의하기 전에, 나는 쿤과 포퍼의 과학에 대한 접근이 둘 다 똑같이 과학에 대한 과학적 연구에 반(反)하고 있다는 주장이 얼마나 타당한가를 밝히고 싶다. 이 두 가지 지식에 관한 사상들은 지식을 과학적 연구의 범위에서 벗어나게 하기 위하여 똑같은 정도로 지식을 신비화시키고 있다. 이러한 목적을 달성하기 위한 전략, 즉 자연스러운 방어와 후퇴는 물론 포퍼와 쿤의 경우에서 각각 다르다. 쿤의 경우에서는 그의 관점이 버크의 관점과 유사하기 때문에 이러한 신화의 원천은 확실히 드러난다. 낭만주의가 사회에 대한—과학적이건 혹은 아니건—반갑지 않은 연구를 막는 방법은 사회의 복잡성, 비합리성, 예측의 어려움, 사회의 암묵적이고 숨겨진, 그리고 표현할 수 없는 특성들에 대한 강조에서 볼 수 있다.

반면에 포퍼류의 신비화는 논리와 합리성에 비사회성과 초월성을 부여하는 것에서 찾아볼 수 있다. 그러므로 그의 최근의 연구에서 포퍼는 물리적, 정신적 과정에 대한 세계와 구분되는, 그 자체로서 하나의 독자적 세계를 형성하는 '객관성'에 대하여 논의하고 있다. 포퍼의 방법론적 구분들은 이제 형이상학적이며 존재론적 구분이 되었다(Popper, 1972 참조. 여기에 대한 논의와 비판과 사회학적 재구성에 대해서는 Bloor, 1974의 논문을 보라).

반면에 이 두 개의 사상은 완전히 자연주의적인 접근과 조화를 이룰 수도 있다. 보통 쿤의 관점을 비판하기 위하여 사용되기는 하지만, 쿤의 과학연구의 사회학적·사실적 성격은 자주 언급된다. 포퍼의 연구를 포함하는 이론군이 가지고 있는 자연주의적 함의를 깨닫기는 그리 쉽지 않을 것이다. 계몽주의 사상의 개인주의적 성격은 계몽사상의 발달이 심리학으로 발전할 것이라는 점을 암시한다. 이러한 암시를 강화하는 비교는 포퍼와 고전경제학의 유사점에서 찾아볼 수 있다.

초기의 효용론자들로 돌아가서 생각해보면 그들이 상정하는 합리적이고 계산적이고 '경제적인 인간'은, 쾌락과 고통에 관한 계산이 연상주의 심리학(associationist psychology)의 법칙들에 의하여 매개되는, 이른바 '쾌락주의적 인간'을 상징하는 심리적 묘사와 밀접한 관련을 가지는 것이 확실하다. 더구나 '연상주의에서 상정하는 인간'(associationist man)과 '행태주의에서 상정하는 인간'(behaviourist man)간의 밀접한 관계는 자주 관찰되어왔다. 개념들의 연상은 행태주의 심리학에서의 조건반사와 자극-반응간의 관계와 매우 유사한 기제를 가지고 있다.

이러한 역사적 연계들이 가져온 극단적인 결과는 아마도 심리학자 스키너(B.F. Skinner)일 것이다. 스키너의 고집스러운 행태주의는 완전히 자연주의적이다. 실험실의 비둘기이건 혹은 논리적 추론을 하는 인간이건 간에 모든 행위는 동일한 방법에 의하여 연구되어야 하며, 동일한 이론에 의하여 설명되어야 한다는 것이 스키너의 주장이다. 비록 이러한 형태의 심리이론은 그 근본에서 그리고 그것이 풍기는 냄새에서 개인주의적이지만, 그렇다고 해서 이 이론이 반드시 사회적 과정에 대한 관심과 양립될 수 없는 것은 아니다. 스키너가 확실히 밝힌 바와 같이, 사회는 행위를 형성하는 '강화 스케줄'의 중요한 원천이다. 따라서 어떤 관점에서 보면, 사회는 개인에 우선하는 우선성을 가지고 있는 것이다(1945). 사회적 패턴들은 심리학자들이 개인적 요소들로부터 구성해야만 되는 것일 수도 있으나, 이와 마찬가지로 사회전체에서 분석을 시작하는 사람들은 그들의 이론이 개인의 수준에도 적용될 수 있도록 해야 하는 의무를 가지고 있는 것이다. 이것은 어느 방향을 선호하느냐의 문제이다.

심리학을 포퍼 이론의 자연주의적 형태로 보는 것은 매우 잘못된 해석이라는 반론이 나올 만하다. 즉 포퍼의 '심리주의'에 대한 비판은 어떻게 다루어져야 하는가? 그러나 나의 주장의 핵심은 포퍼 자신의 선호와 관계가 없다. 여기서 문제가 되는 것은 이론이 자연주의적으로 발전될 때 이론의 근본형태가 취하는 방향이다.

결론은 계몽주의적이건 낭만주의적이건 그 자체가 지식사회학을 옹호하거나 대적하는 것을 결정하는 것은 아니라는 점이다. 왜냐하면 이 둘 다 그 자체로서는 자연주의적 혹은 신비주의적 해석이 주어져야 하는가를 결정하지 않기 때문이다. 이들이 어떤 방향으로 사용되는가를 결정하는 요소는 그럼에도 불구하고 그들 밑에 깔려 있는 사회모형에서 도출된다. 이 요소는 그 밑에 깔려 있는 사회 이미지가 위협받는 사회의 이미지인가 혹은 안정되고 지속적이며 확신이 있는 사회 이미지인가에 달려 있다. 즉 사회 또는 사회의 한 부분이 상승세를 타고 있는가, 혹은 하락세에 있는가에 달려 있다.

여기서 작용하고 있는 법칙은 이런 것일 것이다. 어떤 사회 또는 사회의 한 부분을 위협에서 방어하고 있는 사람들은, 그런 사회가 가지고 있는 지식을 포함하는 가치와 준거틀을 신비화하는 경향을 보일 것이다. 위협받지 않는 사람들 또는 상승세를 타고 현존하는 제도

그림 3 신비화와 위협

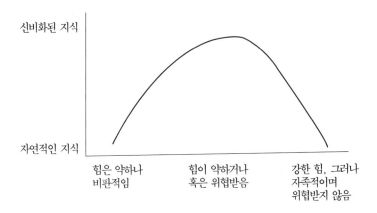

를 공격하는 사람들은, 아주 다른 이유로 가치와 준거틀을 초월적인 것이라기보다 현세적이며 더욱 접근하기 쉬운 것으로 보려고 할 것이다.

몇몇 사례들은 이 점을 더욱 분명하게 해줄 것이다. 버크는 프랑스 혁명에 대응하여, 그리고 그것이 미칠 영향을 두려워하여 글을 썼다. 따라서 그는 신비화를 하였다. 포퍼는 합스부르크 제국의 멸망과 좌파와 우파의 전체주의적 이데올로기들의 위협 아래 놓였던 두 차례의 세계대전이 치러지는 사이에 『과학적 발견의 논리』를 썼다. 예견되는 대로 포퍼는 그의 가치와 경계들을 영원하며 초월적인 것으로 만드는 경향이 있었다.

반면에 쿤은 과학의 힘과 지위에 대한 불안을 조금도 보이지 않았다. 이 점은 그들의 글을 읽어본 사람들이면 누구나 알 수 있는 두 사람간의 확실한 차이이다.

현존하는 제도들이 가지고 있는 기득권에 대하여 몹시 비판적이었던 초기의 효용론자들은 상당히 자연주의적인 성향을 가지고 있었다. 그들의 합리주의조차도 심리적인 성격을 가지고 있었다. 밀에 따르면, 그는 "인간의 심리가 런던 중심부의 광장인 채링 크로스(Charing Cross)로부터 세인트폴에 이르는 길처럼 명확하다"는 것을 보여주기 위하여 『인간심리의 분석』(*Analysis of the Human Mind*, 1829)을 집필하였다(Halévy, 1928, p.451). 이러한 신비화 법칙의 이상형은 그림 3처럼 나타낼 수 있다.

위에서 제시된 법칙에 자연스럽게 따라오는 정리가 있다. 이 정리는 기득권을 가진 집단의 이데올로기와 그에 도전하는 집단의 이데올로기간의 관계에 대한 것이다. 만일 기득권을 가진 집단이 낭만주의적 이데올로기를 가지고 있고 이것이 새로 등장하는 집단에 의하여 위협받는다면, 이 새로운 집단이 계몽주의적 개념을 무기로 삼는 것은 자연스러운 일이 될 것이다. 여기서는 계몽주의 유형이 상대적으로 자연스러운 것이며, 낭만주의적 유형은 물화(reified)된 것이 될 것이다.

반대로 계몽주의적 이데올로기를 가지고 있는 기득권층을 비판하기 위해서는 어떤 형태로든 낭만주의가 채택될 것이다. 따라서 자연주의적이며 낭만주의적인 혁명파와, 이에 반하는 계몽주의적 이데올로기가 존재하게 될 것이다.

이것은 왜 좌파건 우파건 산업자본주의를 비판하는 사람들이 버크의 극심한 보수주의적 주장과 비슷한 주장을 하고 있는지를 설명해준다. 이것은 또한 1960년대의 학생운동의 기수들이 쿤의 주장의 보수성에도 불구하고 왜 쿤의 과학개념을 사용하였는가라는 의문에 답해줄 수 있다(이런 사실을 이용하려는 쿤의 비판자들은 사상과 그것의 이용간의 관계가 역사적으로 가변적인 것이 아니라 근본적으로 고정되어 있다고 생각하는 듯이 보인다).

얻어야 할 교훈

앞 절의 결론은, 사회적 은유들에 작용하고 있는 감지된 위협이라는 변수가 지식을 신성한 것이며 과학적 연구의 가능성 밖에 존재하는 것으로 보려는 구별적 경향을 설명해준다는 것이었다. 지금부터 나는 신비화 전략을 채택할 때 얻어지는 결과와 그런 영향으로부터 벗어나려는 전략을 논의하려 한다.

내가 하고 싶은 주장은, 우리가 지식의 본성에 대한 과학적인 접근을 하지 않는 한, 우리의 지식의 본성에 대한 이해는 우리의 이데올로기적 관심의 투사에 지나지 않을 것이라는 것이다. 우리의 지식이론들은 그것들과 대응하는 이데올로기들의 부침(浮沈)에 따라 부침할 것이다. 즉 우리의 지식에 관한 이론들은 그 자체로서 발전할 수 있는 기반이나 자율성을 상실하고 말 것이다. 인식론은 암묵적인 선전선동이 되어버리고 말 것이다.

우선 그의 비판자들이 강조하는 쿤의 자연주의적이고 사회학적인 과학관을 생각해보자. 쿤의 옹호자들은 그의 과학관이 근거하고 있는 사회적 은유를 밝혀내는 것이 쿤의 과학적 설명에 대한 비판이 될 수는 없다고 주장한다. 이들은 전통적인 철학에 의지하여 이론이 사실과 관찰의 통제하에 있는 한, 이론의 원천이 무엇인가는 문제가 되지 않는다고 주장한다. 실제로 쿤의 과학에 대한 이론은 그러한 통제 아래 있는데, 왜냐하면 그 이론은 넓은 범위의 역사적 사례들을 설명하고자 하기 때문이다. 역사가들이 쿤의 이론이 얼마나 성공적이었는지에 대하여 논쟁할 수는 있으나, 쿤의 이론의 운명은 미래의 연구 결과에 그 사활이 걸려 있다. 따라서 쿤의 이론의 원천은, 그것이 무엇이든지 간에 관계없이, 그것의 타당성을 평가하는 데서 우선성을 가질 만큼 중요하지 않다.

이러한 결론은 확실히 맞다. 여타의 다른 경험적 연구들과 마찬가지로 역사는 그 자체의 동학(動學)을 가지고 있다. 역사는 역사 밖에 존재하는 원천들의 영향권 안에서 완전히 벗어날 수 없으나, 그렇다고 해서 단순한 꼭두각시와 같은 것은 아니다.

자연주의적 접근을 거부하고 지식을 세계의 영향으로부터 격리하는 것을 추구하는 지식개념들의 경우는 사뭇 다르다. 일단 지식이 이런 방식으로 특별히 취급되기 시작하면, 우리 지식의 본성 이론화에 대한 모든 통제는 그 힘을 잃고 만다. 지식에 대한 설명들은 그것들이 출발해야 하는 근거인 사회적 은유에 의하여 완전히 결정되고 만다. 쿤의 역사적이며 자연적인 설명과는 달리―물론 쿤의 이론도 사회적인 은유로부터 시작되지만―신비화된 설명은 그것이 처음 시작될 때와 같은 족쇄 아래 그 수명을 다하게 된다.

바로 여기에 이른바 지식에 관한 모든 철학적 설명을 필요로 하는 교훈이 있다. 현재 우리가 알고 있는 철학은 새로운 자료들의 통제된 유입을 결핍하고 있으므로, 경험적 그리고 역사적 연구들이 가지고 있는 만큼의 동학을 가지고 있지 않다. 따라서 초기의 사회적 은유가 가지고 있는 영향을 수정하고 보완할 수 있는 길이 전무하다.

만일 이러한 주장이 옳다면 철학에서의 비판과 자기비판은 어떤 사회집단이 가지고 있는 가치들과 관점들을 단순히 확인하는 것에 지나지 않게 된다. 제1원리에 대하여 생각해볼 때 우리의 이성은 곧 더 이상의 의문을 던질 수 없는, 혹은 계속적인 정당화를 요구하게 되는 한계점에 도달하게 될 것이다. 바로 여기서 우리는 더 이상 파헤칠 수 없는 우리에게 직관적으로 자명한 수준에 봉착하게 되며, 이 점은 다시 말하면 어떤 사회집단이 당연하다고 가정하고 있는 사고과정에 모든 것이 달려 있다는 것을 의미한다. 버크는 이것을 '편견'이라고 불렀을 것이다.

물론 우리 사회 같은 곳에서는 가치들의 차이들이 항시 존재하며, 따라서 어떤 철학적인 문제에 대한 의견의 차이들이 항시 있을 수 있다. 또한 이렇게 경쟁하는 관점들이 취하는 입장들은 정적일 것이라고 생각할 수밖에 없는데, 왜냐하면 대립하는 의견들 안에서의 변이들은 서로 상이한 지식관을 지탱해주는 사회적 이데올로기의 가변적인 운명을 단순히 반영하고 있기 때문이다. 이것은 또한 철학 밖에서 일어나는 것들의 함수일 것이다.

만일 이러한 결과들이 지식에 대한 자연적인 접근의 거부에서 야기되는 것이라면, 지식에 관한 철학적 접근이 사회적 이데올로기에 입각하고 있다는 비판으로부터 벗어나기 위하여 철학이 지식의 원천과 진리, 혹은 발견과 정당화라는 구분에 의존할 수 없으리라는 것은 확실하다. 동적인 과학은 그 과학이 가지고 있는 사상의 원천을 무시할 수 있다. 그러나 그것이 시작된 출발점을 단순히 정교화하고 고수하는 학문은 지식의 원천이 무엇인가라는 문제에 훨씬 더 민감하다. 편파성, 선택성, 한계, 그리고 편향성을 노정하는 어떤 것도 궁극적으로 비판으로 여겨진다. 이것은 계속 불어나고 절대 제거될 수 없는 오류를 암시한다.

물론 이 주장들은 결코 결정적일 수 없다. 이 주장들은 우리가 비경험적인 지식에 대한 어떤 특별한 접근이 가능하다는 확신 앞에서는 무력해질 것이다. 이 주장들은 경험적인 방법에 동등한 지위를 부여하며 선험적인 지식연구에 반기를 드는 관점을 인정하고 있을 때 비로소 힘을 발휘한다. 위의 주장들은 이러한 사실을 이미 인식하고 있는 사람들에게는 과학지식의 성격에 관한 자연적이고 경험적이고 과학적인 접근의 바람직함을 시사해준다.

지식의 신성함을 거역하는 데서 오는 두려움을 어떻게 극복할 수 있을까? 혹은 어떤 조건 아래 그러한 두려움이 최소화될 수 있을까?

확실한 답은 이미 우리가 위에서 논의한 것에서 얻을 수 있다. 그 두려움은 과학과 그 방법에 대한 완전한 확신을 가지고, 과학을 당연시하는 사람들에 의해서만 극복될 수 있다. 즉 과학에 대한 확실한 믿음이 문제될 것이 없는 사람들에 의해서만 극복될 수 있다. 이것이 바로 『과학혁명의 구조』에서 쿤이 전달하고 있는 메시지이다. 이 책에서 쿤은 그가 완전히 당연시하고 있는 것으로 보이는 어떤 것을 연구하고 있으며, 그 연구도 그가 당연시하는 방법을 통하여 수행한다.

　역사가들이 이러한 자기확신을 얻어내는 일은 그리 이상한 일이 아니다. 예를 들면 역사가들은 때때로 그들의 연구 테크닉을 과거의 역사가들의 작품에 적용시킨다. 따라서 구치(G.P. Gooch, 1948) 같은 역사가는 역사에서의 행위자로서 비스마르크를 연구했을 뿐만 아니라, 프러시아의 역사가이며 그 역시 비스마르크에 대해서 글을 썼던 트라이치케(Treitschke)를 연구하였던 것이다. 과거의 역사가는 그들이 보통 관심을 가졌던 정치가들이 그랬던 것처럼 그들이 살았던 시대의 산물로 여겨지며, 따라서 그들 자신의 지식과 관점도 역사적으로 영향을 받는 것으로 생각되었다. 역사가들은 그들의 학문이 성찰적이 될 수 있다는 것을 깨달았을 때 역사연구에 대한 두려움을 없앨 수 있다.

　바로 이것이 지식사회학에 접근할 때 취하는 태도이다. 좀 이상할지는 몰라도 이러한 바람직한 입장은 자연적이고, 자의식에 대한 비자의식적인 형태라고 불릴 수 있다. 어떻게 부르든 간에 이러한 작업은 지금까지의 연구에서 많이 사용되고 성공적이라고 판명이 된 기존의 테크닉들을 통하여 얻어질 수 있다. 이것은 사회가 상당히 안정적이기 때문에 아무리 그것의 신비를 파헤쳐도 사회를 파괴하거나 깨뜨릴 수 있는 것은 아무것도 없을 것이라고 보는 지적인 관점과 유사하다.

'위협'이라는 변수에 관한 논의는 지식이 두 가지 조건 아래에서 그 신성함을 잃는다는 것을 보여주었다. 바로 지금 논의한 자기확신적인 태도와 더불어, 기존의 제도화된 힘에 원천을 두고 있는 지식에 대한 회의를 가지고 새로 부상하는 집단의 비판적 태도가 그것들이다. 후자는 지식사회학 하면 연상되는 '발가벗기는'(unmasking) 접근방법이다. 그러나 만하임과 같이 세련된 지식사회학자들은 오래 전부터 이러한 방법이 성공하지 못하리라는 것을 확실히 알았다. 회의주의는 항상 지식사회학이 유용하다는 것을 알았고, 반대로 지식사회학은 회의주의의 유용성을 알고 있었다. 그러나 이 두 가지 태도 사이에는 심오한 차이가 존재한다. 회의론자들은 믿음에 관한 설명을 이용하여 믿음이 잘못된 것이라는 것을 보여주려 한다. 이렇게 함으로써 회의론자들은 지식에 관한 모든 주장을 파괴해버리는데, 왜냐하면 이 경우에는 인과적 설명에 대한 자연적 제한이 존재하지 않기 때문이다. 따라서 회의주의의 결론은 자기파괴적인 허무주의이거나 일관성을 결여한 특별취급을 바라는 호소로 귀착되고 만다. 지식사회학의 튼튼한 기반을 제공해줄 수 있는 것은 파괴 없이도 설명할 수 있다고 느끼게 해주는 인식론적인 자기만족뿐이다.

지식의 핵심적인 신비가 벗겨질 때 영감과 힘의 원천인 지식에 대하여 우리가 가지고 있는 믿음과 확신이 날아가버리면 어쩌나 하는—표현하기는 어렵지만 그래도 어떤 사람들에게는 매우 현실적인—두려움은 어떻게 할 것인가? 이런 관점은 종교인이 중요한 어떤 것을 깨달은 것에 대하여 뒤르켐이 말한 것처럼 매우 중요한 것을 포착하고 있다. 그러나 그러한 깨달음은 단지 부분적인 것일 뿐이다. 좀더 완전한 분석은 애매한 불안에 대한 답을 제공해줄 것이다.

지식과 과학이 단순한 믿음 밖의 무엇인가에 의존하고 있다는 확신은 옳은 것이다. 그러나 과학과 지식이 유지될 수 있도록 해주는 밖에 존재하는 힘은 초월적인 것이 아니다. 확실히 지식이 '참여'하고 있는 어떤 것은 존재하나, 그것은 플라톤이 세속적인 것이 형식(Forms)에 '참여'한다고 말한 의미와는 다른 의미에서이다. 지식 밖에 존재하는 것, 지식보다 커다란 것, 그리고 지식을 유지시키는 것은 물론 사회 자체이다. 만일 우리가 이것을 두려워한다면 지식에 관해서도 당연히 두려움을 가질 것이다. 그러나 우리가 그러한 힘의 지속적인 존재와 발전을 믿을 수 있는 한, 지식은 자유롭게 탐구되어야한다. 지식은 탐구되는 믿음과 그에 사용되는 방법과 그 탐구의 결론을 유지시켜주기 위하여 항상 존재할 것이다. 이것은 확실히 우리가 만족할 수 있을 만한 어떤 것이다.

버크는 비록 불안하고 또 만족하지 못한 상태였지만 중요한 과제를 희미하게나마 인식하고 있었다. 학문과 학문에 대한 방어와 도움의 원천에 대하여 버크는 다음과 같이 말한다. "사람들이 그것들간에 존재하는 해체할 수 없는 결합과 적절한 위치를 지속적으로 알 수 있다면 행복할 것이다! 학문이 야심에 의하여 망가지지 않고, 가르치는 사람이 지배자가 되기를 염원하지 않고 가르치는 사람으로서 만족하도록 하는 것이 될 수 있다면 행복할 것이다!"(p.154).

지식과 사회간의 해체할 수 없는 결합을 인식하는 것이, 지식이 그 자체를 탐구하게 되면 그 효용성과 권위를 잃게 되리라는 두려움에 대한 대답이다. 만일 지식이 지식 자체에 적용되는 법칙이라면 혼동이 생길 것이다. 그러나 그 자체에 적용된 과학의 성찰적인 활동은 지식을 유지시키는 힘의 진정한 원천을 빼앗지는 않을 것이다.

이제 나는 지식사회학에 대한 논쟁 안팎에 작용하는 힘들을 살펴보았다. 역설적이게도 지식사회학의 발전을 가로막고 있었던 것은 지식의 사회적 성격 그 자체였으나, 바로 그러한 연관을 충분히 인식하는 것이 그러한 연구에 수반하는 두려움을 불식시킬 수 있는 힘을 제공한다. 이렇게 되면 우리에게 주어진 선택들의 완전한 범위에 대하여 반응하는 것이 더 쉽게 되며, 문제가 되는 것—이 경우에는 합리성, 객관성, 논리적 필연성과 진리—을 바라볼 수 있는 여러 대안들의 존재를 더 확실하게 할 수 있다.

이제부터 나는 지식사회학의 장애물 중에서 가장 심각한 수학과 논리적 사고를 검토할 것이다. 그것들은 성스러운 것들 중에서도 가장 성스러운 것들을 나타낸다. 다른 어느 곳에서보다 바로 여기서 성스러움의 영기가 지식을 자연적인 것으로 취급하는 것을 피하려는 미신적 욕망을 촉진시킨다. 만일 수학과 논리적 사고에 사회학적인 분석이 적용될 수 없다면, 처음의 두 장에서 제시된 특정한 주장들과 그 다음의 두 장에서의 일반적 분석은 그 힘을 잃고 말 것이다.

　다음의 세 장에 걸쳐서 나는 지금까지 스트롱 프로그램의 틀 안에서 논의한 수학의 사회학이 가능하다는 것을 주장할 것이다. 모든 사람들은 수학에서의 전문인력이 어떻게 충원되는지와 그 경력의 발달 형태, 그리고 그와 유사한 주제들을 연구하는, 상대적으로 조심스런 수학사회학이 가능하다는 것을 받아들인다. 이것은 수학의 사회학이라기보다 수학자들에 관한 사회학이라고 부르는 것이 더 맞을 것이다. 더욱 논쟁적인 질문은 사회학이 수학지식의 바로 그 핵심을 다룰 수 있는가 하는 것이다. 사회학이 추론과정의 논리적 필연성이나, 혹은 왜 하나의 증명이 사실상의 증명이 될 수 있는가를 설명할 수 있을까?

　이 질문들에 대한 가장 좋은 대답은 수학지식에 관한 사회학적 분석의 예들을 보여주는 것인데, 나는 이것을 시도할 것이다. 사실 이러한 '건설적인 증거들'은 풍부하게 제공되지 못할 수밖에 없는데, 그 이유는 수학이 전형적으로 사회학적 탐구들의 가능성을 배제하는 방식으로 사유되었기 때문이다. 수많은 연구가 수학에 대한 사회학적 관점을 금하는 관점을 유지하는 데 몰두해왔다. 이 목적을 이루기 위해 채택된 전략들을 보여줌으로써, 나는 수학을 사회과학자의 엄격한 연구를 통해 검토될 수 없는 특수한 경우로서 보아야 하는 명백하고 자연적이고 강제적인 그 무엇은 결코 존재하지 않는다는 주장을 하고 싶다. 오히려 나는 수학이 사회학적으로 연구되어야 함을 보여줄 것이다. 수학을 보호적인 분위기에 둘러싸인 것으로 간주하는 일은 때때로 긴장되고 어렵고 근심스러운 입장을 취해야 한다는 것을 의미한다. 더욱이 수학에 대한 사회학적 접근은 그러한 사회학적 접근의 옹호자로 하여금 현재 수용되고 있는 과학적 연구정신과 상이한 입장을 받아들이게끔 한다.

수학에 관한 표준적인 경험

다음은 아주 기본적인 수학에서의 하나의 정리이다.

$$x(x+2)+1=(x+1)^2$$

대수를 알고 있는 사람이라면 아무도 이 사실을 의심하지 않을 것이며, 그것에 대한 확신이 잠시 흔들린다 할지라도 우변을 전개하여 항을 적절하게 재배열하면 간단하게 극복이 될 수 있다. 방정식의 진리를 일단 알고 나면, 방정식의 진리를 의심하기가 어렵다. 에든버러가 모스크바만큼이나 북쪽에 있는 것을 이해하면서도 부정하는 식으로 누가 어떤 주장을 이해하면서도 동시에 그것을 부정할 수 있겠는가? 따라서 수학은 극히 강제적 본성을 지닌 진리를 구현하는 것처럼 보인다. 이런 점에서 수학적 진리는 아마 우리를 둘러싼 친숙하고도 물질적인 대상에 관한 상식적 진리와 유사할 것이다. 그러나 그것은 지각에 의한 판단보다 더 높은 존엄함을 부여하는 더 심오한 속성을 지니고 있다. 우리는 우리 앞에 있는 책장이 다른 곳에 있을 것이라고 상상할 수 있는 반면, 위의 공식이 오류라고 상상할 수는 없다. 즉 수학의 기호들이 우리가 그 수학적 기호들에 붙인 의미를 유지하는 한, 공식이 틀렸다고 상상할 수는 없을 것이다.

따라서 수학의 진리는 강제적일 뿐만 아니라 독특하고 변하지 않는 것이다. 만약 우리가 비유를 원한다면 그 비유는 아마도 사물에 대한 지각이 아니라, 우리의 시대보다 더욱 확실하고 절대적인 시대 속에서 생각된 도덕적 직관에 대한 교시일 것이다. 옳고 적절한 것은 종종 직접적이고 강제적이고 영원한 것처럼 느껴질 것이다. 옳고 그른 것에 대해 갈등과 당황스러움을 겪을 때는, 이들이 진리에 도달할 수 있는 기준의 결핍에 기인한 것으로 생각하지 않고, 그런 것을 식별하고 준수하기가 어렵기 때문일 것이라고 생각한다. 우리의 의식에 스스로를 드러내는 수학적 과정의 권위는 최소한 절대적인 도덕적 권위에 가까운 것이다.

수학에 대한 표준적인 경험은, 종종 개인과 역사적 수준에서 수학의 발달을 설명하는 어떤 방식과 연결된다. 개인은 터득해야만 하는 진리체로 수학과 대면한다. 수학에는 분명한 옳고 그름이 존재한다는 것과, 계속되는 노력은 진리가 처음에는 지각되지 않지만 개인이 진리를 포착할 때까지 그곳에서 기다린다는 관점을 확신시켜준다. 비슷한 상황이 수학사에서 나타난다. 다양한 문화들이 우리의 현재 지식상태에 여러 가지 다양한 공헌을 한다. 이 모든 공헌은 하나의 단일한, 성장하는 법칙체의 측면들로 보인다. 예를 들면 종교와 사회구조에서 문화적 다양성이 존재하는 반면, 모든 문화들은 동일한 수학 혹은 단일하면서도 일관적인 체계의 특정한 측면을 발달시킨다. 그리스 사람들은 대수보다 기하학을 발달시킨 반면, 힌두인들은 기하보다 대수를 발달시켰는지 그 이유를 설명할 수 있지만, '대안적인' 수학 같은 것은 없다는 아주 특별한 사실에 비하면 이 점은 상대적으로 흥미롭지 못한 사실이다.

진정으로 자기 존속적 진리체가 더 자세하게, 그리고 더 광범위하게 이해되는 것으로 나타나는 이러한 놀라운 상황의 배후에는 분명히 거대한 실재가 있을 것이다. 수학적 진술이 표현하고 수학적 진리가 언급하는 것은 바로 이러한 실재임이 분명하다. 더욱이 수학적 논증의 강제적인 특성과 수학적 진리의 독특하고 변하지 않는 형태를 설명하는 것 또한 이 실재의 본성이라고 전제된다. 우리의 일상적 사고 속에서는 이 실재의 정확한 본성이 다소 모호하지만, 아마도 철학자는 더 정확하게 그것을 정의할 수 있으리라고 생각될 것이다. 다양한 수수께끼 같은 개념의 진정한 특성은 그리하여 명백해질 것이다.

예를 들어 수는 실제 계산에서 쉽게 다룰 수 있는 개념이지만, 그것의 진정한 본질을 서술하기란 쉽지 않은 어떤 것이다. 어떤 면에서는, 숫자들은 대상처럼 보이고 숫자 3과 같은 사물이 존재하는지 아닌지를 질문하고 싶을 것이다. 불행하게도 이 질문은 상식에서는 모순적인 대답을 초래한다. 3이라는 수는 수학자들이 말하는 속성들을 지닌 단일한 개체이면서, 동시에 그것의 출현과 사용들이 요구하는 만큼 다양하고 종종 재생산이 가능한 어떤 것으로도 보인다. 숫자 3은 하나이면서 다양한 듯이 보인다. 바로 이 시점에서 상식은 명시화의 작업을 포기하고 체계적인 철학적 사고에 그 작업을 넘겨준다.

방금 정리한 수학에 대한 상식적 경험의 중요성은 수학의 성격에 관한 어떤 이론도 이런 상식적 경험을 설명할 수 있어야만 한다는 데서 찾을 수 있다. 즉 말하자면 수학이 무엇이든지 간에 방금 서술한 현상들을 표현하는 것이어야 한다. 수학의 독특하고 강제적인 특성은 수학의 주제에 대한 현상학의 일부이다. 수학의 본성에 대한 설명은 이 현상들을 진리라고 확인해야 할 의무가 있는 것이 아니라, 진리라고 생각되는 것이 왜 현상일 뿐인가를 설명해야만 한다. 몇몇 수학철학의 주목할 만한 특성은 무비판적으로 현상학적 데이터를 받아 그것을 형이상학으로 전환시키는 것이다. 일단 이 입장이 받아들여지면 스트롱 프로그램이 주장하는 수학의 사회학은 존재할 수 없다는 결론이 나온다. 필요한 것은 더욱 비판적이고 자연주의적인 접근이다.

수학의 본성에 대한 자연주의적 연구 가운데 하나의 생산적인 조류는 수학이 어떻게 학습되는가를 연구하는 심리학자의 접근방법이다. 수학은 개인들이 학습해야만 하는 기법, 믿음, 사고과정의 체계로 볼 수 있다. 때때로 어떤 사람은 그러한 자율성과 기법을 획득함으로써 현재 수용된 결과들에 창조적 공헌을 했다는 평을 받으며, 그러한 공헌은 또 다시 다른 사람들에게 전달된다. 그러한 접근은 그와 연관된 수학적 사고의 분석과 함께 '심리주의'로 불릴 수 있을 것이다.

심리주의의 초기 형태는 밀에 의하여 만들어졌다. 수학에 대한 밀의 사상은 그의 『논리의 체계』(System of Logic, 1843) 속에 나타나 있다. 나는 밀의 접근을 기존의 논의보다 더 자세하게 그리고 더 우호적으로 취급하고자 하며, 그의 설명을 근대의 몇몇 심리학적 연구들을 통하여 설명할 것이다.

심리주의에 대한 가장 정교한 공격은 독일의 수학자 프레게(Gottlob Frege)의 고전 『산술의 기초』(The Foundations of Arithmetic, 1884)에서 유래한다고 할 수 있을 것이다. 프레게의 비판은 밀의 접근에 치명적인 것으로 널리 간주되었다(예를 들면 Barker, 1964 ; Cassirer, 1950 ; Bostock, 1974 등). 나는 그렇지 않음을 보여줄 것이다. 그럼에도 불구하고 프레게의 비판은 밀의 심리주의와 경험적 접근의 한계를 보여주기 때문에, 이 논쟁을 검토하는 것은 중요하다.

나는 프레게에게 깊은 인상을 심어준 수학의 특징이 단순히 밀의 자연주의적 접근을 막는다기보다 확장하는 방식으로 구성될 수 있다는 것을 주장할 것이다. 이 점을 살펴봄으로써, 사회학이 심리학과 더불어 수학과 논리적 사고의 본질에 적절한 접근방법을 제공할 수 있으리라는 것을 다음 장에서 보여줄 수 있는 근거를 마련할 수 있을 것이다.

밀의 수학이론

경험주의자에게, 지식은 경험에서 유래한다. 따라서 일관된 경험주의자라면 수학의 지식 또한 경험에서 유래해야 한다. 수학적 진리에다 경험주의 진리와 완전히 다른 지위를 부여하려 하며, 수학적 진리들을 직관하는 특별한 능력을 창출하려는 사람에게 밀은 다음과 같이 말한다. "수학적 진리의 존재가 다른 진리의 근원과 동일한 근원으로서 완전히 설명될 때, 수학적 진리들의 인식이 우리의 나머지 지식과 다른 근원을 가진다고 가정해야 할 필연성은 어디에 있는가?"(II, V, 4).

『논리』에서 밀의 확실한 목표는 진정으로 기하학이나 대수 같은 연역적 과학이 물리학이나 화학 같은 귀납적 과학의 단순한 종들(species)이라는 것을 보여주는 것이다. 따라서 "연역적 혹은 논증적인 과학은 모두 예외 없이 귀납적 과학이다……. 연역적 과학의 증거는 경험적 증거이다"(II, VI, 1). 밀에 따르면, 물론 이 명제는 명백하지 않으며, 수이론, 대수학, 미적분학에서 이 명제는 증명되어야 한다고 말한다. 밀은 실제로 어떤 체계적인 증명도 제공하지 않는다. 기껏해야 그는 이 프로그램을 위해 암시를 줄 뿐이다. 그럼에도 불구하고 이러한 암시들은 가치가 있다.

밀의 근본적인 사상은, 우리가 물질대상의 속성과 행위에 관해 저장한 경험을 수학학습으로 끌어들인다는 것이다. 우리 경험의 일부는 후에 다양한 경험과학을 구성하는 범주에 들어간다. 예를 들어 뜨거운 물이 증기를 내뿜는다는 사실은 물리학에 속한다. 상당히 제한된 영역에 관한 사실들뿐만 아니라, 아주 광범위한 영역에도 보편적으로 적용되는 사실들 또한 우리는 알고 있다. 예를 들어 대상의 전체영역들은 질서지어지고 나누어질 수 있으며, 패턴과 집합으로 배열될 수 있고, 집단화되고 개별화될 수 있으며, 결합될 수 있고 그들의 위치가 바뀔 수도 있다.

밀은 대상을 질서짓고 형태짓는 이 광범위한 진리가 수학의 기반이 되는 것이라고 믿은 것이다. 물리적 사물에 대한 형태와 분류는 우리의 사고과정의 모델을 제공한다. 우리가 수학적으로 사고할 때, 우리는 암묵적으로 이 지식에 의존한다. 수학에서의 추론과정은 대상에 대한 물리적 작동의 그림자에 불과하다. 추론단계와 그 추론과정의 결론들에 대한 강제적 특성은, 그러한 모델들이 기반을 두고 있는 물리적 움직임의 물리적 필연성 안에서 찾을 수 있다. 산술추론의 광범한 적용성은 다소 어렵기는 하지만 우리가 다양한 상황들을 이 모델들에 동화시킬 수 있다는 사실에 기인한다.

밀의 관점은 다음 문장에서 분명히 나타난다. 여기서 그는 숫자와 대수기호들을 추상적 규칙에 의해 변형될 수 있는 종이 위의 표식들로 취급하는 사람들을 비판하고 있다. 밀은 다음과 같이 말한다.

그러나 우리가 단순한 기호가 아니라 사물의 특징으로 숫자나 대수기호들을 의식한다는 것은, 우리의 전체 추론과정이 숫자나 대수기호들에 사물들의 속성을 부여함으로써 진행된다는 사실에서 분명해진다. 대수방정식을 풀 때 우리는 어떤 규칙을 쓰는가? 각 단계에서 a, b 그리고 x에 똑같은 것을 더하면 여전히 같다는 정리, 똑같은 것을 빼면 여전히 같게 된다는 정리, 그리고 이 두 정리들에 기반을 둔 다른 정리들이 그것들이다. 이것들은 언어의 속성이나 기호 같은 것의 속성이 아니라 양의 속성, 말하자면 모든 사물들의 속성이다(II, VI, 2).

밀은 종종 우리가 단지 종이 위의 기호를 변형하고 있는 것처럼 느낀다는 것을 인정한다. 그는 우리가 때때로 전체의 수학적 추론과정이 의존하는 사물의 경험으로 되돌아간다는 것을 깨닫지 못한다고 주장한다. (x+1)의 제곱을 전개할 때 우리는 어린이의 세계로 돌아가지 않는다. 밀에 따르면, 그 이유는 습관이 그 과정을 기계적으로 만들고, 따라서 그 과정은 지각되지 않게 된다는 것이다. 즉 밀은 다음과 같이 주장한다. "우리가 그 과정의 증명적 힘이 어디에서 유래했는지 알고자 되돌아볼 때, 만일 우리가 각 단계마다 단순히 기호를 가지고 생각하는 것이 아니라 구체적 사물에 대하여 생각하고 말하는 것이라고 가정하지 않는다면, 그 증거들은 힘을 잃고 말리라는 것을 알게 될 것이다"(II, VI, 2).

밀의 생각은 세 가지 중요한 결과를 초래한다. 첫째, 밀로 하여금 다른 관점에서는 종종 단순하고 직접적으로 이해되는 것으로 표현되는 믿음의 내적 구조와 발달을 깨달을 수 있게 해준다. 예를 들어 자갈 하나 더하기 자갈 두 개는 세 개라는 진술은 밀에게 경험적 지식의 성취를 나타낸다. 이 성취는 아주 다른 지각자극을 주는 물리적 상황들일지라도, "그 장소와 배열을 변화시킴으로써 일군의 지각 혹은 다른 것을 산출하도록 만들어질 수 있다"는 것을 깨닫는 데 있다. 물건들을 다양하게 배열해도 그것들이 같은 값을 갖는다는 사실을 어린이들이 인지발달과 더불어 깨닫는다는 피아제(Piaget, 1952)의 설명에서 현대의 독자는 바로 똑같은 주제를 발견할 수 있다.

둘째, 밀의 접근은 분명히 교육적인 사상과 관련된다. 쓰여진 기호로 하는 형식적 훈련은 폐기되어야 하고, 대신 상황에 알맞는 경험을 제공해야 한다. 이러한 것들만이 상징적 기호들에 의미를 부여할 수 있으며, 도달된 결론에 직관적 중요성을 부여할 수 있다. 이러한 교육적 연관성은 밀이 산수의 기본진리들을 말할 때 분명해진다.

어떤 일정한 수의 물건, 예를 들면 공 열 개를 서로 가르고 재배열해서 모두 합하면 십이 되는 다양한 숫자의 무리들이 우리의 감각에 드러나는 것을 우리의 눈과 손가락으로 보여줌으로써 증명했다. 모든 발전된 어린이 산수교수법은 이런 사실의 지식에 근거해서 진행된다. 산수학습에서 어린이의 정신이 그런 사실의 지식과 더불어 진전되기를 바라는 사람은, 그리고 단순한 암호가 아니라 숫자를 가르치고자 하는 사람들은, 우리가 서술했던 방식으로 이제 감각의 증거를 통해 수학을 가르친다(II, VI, 2).

세번째 결과는 이러한 교육사상에서 유래한 것이다. 만약 수학과 경험이 밀접히 관련되어 있다면, 문명화된 실제교육에서 밀의 분석이 옳다는 증거를 찾을 수 있어야 한다. 또한 수학지식이 경험에서 창조된다는 것을 실제로 보여줄 수 있어야만 한다. 그리고 수학적 사고과정의 모델로 작동한다고 말해지는 경험적 사실들을 보여줄 수 있어야 한다. 이렇게 하기 위해 나는 수학자이자 심리학자이며 교육학자인 딘스의 저서에서 가져온 어떤 예를 사용할 것이다. 딘스는 『수학의 정립』(*Building Up Mathematics*, 1960)에서 출발하여, 밀과는 독립적으로, 낙관적인 밀이 1843년에 언급했던 이 '발전된 방

그림 4 밀의 자갈 수학(Dienes, 1964, p.13에서)

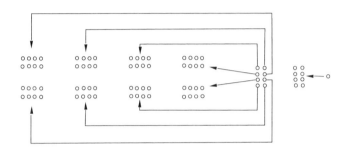

법'의 한 형태를 만들어냈다.

어떻게 수학적 계산이 물리적 상황에 기인할 수 있는가를 보기 위해 딘스가 서술한(1964) 다음의 '놀이'를 살펴보자. 밀을 좇아, 나는 자갈로 하는 게임을 통하여 이 주장을 펼칠 것이다. 운동장에 여덟 개씩의 자갈을 열 개의 집단으로 가지런히 놓고, 또 다른 한 개의 자갈을 운동장에 놓은 것을 가정해보자. 이제 여덟 개 집단은 서로 가까이 있고 다른 두 집단은 멀리 떨어져 짝을 이룬다고 상상해보자(그림 4를 보라). 그런 다음 두 개의 떨어져 있는 집단 중 하나를 선택해서 모두 모여 있는 여덟 개 집단 각각에다 자갈 하나씩을 공급한다. 떨어져 있던 두 집단 중 남은 하나에다 처음에 언급했던 여분의 자갈 하나를 더한다. 집단 중 하나를 분배하는 보통 사용하는 이러한 방법은 결국 같은 수의 자갈을 가진 여러 집단을 형성하게 되고, 각 집단에 있는 자갈 수만큼의 집단 수를 만드는 정확하고 반복가능한 특성을 가지고 있다.

여기에는 질서짓기, 분류하기, 그리고 분배의 물리적 순서가 개입된다. 여기서의 흥미로운 점은 이 예가 똑같은 행위 패턴을 그대로 보여주는 다른 많은 유사한 경우들의 단순한 한 예를 보여준다는 것이다. 중요한 점은 동일한 놀이를 자갈 아닌 다른 사물로도 할 수 있다는 게 아니라, 집단에 속한 대상의 수가 다를 때도, 그리고 집단의 수가 자갈놀이와 다를 때도 이러한 게임이 적용된다는 것이다.

다음을 생각해보면 그 이유를 알 수 있다. 만약 집단별로 x개의 자갈을 가진 집단이 있고, 집단의 수가 한 집단에 속한 자갈 수보다 두 개가 더 많다면, 즉 $(x+2)$집단이라면, 똑같은 형태의 분할과 재배열이 가능할 수 있을 것이다. 물론 떨어져 있는 다른 한 개의 자갈이 필요함을 잊지 말아야 할 것이다. 집단을 분리해내고, 집단들 중 한 집단을 배분하고, 남겨진 집단에다 여분의 자갈을 더해주면, 똑같은 재구조화가 다시 일어날 것이다. 즉 똑같은 놀이를 할 수 있다. 물론 자갈 수가 틀린 게 있다면, 그림에서 볼 수 있는 것처럼 정확한 방법으로 자갈들을 질서 있게 배열할 수 없다.

방금 서술한 것은 물질대상의 물리적 속성, 즉 이 일상적인 계산과정을 가능하게 하는 속성이다. 우리가 이러한 물리적 관계의 패턴을 표현하는 간단한 방법을 찾을 수 있다면, 그것은 무엇일까? 그 대답은 이 장의 서두에서 가장 간단한 수학적 공리의 일례로 제시된 바로 그 방정식이 이 놀이의 경험에 기초해서 유형화된 기호적 표현이라는 것이다.

$$(x+2)x+1=(x+1)^2$$

이 방정식을 분석함으로써, 딘스는 정확하게 방금 서술한 질서와 배열의 물리적 작동으로써 이 방정식이 어떻게 이해될 수 있는가를 보여준다.

딘스의 분석은 이렇다. 우리는 x개 자갈들의 $(x+2)$집단을 가졌고, 여타의 자갈 하나를 더 가진다. 이것은 $(x+2)x+1$로써 표현된다.

이 집단화는 집단들 중 우리가 살펴본 방식으로 두 집단을 분리해냄으로써 변형된다. 대부분의 집단들은 x제곱 자갈들로 구성된다. 따로 떨어져 있는 한 쌍의 집단은 $2x$의 자갈로 구성되고, 하나의 자갈이 더 있다. 이 물리적 재배열화 과정이 기호 방정식의 토대가 된다.

$$(x+2)x+1=x^2+2x+1$$

배열하는 절차의 다음 단계는 따로 떨어져 있는 집단 중에서 하나를 골라내고, 물리적으로 그것을 다른 것으로부터 분리하는 것이다. 이것은 다음처럼 표시된다.

$$x^2+2x+1=x^2+x+x+1$$

골라낸 x개의 자갈을 가진 집단은 그 다음 다수의 집단들의 집합에 각각 분배된다. 이 분배가 기호변형의 토대가 된다.

$$x^2+x+x+1=x(x+1)+x+1$$

남아 있는 자갈 한 개는 따로 떨어진 한 개의 집단에 더해진다. 이 움직임은 괄호를 사용하여 표시할 수 있다.

$$x(x+1)+x+1=x(x+1)+(x+1)$$

딘스가 지적한 것처럼 이 연속적 움직임은 이제 동일한 수의 대상을 갖는 수많은 집단들, 즉 $(x+1)$을 산출했다. 이 집단의 수는 셈할 수 있으며, 그것은 $x+1$이라는 것이 발견될 것이다. 그러므로 다음처럼 쓰는 것이 정당화될 수 있다.

$$x(x+1)+(x+1)=(x+1)(x+1)=(x+1)^2$$

원래 방정식의 좌변에서 출발하여, 기호들에 의하여 각각 표현된 일련의 물리적 작동에 의해 우변이 산출될 수 있다는 것을 증명할 수 있었다. 따라서 적어도 수학적 조작의 한 작은 부분 밑에 깔려 있는 물리적 모형이 발견되었다. 각 단계에서 물리적 물체만 언급하고 사고하면서도 궁극적으로는 일련의 논리적 단계들이 산출되었다.

딘스는 놀랍게도 비슷한 종류의 많은 다른 예들을 제시한다. 그는 다양한 근거를 가진 산수를 할 수 있는 간단한 절차를 제공하는데, 그들은 다음과 같은 것들을 포함한다. 2차함수의 인수분해, 방정식 풀기, 대수, 멱들(powers), 벡터들, 수학적 집합의 물리적 예시화들, 그리고 아주 미묘하게 수학적 정신을 끌어내는 대칭과 정교함에 대한 물리적, 인지적 비유들 등이다. 이 예는 세련된 방식으로 기호 조작을 행하는 것과 비교해볼 때, 물리적 과정이 지루한 것임을 보여주려는 것이 그 핵심이 아니다. 현재 나의 논의의 맥락에서 이 예들이 제공하는 중요한 점은, 지식에 대한 설명은 사실상 당연시 여기는 기호과정들 아래 있는 물리적 과정임을 드러내려는 것이라는 점이다. 이것은 오직 부드럽게 작동하고 있는 확립된 기법을 깨뜨려, 그 기법을 구축하고 있는 경험적 요소들을 찾아냄으로써만 발견될 수 있다.

밀의 접근은 확실히 바람직한 것이다. 물리대상, 상황과 조작은 분명히 다양한 기본적인 수학적 조작 모델로 기능할 수 있다. 이 물리적 조작에 관한 경험은 수학적 사고의 경험적 토대로 놓여질 수 있다. 수학지식의 자연주의적 이해를 위한 탐구가 밀의 심리학적, 경험주의적 접근의 잠재력을 무시하거나 경시하는 것은 어리석은 일이다. 그럼에도 불구하고 밀의 접근방법은 적절하지 못하며, 수학적 지식을 적절히 설명하기 위해서는 밀의 접근을 실질적으로 더 발달시키고 확장시킬 필요가 있다. 밀의 한계를 밝히는 가장 좋은 방법은 밀의 접근에 대한 프레게의 위협적인 비판을 검토하는 것이다.

밀에 대한 프레게의 비판

밀은 수학을 물리적 세계에 대한, 그리고 그 세계에 대한 경험에서 생겨난 일련의 믿음으로 취급한다. 밀의 설명에서 중요한 두 가지 요인은 다음과 같다. (1) 정신적 사건으로 이해되는 믿음과 사고과정 (2) 그 믿음을 가능케 한 물리적 상황. 이에 따라 프레게의 비판은 두 가지 공격목표를 가진다. 즉 그는 수가 주관적이거나 정신적 사물이라는 관점을 비판하고, 또한 수가 물리적 대상에 대한 것이라거나 물리적 대상의 속성이라는 관점에 대해 비판한다. 이 비판들을 살피기 전에 그것을 형성하는 가치에 관해 한마디 언급을 해야 할 것이다.

밀이 수학에 관해 쓸 때, 그의 문체는 도식적이고 비전문적이고 실제적이다. 그에게 수학의 기초는 수학심리학의 출발이다. 심리학적 출발이 지식을 생성하고 전달하는 근본적인 과정들이다. 그가 사용한 용어는 고도의 전문가보다는 초등학교 산수교사의 문제에 더 적합하다.

프레게는 완전히 다르다. 『논리체계』를 읽다가 『산술의 기초』를 읽으면 완전히 스타일이 다르다는 것을 느낄 것이다. 전문적인 평가에 대한 긴박함과 예리한 의식을 찾아볼 수 있다. 프레게는 독자들에게 산수의 기본적인 개념에 대한 만족할 만한 정의가 발견되어야 한다고 말하고 있다. 위대한 과학이 불안정한 기초를 가지는 것은 불명예스러운 일이며, 더구나 그런 불안한 기초가 사람들로 하여금 심리학의 과도한 영향을 받도록 할 수 있으며, 그 결과로 수학을 잘못 표상하게 만들 수 있다고 프레게는 생각했다. 프레게가 수학을 '집합적인 기계적 사고'라고 정의하는 것과 대면했을 때, 그는 그것을 '전형적인 미숙함'이라고 생각하고 다음과 같이 주장한다. "생각컨대, 수학자들은 그들 자신의 이해를 위해 이런 종류의 어떤 관점과도 싸워야 한다. 왜냐하면 그러한 관점은 수학의 주된 연구대상을 얕보도록 계산된 것이며, 그에 따라 수학 그 자체도 얕게 만들기 때문이다" (p.iv).

프레게는 특히 수학과 심리학의 경계, 그리고 나아가서 수학과 심지어는 자연과학간의 경계를 유지하는 데 관심을 가졌다. 그는 '논리학의 영역에까지 심리학적 방법들이 침투'해 있는 것으로 말한다. 프레게는 독자들에게 이런 침투의 결과 실제로 질서와 규칙성이 군림해야 할 때 모든 것이 모호해지고 불분명해진다고 주장한다. 단언컨대, 수학의 개념은 어떤 과학보다도 더 큰 순수함과 정교한 구조를 지녀야 한다. 확고한 기초를 제공하는 과제에 대해 프레게는 다음처럼 격하게 질문한다.

아직 완수되지 않은 이 작업을 진전시키는 대신에 이 작업을 경멸하고 유아의 방으로 돌아가거나 인류진화의 초기시대로 돌아가서 그들 자신을 매장시켜 버리고, 유치한 발상을 함으로써 존 스튜어트 밀과 같이 보기에만 그럴 듯한 자갈수학을 발견한 사람들에 대하여 무슨 더 이상의 말이 필요하겠는가(p.vii).

『산술의 기초』는 오늘날에는 논리학의 고전으로 알려져 있다. 그것은 사실이다. 그렇지만 이 책은 또한 아주 논쟁적이기도 한데, 이 책의 이런 면은 거의 논평 없이 흡수되거나 전달되는 경향이 있다. 이 책은 순수성과 위험의 수사로 뒤덮여 있고, 침입, 침투, 비난, 불만, 멸망의 위협이라는 이미지로 가득 차 있다. 또한 불분명함, 모호함, 혼란스러움, 그리고 유동적인 모든 것들과 순수하고, 정교하고, 규칙적이고, 창조적인 것들간의 구별을 강조하고 있다. 위협 아래 있는 지식에 대한 충실한 표현이다. 이런 점에 비춰볼 때 3장과 4장에서 제시된 이론은 프레게가 수개념과 수학의 기본원리를 신비화하고 물화했으리라는 예측을 할 수 있도록 해준다. 그 예측은 그것들이 신비스럽지만 강력하다고 주장되는 대상들로 전환되리라는 것이다. 이런 예측은 정확히 맞아 떨어졌다.

『자연적 상징들』(*Natural Symbols*, 1973)에서 더글러스는 그녀가 '순수성 규칙'이라고 부른 것에 주의를 환기시켰다. 그녀에 따르면, 모든 문화는 엄격한 신체통제를 통하여 높은 지위와 강한 사회적 통제를 상징화하는 자연적인 경향을 띠고 있다. 행위와 그 과정에 대한 모든 것은 담화를 통하여 해석되며, 이런 과정은 상호작용이 마치 육체가 없는 정신들 사이의 상호작용인양 묘사하려는 시도가 이루어진다. 스타일과 행위는 행위와 그것의 생리학적 기원간의 거리를 최대화시키는 방향으로 쏠려 있다. 지금까지 논의한 내 방식으로 얘기하자면, 순수성 원리에 의존한다는 것은 위협에 대한 자연적 반응일 것이다.

프레게의 예는 실제로 이 순수성 규칙이 어떻게 사용되는가를 보여주는 것이다. 실제로 그는 명확한 순수성 규칙을 스스로 만들어낸다 (p.vii). 이와 유사하게, 그는 밀의 이론을 유치한 아이들의 장난에 빗대고, 수학을 '소화' 해내는 과정에 비유하며 원시적 진화의 과정에 비유함으로써 조롱하였다. 프레게에 따르면, 밀의 이론은 생리학적인 기원과 결합하는 잘못을 저지른 것이다.

왜 프레게의 사고 스타일에 관심을 기울여야 하는가? 중요한 점은 프레게의 통찰이 이 책에서 옹호하는 자연주의적 접근과는 아주 다른 수학에 대한 견해에 의해 담지되리라는 것을 프레게의 사고 스타일이 사전에 이미 경고해주고 있다는 것이다. 우리는 프레게의 통찰과 그러한 통찰을 이용하는 입장을 구별할 수 있어야만 한다.[1] 비록 그 입장이 프레게의 통찰에 영감을 주었을지는 몰라도, 프레게의 주장만이 그 입장의 배타적 성격을 규정하는 것은 아니다. 프레게의 주장을 살필 때면 항상 다음과 같은 질문을 해야만 한다. 그 통찰이 다른 수학적 견해에 사용될 수 있도록 고쳐지고 활용될 수 있는가? 마음 속에 이러한 단서들을 지니고 비판적 주장에 주의를 기울여보자.

첫째, 수는 본질적으로 주관적이며 정신적이거나 혹은 심리학적이라는 주장에 대한 프레게의 반대를 살펴보자. 그의 주장은 경험, 관념과 같은 심리학적 실체의 속성과 수학적 개념의 속성간의 차이를 지적하는 것이다. 우리의 의식상태는 유동하는 불분명한 것인 반면, 이 상태의 내용—즉 의식이 담고 있는 수학지식—은 분명하고 고정된 것이다. 즉 주관적 상태는 사람마다 다양하지만, 우리는 수학적 관념이 모든 사람에게 동일한 것이라고 말하고 싶어한다.

더구나 수를 일관되게 사람 마음 속에 있는 관념으로 취급하면 아주 난처한 결과가 나타난다. 심리학적 관점에서 보면 사람들은 관념을 공유하지 않는다. 관념이란 개인들 마음에 속한 상태이므로 하나

---

1) 프레게의 통찰을 이용하는 이것은 후에 블루어가 주장하고 있는 '사회학적' 통찰을 의미하고 있다. 블루어는 밀 스타일의 자연주의적이고 심리적인 접근과 구분되는 이 통찰은 프레게가 객관성을 정의하는 데 매우 중요한 역할을 하고 있지만 프레게 자신은 자신의 통찰이 가지고 있는 '사회학적' 의미와 중요성을 간과하고 있다고 주장한다.

의 관념은 당신의 마음 혹은 나의 마음에 속해야 한다. 따라서 2라는 숫자가 하나의 관념이라고 말하는 대신에, 심리학자는 2에 대한 나의 관념과 2에 대한 당신의 관념을 말해야 한다. 이것은 마치 '그' 2라는 숫자가 결코 정신적인 것이 아니라 정신상태의 비정신적 내용인 양, 두 개의 심리학적 상태에 공통의 초점이 되는 독립된 '그 무엇'이 존재한다는 것을 암시할 수도 있다. 일관된 심리학적 접근은 우리가 보통 숫자 2에 대해 이야기함에도 불구하고, 실제 존재하는 것은 '각각이' 숫자 2라고 똑같이 정당하게 주장될 수 있는 개별관념들의 다발일 뿐이라고 주장해야 할 것이다. 간단히 말해, 2에 대해 존재하는 관념의 수만큼 많은 숫자의 2가 존재한다는 주장은 우리가 상식적으로 생각하는 것과는 상당히 다른 결론으로 우리를 인도한다.

엄청난 아이러니와 더불어 프레게는 2들의 증식이 아직 끝나지 않았다는 것을 상기시킨다. 우리는 모든 무의식의 2들, 그리고 새로운 세대들이 태어남에 따라 나타나는 2들이라는 추가의 무거운 짐을 져야만 하지 않을까? 이러한 위협 아래 우리는 숫자는 사람들 마음 속에 있는 심리학적 실체가 아니라, 어떤 면에서 독립적인 지식대상이라는 프레게의 주장을 성급하게 받아들여보자.

지금까지 밀의 입장이 지나치게 무거운 압박을 받은 것은 아니다. 그의 이론은, 수학이 프레게가 그리도 경멸한 자갈 같은 대상의 일반적 속성에 관한 것이란 점에서 객관적인 구성요소를 지니고 있다고 말할 수 있다. 프레게가 다음과 같이 질문을 던질 때 밀은 더욱 직접적인 비판에 노출된다. 수는 외적 사물의 속성인가? 여기서 중심적인 주장은 수는 사물들의 속성이 아니라는 것인데, 그 이유는 사물들이 숫자화되는 방식은 우리가 그것을 어떻게 간주하느냐에 달려 있기 때문이다. 즉 예를 들어서 카드 한 벌에 속한 정해진 '숫자'와 같은 사물은 존재하지 않는다. 카드 한 벌에는 네 개의 짝이 있을 수도 있고, 다른 가능성도 존재한다. 프레게는, "내가 여러 가지 숫자를 부여할 수 있는 하나의 대상은 실제로 그 숫자를 갖고 있는 것이 아니다"(p.29)라고 주장한다. 프레게는 이것이 숫자를 우리가 보통 사물의 속성으로 간주하는 것과는 다르게 만든다고 주장한다.

이런 주장의 중요성은 외적 대상과 그것에 하나의 숫자를 부여하는 행위 사이에 사고과정이 개입한다는 것을 보여준다. 프레게에게 이것은 대상과 숫자의 진정한 위치 혹은 초점간에 쐐기를 박는 것이다. 이것이 의미하는 바는 프레게에 의하면, "우리는 정해진 숫자를 하나의 대상에다 그 대상의 서술어로서 부여할 수 없다"(p.29)는 것이다. 우리가 삼각형의 그림을 보고, 세 개의 꼭지점을 가졌다고 식별할 때, 이 셋이라는 숫자는 그림에 본래 내재하는 것이 아니다. 따라서 프레게는 다음과 같이 말한다. "삼각형에서 셋이라는 숫자를 직접 볼 수는 없다. 오히려 셋이라는 수가 발생한다는 판단을 하게끔 유도하는, 우리의 지적인 행위를 고정시킬 수 있는 어떤 것을 볼 수 있다"(p.32).

우리는 다양한 관점을 가질 수 있고 따라서 숫자를 대상과 다양하게 연결지을 수 있기 때문에, 푸르다는 것의 속성과 숫자 3간에는 차이가 있는 것처럼 보인다. 푸르다는 것의 속성을 그가 너무 단순화시킨다는 점 때문에 프레게가 이러한 결론에 이르는 방식에 이견이 제기될 수도 있겠지만, 확실히 프레게의 주장은 그럴 듯한 것이다. 숫자라는 것은 세상에서 문제시되지 않는 어떤 것이 아니다. 우리가 통상 물질적인 대상과 그것의 속성을 생각하는 방식과 숫자개념들을 구별짓게 만드는 어떤 것이 숫자개념의 본질 안에 존재한다. 지금까지의 프레게의 결론은 조건 없이 수용될 것이다. 숫자는 심리적인 것이 아니며, 단순히 밀의 자갈들에 의해서 주어지는 것도 아니다.

밀의 입장에 대한 프레게의 다른 비판들이 있는데, 나는 곧 그것들을 살펴볼 것이다. 당분간 프레게가 숫자를 심리적인 것과 물질 세계 둘 다로부터 빼앗아버리는 입장을 취해보자. 이 두 영역이 가능성의 범위를 다 소진시켜버린다면, 프레게의 주장은 수를 완전한 비실체로 만들어버릴 것이다.

당연히 이것은 프레게가 생각했던 해결책이 아니다. 제3의 가능성이 존재할 수 있다. 물리적, 심리학적 대상들 외에도, 프레게가 이성 혹은 개념의 대상이라 부른 것들이 있다. 이것들은 '객관성'이라 불리는 것의 가장 중요한 속성들을 지닌다.

여기서 이성의 대상들과 객관성을 지닌 사물들이 가지고 있는 특성들을 매우 주의 깊게 살펴보는 것이 좋을 것이다. 프레게는 '객관적'이라는 표현을 우리의 감각경험과 독립적이고, 또 그런 감각경험으로부터 구성되는 심리적 표상과 독립적인 것으로, 그러나 우리의 이성과는 독립적이지 않은 것으로 이해한다고 그의 입장을 설명한다. 그의 부정적인 정의는, 더욱더 긍정적인 특징에 대한 매혹적인 통찰과 더불어, 다음의 인용문에서 볼 수 있다. 여기서 프레게는 다음과 같이 말한다.

나는 내가 객관적이라 부른 것과 손으로 다룰 수 있는 것, 혹은 공간적이거나 실제적인 것을 구별한다. 지구축은 객관적이며 태양계의 무리의 중심 또한 객관적이지만, 나는 그것이 지구 자체가 존재하는 것과 같이 실재적(actual)이라고 부르지 않는다. 우리는 종종 적도를 상상 속에서만 존재하는 선이라고 말한다. 그러나 그것은 사고의 창조물이나 심리학적인 과정의 산물이 아니라, 단지 사고에 의해 인식되고 이해된 것일 뿐이다. 만약 인식되는 것이 창조된 것이라면, 우리는 이른바 적도가 창조되기 이전 시기의 적도에 관해 어떤 긍정적인 것도 말할 수 없다(p.35).

위에서 주어진 예가 보여주는, 심리학적인 것과 물질적인 것 위에 존재하는 제3의 대안인 이런 객관성에 관한 정의는 어떻게 이해되어야 하는가? 나는 수학이 객관적이라는 프레게의 주장과, 객관성에 대한 긍정적이고 부정적인 그의 정의가 완전히 옳다고 받아들일 것이다. 그러나 객관성이 진짜 무엇인가에 대한 설명은 거기에서 찾을 수 없다. 우리는 정의를 갖고 있다. 그러나 그 정의를 만족시키는 사물의 본성은 무엇인가?

프레게의 객관성에 대한 정의는 받아들여질 수 있으나 무엇이 이 정의를 만족시키는가?

프레게가 제공한 여러 설명과 예들에 실제내용을 부여할 수 있는 설명이 필요하다. 정신적인 것도 아니고 물리적인 것도 아니고, 사실적이지만 실재하지 않는 적도 같은 개념으로 예시화될 수 있는 것은 무엇인가?

이 질문에 답하고 프레게의 정의에 충실하기 위하여, 그의 예는 꼼꼼하게 검토될 만한 가치가 있다. 적도의 예에서 출발해보자. 적도는 어떤 지위를 가지고 있는가? 적도는 지형경계와 상당히 유사하다고 할 수 있다. 이것들은 또한 상상적 선들이라 불릴 수 있다. 이 선들은 다음처럼 규정될 수 있을 것이다. 강을 따라 남쪽으로 뻗어 있고 숲속 가장자리를 따라 동쪽으로 나 있는 선을 상상해보자. 지역적 경계가 사회적 협약이라는 지위를 지닌다는 것은 일반적으로 인정되는 것이다. 물론 이것은 '단순한' 혹은 '자의적'인 협약은 아니다. 협약은 많은 복합적인 방식으로 그 안에서 영위되는 생활의 질서와 규칙성과 관련되기 때문에 매우 중요하다. 더욱이 그것들은 갑작스런 변덕으로 변화될 수 없다. 단지 어떤 생각만 가진다고 해서 그것들을 변화시킬 수 없다.

한 개인은 협약들에 관해 옳은 혹은 그른 생각을 지닐 수 있지만, 아무도 그런 경계들에 대한 정신적 이미지를 지니지 않는다고 해도 사라지지는 않는다. 실제 물체가 그 협약을 나타내는 가시적인 기호와 표시로 사용될 수는 있겠지만, 협약 자체는 손으로 만지고 지각할 수 있는 물리적 대상이 아니다. 마지막으로, 그러한 경계들은 그 경계에 대해 어떤 사람도 생각해보기 이전에 발생한 사건에 관한 진술을 할 때 지칭될 수 있을 것이다.

이 예는 사회적 제도의 지위를 가진 사물은 객관성과 밀접하게 관련될 수도 있다는 것을 보여준다. 진정 물리적인 것과 심리학적인 것 사이의 특별한 제3의 지위가 오로지 사회적인 것에 속한다는 가설로 도약할 수도 있을 것이다.

이 가설은 프레게의 다른 예들을 통해서 검증될 수 있을 것이다. 태양계의 중력의 중심과 지구축이 그것들이다. 이것들이 본질적으로 사회적이라고 불릴 수 있는가? 처음에는 이것이 타당해 보이지 않을 것이다. 그러나 이것은 프레게가 경고한, 객관적 실체를 물리적이거나 실재적인 대상으로 취하는 오류를 범하려는 경향 때문일 것이다. 프레게는 확실히 옳았다. 지구축은 우리가 걷고 있는 지구같이 경험에 분명하게 나타나는 실재적인 것 중의 하나가 아니다. 한편, 우리는 이 사물들이 실재한다고 역설하고 싶은데, 그 이유는 회전하는 지구는 축을 지녀야 하고 거대체들의 집합은 중력의 중심을 지녀야 하기 때문이다.

그러나 이 주장이 나타내는 것은 이 개념들이 실재에 대한 우리의 개념에서 중심적인 역할을 한다는 것이며, 특히 이런 개념을 정의하는 데서 중요한 역학이론에서 중심적인 역할을 한다는 사실이다. 그러나 이 실재란 경험적인 실재가 아니라 체계적이고도 고도로 정교화된 세계관이라는 것을 기억해야만 한다. 그것은 우리 신체가 경험할 수 있는 어떤 것과는 미미하게 결합되어 있다. 그러므로 프레게가 객관적인 것의 예로서 선택한 두 가지 개념은 이론적 개념임이 드러났다. 그러나 지식의 이론적 구성요소가 바로 사회적인 구성요소이다.

이런 특정한 경우 이론적인 것과 사회적인 것을 동일시하는 것이 도전받는다면, 지구 회전축과 유사한 역할을 하는 개념을 포함하는 또 다른 세계관이나 이론을 살펴보면 유용할 것이다. 중세의 사고는 세계를 일련의 동심구(同心球)로 보았다. 지구의 중심은 전체 우주를 정렬시키는 한 점이다. 이 우주를 지배하는 안정된 구형의 정적인 이미지가 주어지면, 그런 점이 있어야 하고 실제로 그것이 존재하는 그 자리에 그 점이 존재해야 한다. 즉 지구의 중심이 바로 그 점이다. 수세기에 걸쳐 많은 사람들에게 이 중심점은 그들이 실재라고 이해한 것의 확고한 일부였다. 우리는 지금 이 중심점이 실재에 대응하지 않는다고 주장하나, 그들에게는 중심점이 결코 주관적인 어떤 것이 아니었다.

예를 들면 그것은 개인의 선택이나 변덕의 문제가 아니었다. 또한 사람에 따라 다른, 그리고 다양하고 정신의 상태처럼 유동적인 그런 의미의 심리적 현상도 아니었다. 그것은 사람들에게 대개 알려져 있던 것이었다. 마찬가지로, 우주의 중심은 사람들이 볼 수 있거나 볼 수 있다고 생각되는, 혹은 다룰 수 있다는 의미에서의 실재적 대상이 아니다. 그것은 프레게의 의미로 객관적인 것이다. 또 다른 의미에서 그것은 현대 우주론의 일부인 이론적 개념이다. 세번째 의미에서 그것은 사회적, 제도적 신념이고 문화의 일부이다. 그것은 수용되고 전달된 세계관이며, 권위에 의해 강제된 것이며, 신학과 도덕에 의해 유지되고, 그것을 떠받침으로써 상호 강화된다.

결론은 프레게의 객관성 개념에 실체적 의미를 부여하는 길은 그것을 사회적인 것과 동일시하는 것이다. 제도적인 믿음이 그의 정의를 충족시킬 것이다. 이것이 객관성이라는 것이다.

프레게는 자신의 정의를 이렇게 번역하는 데 대해 철저하게 반대할 것이다. 그것이 가능하다면, 사회학은 심리학이 수학의 순수성과 고결함을 위협한 것보다도 더 수학을 위협하게 될 것이다. 프레게의 주장은 수학을 순결하게 보존해야 한다는 것이다. 그러나 그가 오염을 두려워했음에도 불구하고, 프레게는 사회학적 해석을 가능케 하는 객관성에 관한 정의를 만들어냈다. 사회학적 해석이 프레게의 방어막을 빠져나갈 수 있다는 것은, 다시 말하면 프레게의 주장을 가장 강력한 것으로 만든다는 것으로 해석될 수 있다. 그 결과는 우리가 수학을 순수하게 심리적이거나 단순한 물리적 속성으로 보지 않고, 본질적으로 사회적인 것으로 보는 한에서만 프레게의 객관성 정의를 고수할 수 있다는 것이다. 이 결론은 아마 이상하고 당황스러울 것이다. 그러므로 밀을 비판하는 프레게의 나머지 주장을 살펴봄으로써, 나의 해석의 진위를 검토하는 게 좋을 것이다. 이것은 어떻게 하면 밀의 이론을 변형시켜서, 이 변형된 이론들이 심리적인 과정과 함께 틀림없이 작용하고 있는 사회학적 과정을 수용하도록 할 수 있는가라는 문제로 귀결된다.

사회학적 요소에 의하여 변형된 밀의 이론

프레게의 나머지 주장은 주로 밀이 수와 수학적 조작에 대응한다고 믿었던 '사실의 문제'에 관한 것이다. 문제가 되는 점은 다음 문장에서 드러난다. "수는 무엇에 속하는 것인가?"라는 질문에 대한 답에서, 밀은 "물론 사물의 덩어리에 속하는 어떤 속성이며……그 속성은 덩어리가 구성되고 부분들로 나뉘는 그 특징적인 방식이다"(III, XXIV, 5)라고 말하고 있다. 프레게는 이 '그 특징적인 방식'이라는 말로 도약해버린다. 그는 여기서 정관사가 무엇을 하고 있는지를 질문한다. 대상의 무리를 나눌 수 있는 단일한 특징적 방식은 존재하지 않기 때문에 '그' 특징적인 방식이라고 표현하는 것은 정당화될 수 없다. 카드패는 여러 가지로 분류될 수 있다. 자갈을 질서짓고 배열함으로써 할 수 있는 수많은 놀이가 있다.

프레게가 옳다. 밀은 정관사에서 실수를 했고, 그의 이론은 그것을 정당화할 수 없다. 여기서 밀은 프레게로 하여금 수라는 것이 단순히 대상 속에 있지 않고, 사물들이 간주되는 방식에 달려 있다고 주장하도록 이끈 것과 똑같은 압력에 무의식적으로 반응했음에 틀림없다. 객관성에 대한 프레게의 정의를 사회학적으로 해석하는 것은, 밀의 이 부주의하면서도 일관적이지 못한 통찰이 어떻게 프레게의 기본적인 접근과 결합될 수 있는가에 관한 단서를 제공할 것이다.

대상을 질서짓고 배열하고 전시하는 '특징적' 방식에 관해 말하는 것의 함의가 무엇인지 살펴보자. 그것은 전형적이고 평범하고 전통적이기까지 한 패턴들이라는 의미를 내포한다. 어떤 사람은 양탄자를 짜는 특징적인 패턴 때문에 세계의 어떤 지역에서 온 양탄자인지를 알아낼 수 있을 것이다. 특징 있는 패턴이나 전시(展示)는 종종 개인적인 개체가 아니라 사회적인 개체이다. 밀이 자기도 모르게 한 일은, 배열하는 방식들과 사물을 질서짓고 분류하는 과정들이 모두 다 수학의 패러다임적인 경험으로서 기능할 수는 없다는 생각을 전달한 점이다. 자갈로 할 수 있는 수많은 놀이 중에서 오로지 몇 개의 패턴만이 자갈을 질서짓고 분류하는 '특징적 방식'을 형성하는 특별한 지위를 성취할 수 있다. 똑같은 식으로 볼 때, 양탄자를 짤 수 있는 셀 수 없이 많은 패턴 모두가 전통적인 직조인 집단에게 동일하게 중요한 것은 아니다.

이 사람들에게 카펫을 짜는 규범이 있듯이, 수학을 학습하는 사람에게도 규범이 있다. 사실상 한쪽을 확립하는 데 도움이 되는 여러 가지 고려사항이 다른 쪽에서 작용하고 있는 고려사항과 별반 다르지 않을 것이다. 둘 다 질서와 대칭이라는 본유의 감각에 호소하고, 만족스런 반복, 깔끔한 끝내기와 포함, 무늬의 부드러운 변화와 연관관계 등을 주된 고려대상으로 삼을 것이다.

프레게가 비난한 것은 바로 대상의 속성이 경험되는 다양한 방식에 질서를 부여하기 위해서는 사회학적 요소를 필요로 한다는 밀의 이론이 가지는 함의였다. 밀의 언어는 그가 실제로 사회학적 구성요인에 반응하고 있음을 보여주지만, 그럼에도 불구하고 그는 아슬아슬하게 그것을 놓쳐버리고 말았다. 바로 이런 요인의 결핍이, 밀의 이론을 프레게의 비판에 노출시키게 된 모든 원인이다. 다음의 생각이 프레게의 입장에 매우 근본적인 것이다. 밀의 이론은 상황의 단순히 물리적 측면에만 관심을 가진다는 것이다. 그는 상황이 가지고 있는 전형적으로 수학적인 것이 무엇인지를 포착하지 못했다. 이 빠뜨려진 구성요인은 이제 협약성, 전형성 안에서 찾을 수 있고, 또한 어떤 패턴을 '특징적인 것으로' 만드는 모든 것에서 찾을 수 있다.[2]

분명히 어떤 분위기와 느낌이 수학적 움직임을 예시화하는 특유한

---

2) 밀이 왜 'the' characteristic way라는 표현에서 정관사 'the'를 잘못 사용하였는가가 이제 확실해지는데, 프레게의 비판처럼 대상을 나누고 분류하는 '단 하나'의 특징적 방법(the characteristic way)이 존재하는 것이 아니라 여러 가지 방법이 존재하기 때문이다. 블루어에 따르면 이런 여러 방법 중에서 어떤 것이 선택되는가는 행위자들의 '협상'에 의해서 결정된다.

패턴을 에워싸고 있으며, 이 분위기는 이제 사회적 분위기라고 정의될 수 있다. 특별한 요인을 주입하고 대상을 질서짓고 분류하고 배열하는 특정방법을 분리해내는 것은 제도화의·노력과 작업이다. 대상 그 자체에서 수학의 토대를 구축하려고 하고, 따라서 어떤 패턴이 특별히 선택되어 특별한 지위가 부여된다는 사실을 포착하지도 보여주지도 못하는 이론은 아무리 그것이 바람직하다 할지라도 수학의 토대를 기약하기에는 턱없이 부족한 것이다. 따라서 러셀(Bertrand Russell)이 『기억의 초상』(*Portraits from Memory*, 1956)에서 왜 다음과 같이 썼는지를 이해할 수 있을 것이다.

나는 18세에 처음 밀의 『논리체계』를 읽었는데 그 당시 나는 밀에 상당히 경도되어 있었다. 그럼에도 불구하고 '2 더하기 2는 4'라는 정리를 우리가 받아들이는 것이 경험에서 온 일반화라는 것을 믿을 수가 없었다. 나는 이런 지식에 우리가 어떻게 도달하게 되었는지 혼란스러웠지만, 그것은 아주 색다르게 느껴졌다(p.116).

대상을 분류하는 특징적인 방식을 이해하기 위하여 밀의 이론에다 규범적인 내용을 도입하는 것이 밀의 근본적인 자연주의적 진의를 파괴하지는 않을 것이다. 대상의 행태가 우리의 사고 모델을 제공한다는 중심적 사고는 여전히 살아남는다. 이제 차이는 그런 대상의 행태가 하나의 모델로서 기능할 수 있는 것이 아니고, 오직 사회적으로 고정되고 의례화된 패턴만이 모델로서 기능한다는 것이다.

하지만 여전히 극복해야 할 몇몇 반대가 남아 있다. 프레게는 어떤 경험이나 물리적 사실이 굉장히 커다란 수나 혹은 0이나 1과 같은 수에 대응하느냐고 질문한다. 어느 누가 $1,000,000 = 999,999 + 1$이라는 것과 대응하는 경험을 했는가? 만약 수라는 것이 외적 대상의 속성이라면, 왜 사람들은 외적 대상이 아닌 세 개의 생각과 세 개의 감정에 대해서 얘기할 수 있는가?

프레게가 숫자 1에 관해 말하고 있는 요점은 단순히 '하나의' 사물을 경험하는 것이 '그' 하나라는 숫자와 상봉하는 것과 동일한 것은 아니라는 점이며, 따라서 한 경우에서는 부정관사를 사용하고 다른 것에는 정관사를 사용하는 것이다. 분명히 1에 대한 경험에 관해서는 프레게가 옳다. 숫자의 경험은 어떤 무작위적 사물이 아니라, 특정한 목적들, 전형적으로 수를 세기 위해 의례화된 목적 때문에 특정한 방식으로 간주되는 어떤 것이다. 숫자의 경험은 사물과 대응하는 것이 아니라, 특유한 패턴 안에 존재하는 하나의 요인으로 간주되는 어떤 것과 대응하는 것이다. 숫자는 역할인데, 이것을 어떤 대상도 무차별적으로 그 역할을 수행할 수 있다는 것으로 혼동해서는 안 된다. 수와 결합되는 경험은 대상에 대한 특유한 패턴과 분할 안에서만 역할을 부여받는 대상에 대한 경험이다.

0과 결합되는 경험은 무엇인가? 프레게는 의기양양하게 아무도 0 자갈들을 경험한 적이 없다고 주장한다. 어떤 점에서 이것은 사실이다. 그래서 그는 0을 포함한 모든 숫자는 동일한 지위를 지닌다고 주장한다. 프레게는 0이라는 숫자가 그와 대응하는 경험을 지니지 못하기 때문에, 다른 숫자에 대한 우리의 지식에서도 경험은 아무런 역할을 못한다고 주장한다.

모든 숫자가 그 본성상 동질적이라는 이 가정은 아주 그럴 듯하다. 그러나 이 가정은 쉽게 프레게의 이론을 반박하도록 사용될 수 있으며, 변형된 형태의 밀의 이론을 돕는 데 사용될 수 있다. 왜냐하면 숫자가 역할과 제도의 지위를 지닌다는 생각은 아마 다른 숫자보다도 0의 경우에 더욱더 매혹적이기 때문이다. 0은 발견 혹은 미발견된 것으로 보는 것보다, 창안되고 도입된 편리한 장치나 협약과 같은 것으로 생각하는 것이 더 편하다. 숫자의 동질성을 가정할 때 0이 협약적 인공물이라면 다른 숫자도 그럴 것이다.

다음은 큰 숫자들에 관한 질문이다. 분명 우리는 다섯 개나 열 개의 대상을 나누는 경험을 하듯이 백만 개의 대상을 분할하는 경험을 할 수가 없다. 산수는 작은 숫자뿐만 아니라 큰 숫자에도 적용되므로, 이것은 산수가 경험이 우리에게 말해주는 것과 독립된 것이라는 것, 그리고 산수의 진짜 본성은 경험과 아무런 관련이 없다는 것을 암시하는 게 아닐까?

경험과 산수가 오로지 제한된 정도로만 겹친다는 사실을 설명하는 데는 두 가지 일반적인 선택이 분명히 존재한다. 하나는 프레게의 선택을 따라 해석하는 것인데, 이 해석은 산수와 경험의 몇몇 연관관계와 대응은 단지 우연에 불과하다고 보는 것이다. 또 하나는 산수와 경험간의 제한된 연관관계에 대단한 중요성을 부여하여 연구하는 것이다. 다른 모든 것이 그러한 연관관계에서 나오는 것으로써 보여져야 한다. 이것이 밀의 접근이다.

프레게의 도전을 물리치기 위해서 밀의 이론은 어떻게 경험이 산수의 개념을 만들어내고, 그 개념이 기능할 수 있는 수단을 그 개념이 발생한 상황으로부터 추출해낼 수 있는가를 보여주어야 한다. 큰 수에 대한 산수의 경우는 경험적 상황과 직접 관련될 수 있는 작은 수의 경우에 기생하는 파생적인 경우라는 것을 보여주어야만 한다. 그러한 과정이 어떻게 작동하는지를 보여주는 수단은 이미 우리가 가지고 있다. 그것은 우리의 경험이 미치는 대상의 패턴이 모델로서 기능할 수 있다는 바로 그 생각에 내재하고 있다. 이것을 이해하기 위해 한 행위가 다른 행위를 흉내내었을 때, 모델이 어떻게 작용하며 또 어떤 일이 일어나는지를 생각해보라. 그 결과는 분명 자신이 모델로 삼은 행위에서 도출되는 파생적 행위가 그러한 최초의 모델로부터 유리되는 것이다.

여기서는 카펫 직조인을 생각해보자. 직조인은 다른 사람이 하는 것을 보고 함께 일함으로써 패턴이 만들어지는 방식을 배운다. 그리하여 그들은 자율적으로 일하게 되고 새로운 경우에 그 기술을 적용하고 재적용한다. 예를 들어 그들이 어느 누구도 전에는 짠 적이 없는 커다란 카펫을 짜려고 할 때 이것은 작은 카펫으로 짜는 법을 배우고 실천했어야만 가능한 일이다. 이와 같은 것이 기술의 본성이다. 따라서 제한된 경험이 무한하게 응용될 수 있고 확장될 수 있는 모델, 절차, 기술을 제공할 수 있다면, 이런 제한된 경험에 기초를 둔 산수가 가능하다는 결론이 나온다. 밀의 이론과, 그 자체가 우리의 경험으로 직접 예시될 수 없는 영역에서 기능하는 산수는 결코 서로 양립 불가능한 것이 아니다.

프레게의 마지막 비판은 관련된, 그러나 가장 중요한 점을 끌어내는 데 공헌한다. 문제는 어떻게 밀의 이론에서 우리가 질투, 시기, 열정이 세 가지 다른 감정이라고 말할 때처럼, 비물질적인 사물에 대한 수를 말할 수 있는가이다. 따라서 프레게는 다음과 같이 말한다.

외적 사물에서 추출해낸 속성들이 의미의 변화 없이도 사건들, 관념들, 개념들로 옮겨질 수 있다면, 그것은 참으로 놀랄 만한 일 일 것이다. 그 결과는 녹기 쉬운 사건, 푸른 관념들, 소금기 있는 개념, 혹은 거친 판단에 대하여 말하는 것과 같다(p.31).

이 문제는 중요한데, 그 이유는 일반적으로 생각해볼 때 밀이 어떻게 수학의 적용 가능성의 일반성을 설명할 수 있는가를 이 문제가 질문하고 있기 때문이다.

이 질문에 대답하기 위해서는 다시 한 번 단순한 경험적 상황이 모델로서 기능할 수 있는 방식에 초점을 맞추어야 한다. 이 상황들은 산수를 적용할 수 있는 모든 경우들을 그 상황들에 동화시킬 수 있는 그런 상황들이어야 한다. 예를 들어 이 이론에 의하면, 세 개의 관념에 관해 말하는 것이 말이 되는 이유는, 관념들이 마치 물리적 대상인 양 말하려고 하는 우리의 의지와 능력에서 찾을 수 있다. 우리가 물리적 대상이라는 은유를 사용할 준비가 되어 있을 때만 관념에 관한 수학이 적용될 수 있다.

프레게의 도전에 대한 이 대답은 곰곰이 숙고할 만한 가치가 있다. 그 대답은 산수의 적용이 그 적용시키는 각 경우를 대상의 행위에 동화시킬 수 있느냐에 달려 있다는 가설을 테스트하기 위한 좋은 시금석을 제공한다. 문제는 이것이다. 심리적 현상에 대해 생각할 때, 우리는 대상을 실제로 모델이나 은유로 사용하는가? 그리고 이러한 모델과 은유들이 수학적 계산과 수들이 적용될 수 있는 경로를 실제로 제공하는가? 만약 그러한 경향이 존재하고 제한된 정도로라도 성공적이라면, 대상에 대한 은유를 사용하려는 강한 자연적 욕망의 존재에 대한 증거가 될 것이다. 정신적 현상은 그것의 본성상 물리대상과 너무 동떨어져 있어서, 노력과 의지만이 정신적 현상을 대상에 대한 은유로 설명하려는 시도를 가능하게 해준다. 두 개의 예를 통해서 정신적 과정을 대상에 동화시키려는 경향이 실제 존재하고 나의 이론이 요구하는 방식으로 작동하고 있음을 보여줄 것이다.

『과학과 방법』(*Science and Method*, 1908)에서 푸앵카레(Poincaré)는 수학적 발견 중 하나에 이르게 된 과정에 관한 유명한 내성적(內省的)인 설명을 제공한다. 여기서 흥미로운 것은 발견이 수학적인 것이 아니라, 잠이 오지 않았으나 창조적이었던 밤에 그의 정신상태를 표현하기 위해 떠오른 언어였다는 점이다. 푸앵카레는 그의 사고에 대해서 이야기할 때, 마치 그것들이 기체운동 이론에서의 분자들처럼 서로서로 떠돌아다니고 부딪치고 합쳐지기도 하는 것처럼 말한다. 그는 그러한 비유가 적절하지 못하다는 것을 인정한다. 그러나 그럼에도 불구하고 이것은 궁극적으로 그가 자신을 어떻게 표현했는지를 보여준다. 원자론의 메타포를 채택함으로써 푸앵카레는 물론 '심리학적 원자론'이라는 오랜 전통을 따르고 있다.

요점은 이 전통이나 푸앵카레가 옳았는지 그렇지 않은지가 아니다. 푸앵카레의 예에서 요점은 그것이 맞든 틀리든 은유를 사용하려는 경향이 존재한다는 것이다. 푸앵카레의 예는 프레게가 밀의 이론에 근거해서 결코 설명될 수 없다고 생각했던 것, 즉 수를 관념들에 적용하는 것과 수의 일반적 적용의 메커니즘 같은 것을 설명하기 위해 사용될 수 있을 것이다.

푸앵카레의 말이 정확하지 않고 대중적이어서, 그것이 우리가 산수 개념을 적용하는 방식에 관해 어떤 진지한 것도 실제로 증명해보일 수 없다는 반대가 나올 수도 있다. 두번째, 더욱 확실히 과학적인 예는 똑같은 점을 보여주고 있으며, 프레게의 도전과 밀접하게 들어맞는다. 즉 어떻게 수들이 정신상태에 적용될 수 있는가?

19세기 정신물리학(psychophysics)은 정신과정을 수학적으로 이해하는 방식을 발견한 위대한 업적을 이루었으며, 특히 베버-페히너(Weber-Fechner) 법칙을 정식화하는 업적을 이루었다. 이 법칙은 감각의 강도는 자극의 로그(log)에 비례한다는 것이다. 이 업적의 기본단계는 정신과정을 분할하는 방식을 발견함으로써 이 분할된 부분들을 셀 수 있도록 하는 것이다. 수학적 공식을 만들어내기 위하여 산술적인 방법과, 궁극적으로는 미적분이 도입되었다. 분할되고 계산가능한 단위를 획득하는 데 사용된 전략은 '간신히 알아차릴 수 있는 차이'라는 개념을 도입한 것이었다. 주체가 변화를 알아차릴 때까지 음조(音調) 혹은 무게를 점점 늘렸다. 이 간신히 알아차릴 수 있는 차이의 크기는 원래 자극의 크기에 비례한다는 것을 알아냈다. 밀의 산수이론에서 이 분할과정은 논의중인 주제에다 사물 혹은 대상의 비유를 적용시켜서 일상적인 수학계산이 가능하도록 하는 수단이다. 이것은 셀 수 있는 사물에 심리상태를 대응시키는, 따라서 서로 유리된 대상이라는 은유를 더욱 확대시키는 수단이다.

만약 이러한 주장이 옳다면, 산수의 범위는 물질대상에 관한 은유의 범위와 같다고 말할 수 있을 것이다. 우리가 사물들을 상상력을 발휘하여 질서짓고 배열할 수 있는 대상으로 본다면, 우리는 산술적으로 수를 매길 수 있고 셀 수 있다. 산수와 세계간의 전이와 연결은 처음에 상이했던 사물들을 은유적으로 같은 것으로 만드는 연결이다. 이것이 수학의 광범한 적용에 관한 일반적 문제의 핵심이다.

밀의 이론은 이 문제를 어떤 과학이론이나 모델이 가지는 일반적 성질의 특별한 경우로 봄으로써 풀어낸다. 산술의 기초에 놓여 있는 단순한 대상들의 행태는 다른 과정의 행태에 대한 이론들로서 기능하고, 모든 이론들의 적용에서와 마찬가지로 문제는 어떻게 새로운 상황을 오래되고 익숙한 경우의 사례로 볼 수 있게 학습하느냐로 귀착된다.[3]

---

3) 블루어의 이 주장은 쿤(Thomas Kuhn)이 그의 '패러다임에 대한 재고'(A Second Thought on Paradigm)에서 사용한 '보기'(exemplar)라는 개념과 정확히 일치하는 것이다. 집단에 새로 들어온 구성원이 외부세계에 대한 개념을 적용하고 확장하는 것은 외부세계와 개념들간의 '대응'에 의한 것이라기 보다 외부세계를 어떻게 보아야 하는가에 대한, 집단이 공유하고 있는 인지적 틀을 그 집단에 이미 적응한 구성원들이 보기를 통해서 새로운 성원들에게 보여주고 새로운 성원들이 이를 통해서 그들의 관점을 집단의 인지적 틀에 '적응'시킴으로써 가능한 것이다.

비록 쿤은 은유라는 말은 사용하지 않았으나 개념을 적용하기 위해서는 개념과 외부세계의 간극을 메워줄 수 있는 은유가 필요하며, 이 은유는 집단을 통한 학습에 의해서만 가능한 것이다.

대조적으로, 산수개념을 순수하게 물질대상에서 떨어져 있는 것으로 보는 프레게의 경향은 수학과 세계 사이의 거리를 만들어낸다. 밀의 이론에서는 상이한 영역간의 위험한 결합이 요구되지 않는데, 왜냐하면 그의 이론은 세계 속의 삶에서 시작하여 조그만 경험적 출발로부터 점차 성장하기 때문이다(과학적 사고에서의 모델과 은유의 역할은 Hesse, 1966을 볼 것).

요약 및 결론

수학의 심리학적 이론에 대한 관심은 그것이 수학지식의 성격에 대한 경험적 접근을 가능하게 하기 때문이다. 밀의 『논리』는 물리적 상황이 수학적 추론단계에 모델을 제공한다는 근본적인 생각을 보여준다. 젊은 러셀이 깨달았던 것처럼, 이 설명은 옳게 느껴지지 않는다. 무언인가가 빠져 있는데, 프레게의 반대는 이 빠진 것이 무엇인가를 확실하게 해주었다. 밀의 이론은 수학지식의 객관성을 공평하게 평가할 수 없다. 그것은 수학적 지식단계의 강제적 성격을 설명할 수 없다. 그것은 왜 수학적 결론이 도저히 그것 아닌 다른 것이 될 수 없는 것처럼 보이는 이유를 설명하지 못한다. 밀의 모델 상황들은 물리적 힘의 한 형태를 가지고 있는 것은 사실이다.

우리는 대상을 마음대로 질서짓고 배열할 수는 없다. 언제나 우리가 원하는 대로 대상들이 움직여주는 것은 아니며, 그런 점에서 대상들은 우리 마음에 제약을 부과한다. 이 점이 대상에게 권위의 망토를 입히는 것은 아니다. 우리는 여전히 대상이 현재의 상태와 다르게 작용할 수도 있다는 것을 자유롭게 상상할 수 있지만, 수학에 관한 한 유사한 자유를 느낄 수가 없다. 따라서 논리적 권위와 도덕적 권위간에는 유사성이 존재한다.

권위는 사회적인 범주이며, 그래서 프레게의 객관성 정의가 사회적 제도에 의해 완전히 충족된다는 것을 발견한 것은 매우 중요했다. 그러므로 밀의 심리학적 이론은 사회학적으로 발달되었다. 심리학적 구성요소가 수학적 관념의 내용을 제공했고, 사회학적 구성요소가 물리적 모델의 선택을 다루고, 그것의 권위적인 분위기를 설명한다. 이 권위의 정확한 본질과 그것이 실제로 작동되는 방식은 다음 장에서 더욱 자세하게 살펴볼 것이다. 그것은 미묘하면서도 흥미 있는 문제이다. 사회학적으로 확장된 밀의 이론은 프레게의 주장의 잔여부분을 극복할 수 있음을 알게 될 것이다. 이것은 1과 0 같은 수의 분석과 관련된다. 또한 모델과 은유의 개념을 사용함으로써, 커다란 수에 관한 수학과 수학의 광범한 적용에 대한 프레게의 주장들을 극복할 수 있었다.

변형된 밀의 이론을 수학의 현상학과 다시 연결시킬 때, 두 가지 남아 있는 문제가 있는데, 하나는 사소한 것이고 하나는 중요한 것이다. 사소한 문제는 수학을 설명하기 위해 어떤 실재가 필요할 것이라는 앞서 지적한 느낌과 관련된 것이다. 나의 이론에서 이 느낌은 정당화될 수 있으며 설명이 가능하다. 그 실재의 일부는 물리대상의 세계이고, 일부는 사회이다. 그러나 순수한 수학은 특별한 실재에 '관한' 것이라고 말해지며, 여기서 의도된 것은 막연히 존재할 것이라고 믿어지는 '수학적 실재'이다. 그래서 물리세계는 후보자의 대열에서 배제된다. 그렇다면 나의 이론은 사람들이 수학이 사회에 관한 것임을 어렴풋이나마 느낀다는 것을 의미하는가? 이와 같은 질문은 매우 이상하게 들리겠지만, 만약 수학이 수와 수들의 관계에 관한 것이라면, 그리고 이것들이 사회적 창조물이고 협약이라면, 수학은 사회적인 어떤 것에 관한 것이다. 그래서 간접적인 의미에서 수학은 사회에

'관한' 것이다. 뒤르켐이 종교는 사회에 관한 것이라고 말하는 것과
같은 의미에서 수학은 사회에 관한 것이다.

수학이 다루고 있는 것처럼 보이는 실재는 수학에 투입된 사회적
노동에 대한 변형된 이해를 나타낸다. 현재의 관점에서 볼 때 수학적
개념의 현상학이 모호하고 갈피를 잡지 못한다는 것은 가장 재미있
고 고무적인 사실이다. 예를 들면 때때로 수학적 명제가 특별한 실재
에 관한 것이라고 말해짐에도 불구하고, 때로는 수학적 명제들이 이
실재의 일부라고도 말해진다. 이 연관관계 혹은 그 형태가 어떤 것인
가에 대한 암시가 항상 주어지지만 결코 명쾌하게 설명되지 않는다.
즉 프레게는 수가 개념이 아니라 '개념 안에서 수를 발견하는 것'이
며, 순수한 개념은 우리의 이성에 '투명하게' 나타난다고 애매모호
하게 얘기한다. 그러한 가망 없고 불분명한 개념들에 반하여, 만약
나의 이론이 어떤 더욱 중요한 사실들을 포착하고 발전의 명확한 방
향을 제시하여 준다면 그 입지를 공고히 할 수 있을 것이다.

더욱 중요한 문제는 수학의 유일함과 관련된다. 이것에 대해서는
거의 말해진 바가 없다. 그러나 나의 이론에서 볼 때, 유일한 수학의
존재에 대한 믿음이 마치 유일한 도덕적 진리가 존재한다고 믿는 믿
음과 동등한 지위를 갖는다는 것은 의심의 여지가 없다. 그러나 만약
역사가 도덕적 믿음의 다양성을 보여준다면, 수학적 진리의 유일함
또한 보여주지 못하는 것이 아닐까? 논리적 강제는 본질적으로 사회
적이라는 주장을 사실들이 뒤집는 것은 아닐까? 이 문제는 다음 장의
주제가 될 것이다.

제6장

대안적 수학이 존재할 수 있을까

사회적 조직이 다양한 만큼이나 수학이 다양할 수 있다는 사고는
어떤 사회학자들에게는 터무니없이 허황된 주장으로 보일 것이다
(Stark, 1958). 슈타르크는 계속해서 "영원히 그 내용상 자기동일적
인 수의 과학은 오직 하나만 존재할 수 있을 뿐이다"라고 주장한다
(p.162).

오로지 몇몇 사람들만이 이렇게 확실한 듯한 사실에 반대했다. 그
가운데 한 명인 슈펭글러(Oswald Spengler)의 저서는 지금은 거의
읽혀지지 않는다. 한때 유명했던 그의 책 『서구의 몰락』(*Decline of
the West*, 1926)은 때때로 모호하긴 하지만, 수의 의미라고 명명된
길고 매혹적인 이 주제에 대한 장을 포함하고 있다. 이 주제에 대한
논의는 책이 시작하자마자 두드러지게 나타난다. 슈펭글러는 다음과
같이 주장했다. "그 자체로서의 수는 존재하지 않으며 존재할 수도
없다. 몇 가지의 문화가 존재하기 때문에 몇 가지 수의 세계가 존재
한다"(p.59, vol.1).

비트겐슈타인은 슈펭글러의 책을 읽고 깊은 인상을 받았다고 전해
진다(Janik and Toulmin, 1973, p.177). 비트겐슈타인은 사회학적

인 정향을 지니고 있는 『수학의 토대에 관한 논평』(*Remarks on the Foundations of Mathematics*, 1956)에서 이 터무니없이 허황된 주장을 받아들인다. 아마도 이것 때문에 이 책이 상대적으로 무시되었을 것이다. 비트겐슈타인의 다른 저서에 정통한 철학자들은 종종 수학에 대한 비트겐슈타인의 설명에서 일관성 혹은 의미를 거의 찾아내지 못한다(Bloor, 1973 참조).

대안적 수학이 가능한지 아닌지를 결정하기 위해서는 다음과 같은 질문을 하는 것이 중요하다. 대안적 수학은 어떤 형태를 띠고 있을까? 어떤 기호로 그것이 인식될 수 있으며, 무엇이 대안적 수학으로 간주될 수 있는가?

대안적 수학은 어떤 형태를 띠고 있을까?

대답의 일부는 쉽게 찾을 수 있을 것이다. 대안적 수학은 오류이거나 부적당한 것으로 보일 것이다. 우리의 수학에 대한 대안은 우리가 자발적으로는 가려고 하지 않는 길로 우리를 인도해야만 할 것이다. 최소한 대안적 수학에서 채택하는 추론방법과 단계의 일부는 우리의 논리적, 인지적 속성에 대한 감각을 위반하는 것이 되어야만 할 것이다. 아마도 우리는 우리가 전혀 동의하지 않는 결론에 도달하게 됨을 알게 될 것이다. 혹은 우리가 동의한 결과에 대한 증명이 제시되더라도 그 증명이 사실상 결코 아무것도 증명하지 않은 것처럼 보일 것이다. 따라서 우리는 대안적 수학은 잘못된 근거를 가지고 올바른 결과를 낸다고 말할 수 있을 것이다. 반대로, 우리는 아마 추론의 명확하고 강제적인(우리의 관점에서 강제적인) 조류가 거부되고 무시되는 것을 보게 될 것이다. 또한 우리의 수학적 관점에서 볼 때, 대안적 수학은 아주 생경한 목적과 의미의 맥락 속에 위치지어질 것이다. 대안적 수학의 요점은 거의 이해할 수 없는 것으로 비쳐질 것이다.

대안적 수학이 오류처럼 보일지라도, 모든 오류가 대안적 수학을 구성하는 것은 아니다. 어떤 오류는 분명한 발전방향에서 조금 벗어난 것이라고 볼 수 있을 것이다. 현대 학교수학에서의 수학적 기행(奇行)이 대안적 수학을 구성하는 것은 아니다. 따라서 오류 이상의 그 무엇이 요구된다.

대안적 수학에서의 '오류'는 체계적이며 완고하고 기본적이어야 한다. 우리가 오류라고 생각하는 특징들이 대안적 수학의 실천자들에게는 모두가 서로서로 조화를 이루고 의미있게 관련되는 것으로 보일 것이다. 이 사람들은 이 특징들에 반응하는 방식, 그것들을 발전시키는 방식, 해석하는 방식, 그들의 사고 스타일을 다음 세대로 전달하는 방식에 대해 서로 동의하고 있을 것이다. 그들은 자신들에게 자연스럽고 강제적인(혹은 거부할 수 없는) 방식으로 나아가야만 할 것이다.

물론 대안적 수학에서의 고집스런 오류가 대안적 수학을 우리의 수학과 다르게 만드는 또 하나의 방법이 있다. 일관성과 합의 대신에, 대안적 수학은 합의를 결여하고 있다는 점에서 분명 우리의 수학과 다를 수 있다. 우리에게 합의란 수학의 본질이다. 대안적 수학에서는 논쟁이 특유한 성질일 수도 있다. 대안적 수학의 지지자에게 수학에서 합의의 결핍은, 종교라는 것이 여러 측면에서 개인의 양심의 문제로 보이는 것처럼, 수학 자체의 본성에 속하는 것으로 생각될 것이다. 인지적인 참을성은 수학적 미덕이 될 것이다.

이 정도의 대안적 수학에 대한 규정은 현재의 논의를 위해서는 충분하다. 만약 어떤 것이 이런 규정들을 만족시킨다면, 그것은 충분히 대안적 수학이라고 불릴 만할 것이다.

이런 조건들의 충족이 보여주는 모든 것은, 오류가 체계적이고 엄격하고 근본적일 수 있다는 것 이외에는 아무것도 없다는 반대주장이 나올 수 있다. 논리적 오류의 제도화된 형태도 개인적 오류와 마찬가지로 잘못된 것이 아닐까? 이런 반대를 어떻게 막아내는가를 보여주기 위하여, 다음과 같은 질문을 생각해보자. 대안적 도덕들이 존재할 수 있는가? 절대적인 도덕을 확신하는 시대에 이에 대한 대답을 상상해보라. 당시 사람들은 그 시대의 도덕법전을 신이 부여한 것으로 생각한다고 가정해보자. 이 확신에 찬 관점은 분명히 무엇이 옳은가를 나타내고 있으며, 따라서 여기서 벗어난 어떤 일탈도 틀림없이 틀린 것이다. 그렇다면 이른바 대안적 도덕이 어떻게 존재할 수 있는가? 그것은 신의 본성을 도덕적으로 애매모호한 것으로 왜곡하는 것이 아닐까?

도덕적 절대주의에 대답하는 유일한 방식은, 절대주의자들이 죄악이라고 생각하는 것을 체계적으로 당연시하는 것이 대안적 도덕이라고 말하는 것이다. 대안적 도덕의 신봉자들은 도덕적 절대주의자들이 죄악시하는 것들을 엮어서 그들이 당연시하는 생활양식으로 만들고 그들의 자녀에게 전달한다. 대안적 도덕은 우리 사회에서 범죄행위로 비유되어서는 안 되는데, 왜냐하면 비록 그것이 규범에서 벗어나서 우리의 시선을 끌게 된다 할지라도 그것은 그 자체가 규범이기 때문이다. 물론 도덕적 절대주의자는, 사회적 혹은 국가적 규모의 비도덕성도 여전히 비도덕이라는 것을 지적함으로써 이 점을 일축해버릴 것이다. 제도화된 죄도 여전히 죄이며, 사람과 마찬가지로 사회도 사악할 수 있다는 것이다.

과학적 탐구를 위해서 또 다른 도덕적 명령이 이런 도덕적 관점에 우선해야만 한다는 것은 명확하다. 즉 사심 없고 일반적인 관점을 취해야 한다는 것이 그것이다. 그래서 인류학자들은 대안적인 문화체계들이 한 문화의 생활 속에 확립되어 있고 깊이 배어 있는 것처럼 보일 때만 대안적인 도덕적 체계들에 대하여 이야기하려고 할 것이다. 만일 대안적인 수학에 대한 이야기가 의미를 가지려고 한다면, 이러한 특성을 수학에서도 찾을 수 있어야만 한다.

그렇지만 하나의 더욱 복잡한 요인이 있다. 세계는 대개 독자적인 도덕적, 인지적 양식을 발전시키는 고립된 문화들로 이루어지지 않는다. 문화적 접촉과 전파가 존재한다. 세계가 사회적으로 혼합되어 있는 한, 사회는 그만큼 인지적, 도덕적으로도 혼합되어 있는 것이다. 수학 또한 도덕처럼 생리적 그리고 물리적 환경에서 많은 공통점을 지닌 사람들의 요구를 충족시키기 위해 만들어진 것이다. 그래서 이것 또한 인지적이고 도덕적인 양식의 단일성과 공통배경 형성에 작용하는 요인이다. 대안적 수학은 이 자연적인 제약 안에서 발견되어야만 한다. 그럼에도 불구하고 여전히 그 유일성과 합의는——그것이 존재하는 곳에서는——인과적으로 설명되어야 한다. 어떤 모호한 수학적 실재를 꼭 가정할 필요는 없다. 논의되어야 할 필요가 있는 유일한 실재는 수정된 밀의 이론에서 가정되고 있는 실재, 즉 자연세계와 사회세계이다. 경험적 사회과학의 관점에서 볼 때, 문제는 어떻게 관찰된 믿음의 단일성과 다양성이——그 비율이 얼마가 되든 간에——자연적 원인으로써 설명될 수 있을 것인가이다.

나는 사회적 원인을 이용해서 추적해 들어갈 수 있는 네 가지 형태의 변이를 설명할 것이다. (1) 수학의 광범한 인지적 양식의 변이, (2) 결합, 관계들, 사용들, 비유들을 결정하는 틀들의 변이, 그리고 수학에 부여된 형이상학적 함의들의 변이, (3) 계산과 수학적 기호의 조작화에 붙여진 의미의 변이, (4) 결론을 증명한다고 믿어지는 추론의 엄격함과 형태의 변이 등이다. 변이의 다섯번째 원천은 다음 장을 위해 남겨두겠다. 이것은 자명한 논리적 진리라고 주장되는 기본적인 사고작용의 내용과 사용들의 변이이다.

인지적 양식과 관련된 첫번째 예들은 그리스와 알렉산드리아 수학의 여러 측면을 현대수학에서 그것들에 대응하는 부분들과 대조시켜 보는 것이다.

'1'은 수인가?

다음 진술들은 초기 그리스 수학에서 일반적으로 당연시되는 것들이었다. 즉 1은 수가 아니다. 1은 홀도 아니고 짝도 아닌 짝-홀이다. 2는 짝수가 아니다. 오늘날 이 각각의 주장들은 틀린 것으로 생각되며 받아들여지지 않고 있다. 우리에게 1은 다른 수와 마찬가지로 수이다. 프레게는 재고의 여지없이 이 명제를 그의 주장을 펼 때 인용할 것이다. 더구나 1은 2가 짝수인 것처럼 홀수이다. 그리고 짝-홀과 같은 범주는 없다. 그렇다면 그리스 사람의 생각은 무엇이었는가?

1은 수가 아니라고 그리스 사람들이 말한 이유는, 그들은 1을 수의 출발점 혹은 수의 발원지로서 보았기 때문이다. 그리스 사람들의 의미는, 우리가 많은 사람들이 강연에 갔다고 말할 때 한 사람보다 많은 사람이 갔다는 것을 의미하는 것과 같다. 아리스토텔레스는 그의 『형이상학』(Metaphysics)에서 다음과 같이 말함으로써 이러한 표준적 관점에 관한 자신의 의견을 말하고 있다(Warrington, 1956, p.281). "'1'은 어떤 복수성의 척도를 의미하고, '수'란 측정된 복수성 혹은 척도의 복수성을 의미한다. 그러므로 1은 물론 수가 아니다. 척도는 복수가 아니지만, 척도와 1은 둘 다 출발점들이다"(N I 1087b 33).

때때로 1이 마치 하나의 수인 양 말하려는 시도가 있어왔다. 기원전 3세기에 크리시포스(Chrysippos)는 '다수의 일'(multitude one)에 대해서 말했다. 이암블리코스(Iamblichos)는 이것을 모순이라고 거부했다. 히스 경(Sir Thomas Heath)은 『그리스 수학의 역사』(*History of Greek Mathematics*, 1921, vol.1, p.69)에서 이 예를 인용하면서, 크리시포스의 고립된 관점은 '1을 수개념으로 만들려는 시도'였기 때문에 중요하다고 말했다. 다른 말로 하면, 그것은 우리의 관점을 예견했기 때문에 중요하였다. 현재의 관점에서 볼때, 이것은 논리적 혼동의 본질에 관한 논평으로서 더욱 흥미로운데, 왜냐하면 이것이 바로 이암블리코스가 비난한 점이기 때문이다.

이암블리코스가 단지 혼란으로 간주한 것을 우리는 명백한 것으로 당연시하고 있다. 따라서 아마도 우리가 논리적 부조리로 거부한 것이 언젠가는 자명한 진리로 출현할지도 모른다. 인지된 부조리는 당연하게 여기는 기본적인 분류의 함수로 보일 것이다. 수에 대한 표준적인 초기 그리스의 분류는 우리의 분류와 확실히 다르다. 이 분류에 맞아들어가지 않는 것은 질서와 조화를 깨뜨리는 것으로 간주될 것이고, 그래서 혼란과 모순된 것들로서 간주될 것이다.

그리스의 수 분류 가운데 일부는 우리의 분류와 유사하다. 그들도 수를 홀수와 짝수로 분류하였다. 그렇다면 1을 짝-홀로 분류한 것은 어떤 이유에서인가? 그 이유는 1이 홀수와 짝수 둘 다를 생성시키기 때문에 두 개의 본성을 지녀야 한다는 것이다. 1은 수의 기원과 원천을 나타낸다는 점에서 홀-짝의 이분법을 넘어서며 양다리를 걸치고 있다. 여기에 어떤 인류학적 유사성이 존재한다. 기원에 관한 신화는 종종 그 신화가 설명하고자 하는 바로 그 범주와 분류를 깨뜨리는(위반하는) 사건에 호소한다. 사람들은 그들의 우주에 관해 말할 때, 아담과 이브의 신화에서 볼 수 있는 것처럼, 근친상간 같은 사건을 종종 끌어들인다. 1은 여기서 비슷한, 범주를 깨뜨리는 지위를 부여받고 있다. 따라서 신화의 다른 속성들도 마찬가지인 것으로 기대된다. 이 기대는 옳은 것으로 판명될 것이다.

때때로 2 또한 수로서의 지위가 부정되었는데, 그 이유는 2가 짝수를 발생시키는 원천이었기 때문이다. 그러나 1이 수가 아니라는 생각보다는 덜 흔했으며, 확실히 덜 지속적이었다.

이런 점들이 단순히 '말이 안 되는 소리'라고 일축되어야만 하는 개별적인 호기심인가?(반 데르 바르더(Van Der Waerden, 1954)가 주장한 것처럼). 만약 그리스의 수학을 가능한 한 많이 현대적 용어로 재구성하는 것이 목적이라면, 그 문제는 그렇게 많은 관심을 끌지 못할 것이다. 다른 한편, 분류의 이러한 차이들은 심층적인 어떤 것, 즉 그리스 수학과 우리의 수학간의 인지적 양식의 차이를 나타내 준다. 이것이 클라인(Jacob Klein)이 어렵지만 매혹적인 그의 책『그리스의 수학사상과 대수의 기원』(*Greek Mathematical Thought and the Origin of Algebra*, 1968)에서 취한 관점이다.

클라인은 수의 개념에 유일하며 지속적인 의미의 전통을 부여하는 것은 오류라고 주장한다. 프로타고라스와 플라톤에서 출발하여 비에타(Vieta)와 스테빈(Stevin) 같은 위대한 16세기 수학자, 그리고 현재에 이르기까지의 변화가 수학의 단순한 성장이라고 특징지어지기에는 무리가 있다. 클라인의 요점은 수의 개념이 처음에 유리수들로 확장되고, 다음으로 실수, 그리고 궁극적으로 복소수에까지 이르게 되었음을 주장하려는 것이 아니다. 오히려 그의 요점은 자신이 '수의 의도'(intention of number)라고 부른 것에 변화가 있었다는 것이다. 그래서 클라인은, 르네상스의 대수학자들이 알렉산드리아의 수학자 디오판토스(Diophantos)의 연구를 자신들의 수학에 동화시키려 했을 때, 그들은 동시에 그 수학을 재해석하였다고 주장한다. 우리가 수학의 전통에서 보는 연속성이란 하나의 가공물이다. 그러한 연속성이란 우리의 사고유형을 이전의 연구들에 투사함으로써 얻어지는 것이다.

클라인이 찾아낸 고대와 현대의 수개념의 차이는 다음과 같다. 고대인에게 수란 항상 어떤 것의 수였다. 수는 항상 정해진 양을 표시하였고, 집합적 실체를 지칭하는 것이었다. 그런 집합적 실체들은 아마 가축 같은 지각할 수 있는 대상이었거나, 혹은 어떤 특정대상에서 추출해낸 사고의 순수한 단위였을 것이다. 클라인은 이러한 수의 개념이 현대 대수과정에서 사용하고 있는 것과는 근본적으로 다르다고 주장한다. 여기서 클라인이 말하는 것은, 수는 정해질 수 있는 사물의 수로서가 아니라 상징적으로 이해되어야 한다는 것이다. 때때로 클라인이 말한 '상징적'인 것이 무엇을 뜻하는지 이해하기 어렵지만, 그 주장의 내용은 분명하고 중요하다. 클라인의 요점을 다음과 같은 디오판토스의 저서에 대한 그의 논의를 가지고 전달하겠다. 이 요점을 가능한 한 구체적으로 하기 위해 나는 디오판토스에게서 가져온 간단한 예를 사용하겠다. 이 예들은 히스(1910)의 번역과 논평에서 빌려왔다.

디오판토스의 주요 저서가 『산수』(*Arithmetic*)라고 불리지만, 왜 일반적으로 대수에 관한 연구로 간주되는지 그 이유는 쉽게 알 수 있다. 다음은 디오판토스가 다루는 전형적인 문제인데, 이것은 그의 책 『산수』 2권의 9번 문제이다. "2의 제곱인 4와 3의 제곱인 9의 합인, 13과 같은 수를 두 개의 다른 제곱수의 합으로 표시하라." 디오판토스는 문제에서 주어진 제곱들이 2의 제곱이고 3의 제곱이므로, 그가 찾고자 하는 두 개의 제곱수를 $(x+2)$의 제곱과, $(mx-3)$으로 상정할 것이며, 더불어 $m=2$라고 가정할 것이다. 이제 디오판토스는 두 개의 미지의 제곱수를 발견하는 문제를 하나의 미지수를 발견하는 문제로 환원시켰다. 그는 두 개의 미지수를 서로 관련시킴으로써 그렇게 할 수 있었다. 이것은 다음과 같다.

$$(x+2)^2+(2x-3)^2=13 \text{ 그러므로 } x=\frac{8}{5}$$

그래서 찾으려는 제곱수는 $\frac{324}{25}$와 $\frac{1}{25}$이다.

분명 이것은 현재 하나의 대수계산으로 간주되는 종류의 계산이다. 이러한 대수식은 미지수를 포함하고 있고, 미지수의 값을 구하기 위하여 방정식을 만들고 그것을 풀어내는 것이다. 그러나 현대의 독자들은 이 요점을 분명히 깨닫자마자 어떤 당혹스러움이 생기기 시작한다. 디오판토스의 저서를 살펴보면, 그의 생각과 현대 기본대수간에 놓인 차이가 금방 드러난다. 예를 들어 모든 디오판토스의 대수는 결정적인, 혹은 결정 가능한 수를 찾아내는 것에 국한되어 있다. 디오판토스의 대수풀이 과정은 우리의 대수풀이 과정이 가지고 있는 일반성을 가지고 있지 않다. 디오판토스의 대수풀이 과정은 항상 수의 문제에 종속된다.

그래서 위의 예에서도 요구된 조건을 충족시킬 수 있는 두 개의 숫자를 찾아내기 위하여 특정한 전제가 도입되었다. 우리가 이른바 음수라 부르는 숫자가 대수풀이에서 발견될 때마다, 디오판토스는 원래의 문제는 풀이가 불가능하며 잘못 만들어진 것이라고 치부해버린다. 유사하게, 2차 방정식이 필요한 문제를 풀 때, 보통 그는 방정식을 충족시키는 두 개의 값 중 하나만 취한다. 두 개의 값이 둘 다 양수일 때조차도 마찬가지이다.

'산수'에 나온 다른 문제인 2권의 문제 28을 살펴보자. 이것은 다시 한 번 현대의 사고유형과의 차이를 드러낸다. "그 둘의 곱에다가 그 중 어느 하나를 더한 합도 제곱인 두 개의 제곱수를 구하라." 디오판토스의 추론은 히스에 의해서 다음과 같이 현대적인 형태로 제시된다. x의 제곱과 y의 제곱이 구하는 수라고 한다면, 그것들이 만족시켜야 할 조건은 다음의 식들이 제곱수가 되어야 한다는 것이다.

$$x^2y^2+y^2 \text{ 그리고 } x^2y^2+x^2$$

만약 x제곱 더하기 1이 제곱수라면 첫번째 식은 제곱수가 될 것이다. 그리고 디오판토스는 이것이 $(x-2)$를 모두 제곱한 것과 같아질 것이라고 가정하여 $x=3/4$이라고 구한다. 이 값을 두번째 방정식에 대입하면

$$9(y^2+1)/16$$

은 틀림없이 제곱수가 되어야 한다. 여기서 디오판토스는

$$9(y^2-1)=(3y-4)^2$$

을 가정하고 그래서 $y=7/24$이 된다. 그래서 두 개의 구하고자 하는 제곱수는 9/16와 49/576이다.

디오판토스의 추론에 대한 이런 설명은 그 주장의 전체과정이 어떻게 확정된 숫자 값을 찾으려는 목적에 종속되는지를 잘 보여준다. 그러나 가장 중요한 점은 위에서 보여준 히스 식의 설명이 실제 디오판토스 자신의 추론과정과 똑같지 않다는 사실이다. 히스 식의 풀이는 원래의 풀이과정과 상당히 다른 틀에 맞게 만들어진 새로운 재구성이다. 히스는 분명하게 이 사실에 주의를 환기시키고 있으며,

특히 그의 재구성이 두 개의 미지수 x, y를 도입함으로써 이루어진다는 점을 명기하고 있다. 히스는 디오판토스가 항상 S라고 명명한 하나의 미지수만으로 문제를 풀어나갔다고 설명한다. 그래서 "우리는 일반적으로 디오판토스가 그의 모든 미지수를 하나의 변수로, 혹은 하나의 변수의 함수로 표현할 수밖에 없다고 말할 수 있을 것이다"(p.52).

이 논평은 클라인이 디오판토스가 현대사상가들에 의해 체계적으로 재해석되었다고 말할 때, 그가 무엇을 염두에 두고 있었는지를 보여주는 데 도움이 된다. 히스가 S라는 기호를 하나의 변수로서 언급하고 있는 점에 주목해보자. 이것은 디오판토스의 주장을 재구성함으로써 발생한 모든 것이 하나의 변수 대신에 두 개의 변수를 사용하여 그 절차가 훨씬 간단해지고 단순화되었다는 것을 암시한다. 클라인은 S라는 디오판토스의 기호는 결코 변수가 아니며, 그것을 변수로 보는 것은 그리스 수학의 전제 중 하나를 오해하는 것이라고 주장한다. 그리스 수학의 관점에서 S라는 기호는 특정 미지수만을 가리킬 뿐이다. 이와 반대로, 변수는 특정 미지수를 나타내지 않는다. 그것의 이름이 암시하듯, 변수는 어떤 규칙이나 법칙을 따르는 변하는 값의 범위를 나타낸다.

미지수와 구별되는 변수의 성격은 어떤 기초적인 대수를 사용하여 예시될 수 있다. 학교에서,

$$y=x^2+x-6$$

과 같은 방정식은 곡선을 나타내는 방정식으로 가르치고 있으며, 또 그렇게 여겨진다. 여기서 곡선은 그림 5처럼 보일 것이다. 방정식의 x와 y값이 변함에 따라, 방정식을 만족시키는 점은 곡선을 따라간

그림 5

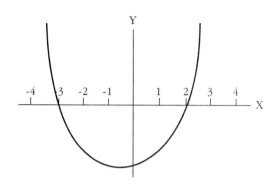

다. 여기서의 x와 y는 진짜 변수이다.

디오판토스는 종종 위와 같은 방정식들을 만들어내도록 하는 문제들에 관심을 가졌지만, 그의 방정식들은 우리의 x 대신 S라는 기호를 가진 방정식이었다. 우리에게 이 방정식은 $+2$와 -3이라는 두 개의 값을 가진 S를 준다. 그러나 디오판토스는 -3이란 답은 불가능하다고 생각하여 거부하였으며, 따라서 그래프 상에서 실제로 하나의 점에 답을 국한시켰다. 그는 x가 양의 값을 가지는 x축과 곡선이 만나는 점에만 관심이 있었다. 그러나 디오판토스는 $S=2$라는 하나의 해가 단순히 변수 S가 가지는 값 중 하나의 값이라고 보지 않았다. 디오판토스는 곡선을 따라가며 주어지는 값들을 고려하지 않았다. 방정식의 관계가 곡선의 흔적을 그리는 그래프 상의 2차원적 공간이 그에게는 존재하지 않는다. 기호가 나타내는 미지의 점은 그 자체로 완전하고 완벽하다. 우리의 수학이 만들어낸 그 점 주변에 존재하는 관계망은 디오판토스에게는 결코 존재하지 않았다.

디오판토스가 무시한 음수 해 $S=-3$을 생각해보자. 우리에게 이것은 다른 $S=+2$라는 값과 확연한 관계를 가지고 있다. 그것은 두 개의 상호 관련된 점인데, 왜냐하면 그것은 직선 $y=0$과 방정식의 곡선이 서로 교차한다는 것을 나타내기 때문이다. 이 해석적 틀과 음의

해를 고려하지 않는다면 두 개의 점이 가지고 있는 관계를 유지시킬 수 있는 것은 아무것도 남지 않을 것이다.

이 모든 것에서 우리에게 어려운 것은 우리가 보도록 훈련받아온 것을 '보지 못하도록' 학습하는 것이다. 이것은 대안적이고 불완전한 수학의 견해는 결코 불완전한 것이 아니라, 우리의 관점이 우리의 세계를 구성하는 것처럼 이런 대안적 관점도 완전하게 하나의 세계를 구성하고 있다는 것이 어떤 것인가를 상상하는 문제이다.

기호개념이 아니라 셈을 하는 것인, 수에 대한 이 상이한 접근을 이해하는 한 가지 방법은, 디오판토스와 비교할 때, 현대의 수학자들이 가지고 있는 기대와 직관들이 얼마나 다른가에 주목하는 것이다. 여기에 수학사학자 한켈(Hankel)이 디오판토스를 읽었을 때의 경험에 관한 즐거운 묘사를 엿볼 수 있다. 한켈은 디오판토스가 다룬 아주 다른 유형의 문제들과, 이런 유형들을 분류할 수 있는 원리의 부족에 주목하면서 시작한다. 이에 덧붙여서 한켈은 다음과 같이 말한다.

문제들보다 그 종류에서 더욱 상이한 것은 그 문제들에 대한 해들이며, 우리는 그의 절차가 취하는 다양한 풀이과정에 대한 웬만한 전체적인 개관을 하는 것조차 완전히 불가능하다. 더욱 일반적이고 포괄적인 방법에 관해서는 아무것도 그의 저서 속에서 발견할 수 없다. 각각의 문제들은 각각 특정한 방법을 필요로 하며, 이런 특정한 방법들은 그와 매우 유사한 문제를 푸는 데 도움이 안 될 때도 있다. 그렇기 때문에, 현대의 수학자들은 100개의 디오판토스의 풀이를 공부한 후에도, 101번째의 문제는 풀기가 어렵다. 그리고 만약 우리가 그 문제를 풀려는 시도를 하고 그런 시도가 수포로 돌아가서 디오판토스 자신의 풀이를 본다면, 디오판토스가 갑자기 순탄한 길을 피하고 이상한 방법을 택하여 때때로 우리가 만족하지 못하는 목표에 도달하는 것을 보고 놀랄 것이다. 우리는 힘든 길을 걸어야 할 것이라고 예측하지만, 결국 훨씬 포괄적인 관점을 얻을 뿐이다. 대신에 우리의 안내자는 좁고 이상하지만 부드러운 길로 인도해서 어느 정도의 업적을 이뤄낸다. 그는 하나의 중요한 문제에 빠져들 수 있는 고요하고 집중된 에너지를 결핍하고 있다. 따라서 독자는 수수께끼 놀이에서처럼 각 문제를 풀 때마다 불안해할 것이며 문제를 푸는 즐거움을 잃어버릴 것이다. 디오판토스는 독자를 즐겁게 해주기보다는 눈부시게 할 뿐이다. 그는 놀랍게도 영민하고 명확하고 지칠 줄 모르지만, 문제의 뿌리를 철저하게 파헤치지는 못한다. 그의 문제들은 어떤 분명한 과학적 필연성에 맞추어 틀지어지지 않았고, 종종 해결의 목적 그 자체만을 위한 것이어서 풀이 자체도 완전함과 깊은 표현력이 결핍되어 있다. 그는 자신이 고안한 비결정적 분석의 기술에서는 뛰어난 사람이었지만, 과학은 그럼에도 불구하고 최소한 직접적으로 몇 가지 방법에서는 이 뛰어난 천재에게 빚을 졌는데, 왜냐하면 그는 옳은 것 이상(以上)을 진리에서 보게 해주는 사색적인 사상을 결핍하고 있었기 때문이다. 이것이 내가 디오판토스의 산수를 완전하고 반복적으로 연구함으로써 얻은 일반적 인상이다(히스에게서 인용. 1910, p.54).

중요한 것은 수학에 조예가 없이도 한켈의 반응을 이해하는 것이 얼마나 쉬운 일인가이다. 한켈은 매우 전형적인 경험을 아름답게, 그러나 진실되게 표현하고 있다. 한켈은 이상한 도덕적, 정치적, 미적, 사회적 태도와 조우한 느낌을 정확하게 표현하고 있는 게 아닌가? 이 질적이고 생소한 사회집단에 합류할 때 갖게 되는 느낌과 동일한 경험이 아닌? 순간 순간 예상들은 빗나가고, 우리의 예측능력은 파괴되며, 주의가 요청되고, 사건들은 한 발 앞서서 일어나고 있다. 왜 이렇게 하였을까, 혹은 왜 이렇게 얘기했을까? 여기에는 반응의 형태를 예측할 수 있는 힘이 결여되어 있다. 이것은 한편으로는 디오판토스의 비범한 기술에 대한 경외심을 불러일으키며, 한편으로는 분노를 불러일으킬 것이다. 우리는 분명한 가능성에 눈먼 것과 대면한다. 한켈의 설명은 다른 문화의 도덕이나 종교가 우리의 도덕이나 종교와 다른 만큼이나, 디오판토스의 저술이 우리와는 다른 수학적 사고를 나타낸다는 현상학적 증거이다.

수가 단위에 관한 것이라는 생각, 그리고 그 단위 자체가 특별한 성격을 지닌다는 사고는 16세기까지 지속되었다. 이런 사고를 변화시키는 데 공헌한 수학자는 네덜란드 사람인 스테빈(Simon Stevin)이었다. 그의 주장을 살펴보면 사회학적으로 흥미 있는 점들을 찾아낼 수 있다.

스테빈은 1을 하나의 수로서 재분류하는 것을 정당화해야 할 필요를 느꼈음에도 불구하고, 그가 예증한 주장 때문에 그런 사고를 채택한 것으로 보이지는 않는다. 그 주장은 아주 분명한 것으로 보였던 입장에 대한 사후적(事後的) 옹호였다. 클라인은 1이 하나의 수라는 것을 의심하지 않았다는 스테빈의 말을 인용한다. "아니오, 결코 아니오. 왜냐하면 나는 자연 그 자체가 그 자신의 입으로 나에게 말 한 양 그것을 확신했습니다"(p.191). 이 인용으로부터 다음을 가정할 수 있는데, 즉 이런 사상은 비록 이 문제에 대하여 확실히 충분한 이견이 존재함에도 불구하고 당연시되고 자연스러운 것으로 되어가고 있었다는 것이다. 스테빈의 주장은 만약 수가 여러 개의 단위들로 구성된다면, 단위 하나(a unit)는 수의 일부라는 것이다. 부분은 전체와 같은 성질을 가져야만 하므로 그 단위 하나는 하나의 수이다. 스테빈에 따르면, 이것을 부정하는 것은 한 조각의 빵이 그 자체가 빵이라는 것을 부인하는 것과 같다는 것이다.

이 주장은 우리가 지금 받아들이고 있는 결론을 도출할 수 있으나 설득력이 결여되어 있다. 이 주장은 부분이 전체와 같다는 가정이 받아들여지기 전에, 수의 동질성과 연속성이라는 사고에 공감할 것을 우선 요구한다. 스테빈은 바로 이것이 그의 연구에서 사용되고 있는 사고라는 것을 분명히 하고 있다. 그가 염두에 두고 있는 것은 수와 길이, 크기, 그리고 양 사이에 존재하는 유사성이다. 따라서 "크기와 수의 겹침과 유사성은 너무나 보편적이어서 거의 같은 것에 가깝다" (p.194)라고 주장한다.

새로운 수의 분류는 수가 어떻게 하나의 선에 비유될 수 있는가를 깨닫는 데 달려 있으며, 이것은 센다는 불연속적인 행위에 대한 기존의 강조에 의해서 배제되었던 유추이다. 낡은 관점과 새로운 관점간에 문제가 되는 것이 명시적인 주장에 의해 해결될 수 있었을지는 의심스럽다. 이 주장들은 항상 수와 선간의 근본적인 비유의 타당성에 관한 판단에 달려 있다. 또한 이 주장들은 산술과 기하학간의 관계와 그들의 상대적인 우선성에 관한 문제로 분화된다.

지식의 다양한 부분들간의 관계에 대한 우리의 이해를 변화시키는 것은 무엇인가? 스테빈과 같은 유추를 어떤 사람에게는 당연하게 보이도록 하면서도, 또 다른 사람에게는 그렇지 않은 것으로 보이게 하는 것은 무엇인가? 이 대답은 분명히 다음과 같을 것이다. 즉 과거의 경험들과 현재의 목적들이 그것들이다. 그리고 이런 경험들과 목적들은 그들의 사회적 배경과 자연적, 심리적 성향을 통해서 보여져야 한다. 무엇이 이 근본적인 수학적 유추를 통제하는가는, 수의 재분류를 옹호한 스테빈과 그리스의 관점에 집착하면서 스테빈의 주장을 반대한 사람들을 비교함으로써 일별할 수 있다.

스테빈은 엔지니어였다. 그 당시 중요한 수학의 사용자들은 모두

기술적이고 응용적인 작업에 몰두하였다(Strong, 1966 참조). 그들의 실제적 편향은 그들로 하여금 수를 단지 세는 것뿐만 아니라 측정하는 데도 사용하게끔 하였다. 기하학과 산술간의 경계를 무너뜨린 것은 아마도 실제적인 관심일 것이다. 수는 변화과정의 동적인 성질을 나타내게 할 수 있는 새로운 기능을 수행하게 되었다. 예를 들어 수와 측정은 사격학이나 항해, 기계의 사용을 지적으로 이해하는 데 중심적인 것이 되었다.

자연이 스테빈에게 가르쳐준 이 새로운 수의 개념에 반대하는 사람들에게는 수가 여전히 정적인 특성을 지니고 있었다. 수는 분류됨으로써만 이해되었고, 수의 가장 중요한 속성은 수가 적절한 범주로 할당될 수 있도록 하는 성질이다. 수와 세계와의 관계는 확실히 이런 사상가들에게 중요했지만, 그들은 그 관계를 엔지니어들과는 다르게 생각했으며, 실제로 수가 그것을 실제적으로 사용하는 사람들에 의해서 강조되어온 관계를 넘어서는 측면들을 가진다고 믿었다. 수란 존재의 질서와 위계의 상징적 예시화였다. 수는 형이상학적이고 신학적인 중요성을 지녔던 것이다.

『절차와 형이상학』(*Procedures and Metaphysics*, 1966)에서 스트롱은 두 개의 상이한 집단들이 각각 과학적인 집단과 몽매한 집단을 구성했다는 것을 설득력 있게 주장한다. 케플러는 아마도 이런 두 가지 성향을 다 가진 사람들의 대표자에 가장 가까울 것이다. 프렌치(French, 1972) 같은 더욱 최근의 연구는 실제적이고 신비적인 관점들이 자주 결합된다는 것을 주장하면서 이 집단들과 그들이 취하는 태도간의 연결을 강조한다. 이 역사적 논쟁의 결과가 무엇이든 여기서 끌어낼 수 있는 일반적 요점은 명백하다. 16세기 기술과 수에 대한 새로운 개념간에는 밀접한 관련이 있다는 것이다. 전통적인 관점에서 새로운 관점으로의 변화가 어떻게 매개되었는지에 관계없이,

그 변화의 일반적 방향은 설명을 필요로 하며 스트롱이 주장하는 것처럼, 기술에 대한 점증하는 요구가 변화의 가장 그럴 듯한 원인으로 생각될 수 있을 것이다.

내가 신비적이고 수량적이라고 간단히 언급한 관점은 세밀하게 검토해볼 만한 가치가 있다. 이것은 수학사상 변이의 두번째 예를 구성한다. 수학에 대한 피타고라스와 플라톤적 개념을 살펴보면서 시작해보자.

피타고라스적인 수와 플라톤적인 수

그리스 사람들은 계산을 시장에서 실제적인 목적을 위해 사용했지만, 이러한 식의 수의 사용을 수의 속성에 대한 더 높고 지적인 사고와 엄격히 분리시켰다. 아주 개략적으로 말하면, 이것은 그리스 사람들이 병참술적인 것과 산술적인 것, 혹은 실제적인 산술과 이론적인 산술로 수학을 나누었던 것과 대응한다. 따라서 『필레버스』(*Philebus*)에서 플라톤은 다음과 같은 소크라테스의 말을 인용한다. "군중의 산술과 지혜를 사랑하는 자의 산술은 별개라는 것을 우선 말해야만 하지 않을까?"(56D). 플라톤에게 올바르게 질서잡힌 사회에서의 통치자는 지혜를 사랑하는 자, 즉 철학자이다.

수에 대한 이론적인 사고는 수의 '형상'(eidos)이라 불린 속성에 관한 것이었다. 클라인은 이것이 수의 '종류', '종(種)들', 혹은 더욱 글자 그대로는 수의 '모양'이나 '형태'를 말하는 것이라고 설명한다. 어떻게 수가 모양 혹은 형태를 지닐 수 있는지 보기 위해서는, 수가 여기서는 오직 사물의 수를 언급한다는 것과 사물의 수는 항상 점들의 수에 의해서 나타내질 수 있다는 것을 상기해야 한다. 이 점

그림 6   형태지어진 수

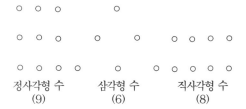

정사각형 수　　　삼각형 수　　　직사각형 수
(9)　　　　　　　(6)　　　　　　(8)

들은 정사각형이나 삼각형, 혹은 직사각형과 같은 특징적인 형태들로 종종 배열될 수 있다. 이것은 정사각형 수, 삼각형 수, 직사각형 수 등에 대해 자연스럽게 말하게 해주고, 필요하다면 삼차원으로도 만들 수 있도록 해준다. 프레게는 아마도 직사각형 수는 직사각형 개념만큼이나 불합리하다는 생각을 가졌겠지만, 그 의미는 그림 6에서 보듯 분명하다.

일단 수들이 이런 식으로 범주화되면, 수의 속성을 도형으로 탐구하는 것이 가능해진다. 예를 들어 연속적인 삼각형 수는 합쳐질 때 하나의 사각형이 된다. 그리스 사람들은 '그노몬'(gnomon)이라는 장치를 사용했다. 이 장치는 적당한 모양을 갖춘 수인데, 위의 모양을 가진 수 가운데 하나에 더해질 때 그 일반적인 형태를 변화시키지 않는 수이다. 예를 들면 정사각형 수의 '그노몬'은 또 다른 정사각형 수를 생산할 것이고, 따라서 그림 7과 같이 생겼을 것이다.

'그노몬' 안에 있는 점들을 셈으로써, 그 형상의 일반적 속성이 곧 출현한다. 예를 들어 한 정사각형 수의 '그노몬'은 홀수 3, 5, 7……의 수열 중 한 수이다. 여기서 정사각형 내의 모든 점의 수가 이런 홀수들로 구성된 수열의 어떤 합과 같다는 것이 분명하게 나타난다. 이런 다양한 결과들을 얻어낼 수 있는데, 그 중 몇몇은 상당히 복잡한 것들이다.

그림 7 정사각형 수의 '그노몬'

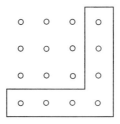

산술에 대한 이러한 접근에 관해 주목해야 할 첫번째 일은, 이 접근이 밀의 설명과 얼마나 들어맞는가 하는 것이다. 이런 접근은 대상들을 단순히 질서지우고 분류함으로써 관찰되는 지식에 기초한 수에 관한 지식의 역사적 사례이다. 분명히 그리스 수학의 결론 중 몇몇은 누구라도 공감할 수 있는 경험에 의존하기 때문에 문화적, 역사적 경계를 초월할 수 있을 것이다.

두번째의 관찰은 보편적인 것에 관련된 것이 아니라 이 산술의 특수한 것에 관한 것이다. 그리스 산수가 경험의 특정한 성질, 즉 그노몬을 어떻게 결정화했고 특정한 연구도구로 변형시켰는지를 주목하라. 산술에 대한 우리의 관점에서 볼 때 '그노몬'이란 개념은 충분히 이해될 수 있는 것이지만, 그 개념이 우리에게는 특별한 중요성을 띠지 않는다. 엄청나게 확장된 지식을 가짐에 따라 우리도 자연히 그노몬과 비슷한 역할을 하는 개념을 가지고 있지만, 그노몬은 우리의 수학사고에서 근본적이고 중요한 것이 아니다. 클라인이 지적한 것처럼, "그노몬을 사용하는 수학은 탐구의 목적이 형상과 수들의 종류를 발견하는 것일 때 일반적으로 의미를 가질 수 있다"(p.56). 현대의 수학과 수이론도 수의 종류들에 관심을 가지고 있으나, 피타고라스와 후기 플라톤주의 사상가들처럼 수의 종류를 나열하는 식의 접근법과는 비교될 수 없다. 이들은 때때로 산술을 수의 형태들의 전형(典型)과 종(種), 그리고 하위 종에 관한 자연사로 간주하였다.

이런 형태의 이론적 수학의 관심사는 무엇이었는가? 그 대답은 이런 사상가들이 산술에서 사회, 삶, 자연을 상징화하는 분류도식을 발견했다는 것이다. 우주의 통일성과 그 속에서의 우리의 열망과 역할이 분류도식의 질서와 위계에 담겨 있는 것이다. 다양한 유형의 수는 정의, 조화, 신과 같은 속성을 '표상한다'. 수의 분류는 일상사고와 생활의 분류와 공명했다. 전자에 대한 사고는 후자의 진정한 의미를 사고 속에서 포착하는 수단이었다. 수의 분류는 사물의 질서를 토대 짓는 본질과 힘에 지적으로 접촉하는 방식이다. 이 수학은 실제적인 문제들과 맺고 있는 밀접한 관계 때문에 '응용'수학의 특정형태로도 볼 수 있을 것이다.

가장 단순한 수준에서 볼 때, 수학과 세계간의 대응양식은 피타고라스의 추종자들, 그리고 그후의 신플라톤 학파가 사회적, 자연적, 수적 속성을 함께 뭉뚱그리는 데서 볼 수 있다. 그들의 유명한 대립 목록표는 이 범주의 배열을 보여준다.

남(男)	여(女)
명(明)	암(暗)
선(善)	악(惡)
홀	짝
정사각형	직사각형 등

피타고라스적인 견해를 더욱 정교화시킨 견해에서 보면, 수들의 특정한 속성은 의미를 가진 것으로 생각되었고, 또 그렇게 연구되었다. 예를 들어 10이라는 숫자는 건강과 우주질서와 연결되어 있었다. 숫

자는 우주의 힘을 상징화했을 뿐만 아니라, 어떤 방식으로 신적인 효능을 소유하거나 그런 효력을 발휘하는 것과 관련이 있는 것으로 여겨졌다. 그래서 수에 대한 지식은 마음을 강인함과 우아함을 가진 가치 있는 도덕적 정신상태 안에 유지시키기 위한 수단이었다.

이제 스테빈의 사고가 직면하고 있던 저항의 특성을 볼 수 있다. 1을 다른 모든 수와 똑같은 것으로 다루는 것은 사소한 문제가 아니었다. 왜냐하면 이것은 지금까지 구축했던 의미와 분류를 무시하거나 그것을 망가뜨리기 때문이다. 이런 새로운 수개념은 수들을 연결했던 대응과 유추의 복잡한 패턴을 엉키게 하거나 혼란스럽게 할 것이다. 스테빈은 수의 평준화와 세속화를 도입하고 있었던 것이다. 수는 복잡한 위계구조와 신학적 상징으로서 가지고 있던 힘을 잃게 되는 위험에 처하게 되었던 것이다.

피타고라스와 신플라톤주의 사고를 '수학'이라 부르는 것이 타당한 것인가? 약간의 실제적인 수학만이 다른 사변적이고 종교적인 동기의 후원 아래 우연히 생성되었다고 말하는 편이 낫지 않을까? 확실히 스테빈은 진정한 수학의 대표자인 반면, 그의 반대자들은 반수학적이었다. 그들은 대안적 수학을 주장했다기보다, 오히려 수학을 제대로 하지 못하게 하는 방법을 주장했던 것이다. 슈타르크는 비슷한 문맥에서 다음과 같이 주장한다. "굳이 표현하려고 한다면, 그들의 수학은 우리의 수학과 비슷하다고 얘기할 수 있지만, 그 수학은 마법으로 뒤덮여 있었던 것이다"(p.162).

이 반응이 보여주는 것은 수학에 대한 우리의 사고가 경직되어 있다는 것이다. 형식적이고 이것 아니면 저것이라는 관점을 취하게 되면, 설명을 필요로 하는 수학 내의 중요한 변이의 근원은 존재하지 않는 것처럼 보일 것이다. 만약 우리가 수에 관한 신비주의를 수학의 한 형태로 인정하지 않는다면, 그러한 신비주의적 수학이 대안적 수학이 될 수 없는 것은 확실하다. 만약 우리 스스로가 적극적으로 역사적 사례들을 진실로 수학적인 부분과 결코 수학이라고 생각할 수 없는 부분들로 분류하거나 나눌 수 있다면, 수학의 영원하고 자족적인 통일성이 보장될 수 있을 것이다. 이런 형식주의적 태도는 대안적 수학이 존재하지 않는다는 것을 동어반복적으로 정당화한다는 근거에 입각해서 비판받을 수 있다. 즉 '진정한' 대안적 수학은 존재하지 않는다고 말하면서 '진리'라고 간주되는 것을 정의할 권리를 주장하는 것이다.

그러나 예를 드는 것이 형식적인 비판보다 나을 것이다. 다음에 제시될 예는 이런 형식적이고 경직되어 있는 태도 밑에 깔려 있는 전제를 확실히 보여준다. 이 전제는 수학이 수학에 의미를 부여하는 해석적 원리의 맥락과 유리된 채로도 정립될 수 있다는 가정이다. 수학사회학의 발달을 가로막는 것은, 수학이 그 고유의 생명과 의미를 갖는다는 생각이다. 이것은 수학적 기호들 자체 안에 인식되거나 이해되기를 기다리는 근본적인 의미가 존재한다고 가정한다는 것을 의미한다. 이 가정이 없이는, 무엇이 적절한 수학으로 간주되어야 하는지를 구분해내는 데 대한 역사적 정당화가 존재할 수 없다. 즉 과거를 돌아볼 때, 진정한 수학을 구분해내고 유리시킬 근거를 찾아낼 수 없다는 것이다.

2의 제곱근의 형이상학

오늘날 2의 제곱근이 숫자라는 것은 당연시되고 있다. 즉 그 숫자 (제곱근)는 자기를 제곱할 때 2라는 숫자를 만든다. 이 숫자는 보통 무리수로 불리는데, 이 이름은 무리수의 지위에 대하여 상당한 관심을 기울여왔던 때로부터 전래된 것이다. 문제가 되어왔던 것은 아리스토텔레스가 잘 알고 있었던 것처럼, 어떤 분수 p/q도 2의 제곱근과 정확히 같은 값을 가지지 않는다는 것이다. 이 점에 대한 아리스토텔레스의 증명은 다음과 같은 사고에 기반한다. 2의 제곱근이 p/q라는 어떤 분수에 해당한다고 가정해보자. 게다가 이 분수는 그 분모와 분자에 공통되는 어떤 인수들을 약분해서 단순화시킨 것이라고 가정해보자. 특히 이것은 당신이 여전히 p와 q를 2로써 나눌 수 없음을 의미한다. 그래서 우리는 다음과 같이 쓸 수 있다.

$$\frac{p}{q} = \sqrt{2}$$

라고 가정하면, $p^2 = 2q^2$이 된다.

이것은 p의 제곱이 반드시 짝수임을 의미한다. 왜냐하면 그것은 하나의 인수로서 2를 가진 숫자, 즉 $2q^2$과 동일하기 때문이다. 그러나 만일 p의 제곱이 짝수라면 p는 틀림없이 짝수이다. 이제 p가 짝수라면 q는 분명히 홀수인데, 그 이유는 2와 같은 공통인수는 제거되었고, p/q는 단순화되었기 때문이다. 만약 p가 짝수라면 다음과 같이 나타낼 수 있다.

$$p = 2n$$
그래서 $p^2 = 4n^2 = 2q^2$
그리하여 $q^2 = 2n^2$

이제 p는 짝수이고 q는 홀수라는 것을 증명할 때 사용되었던 똑같은 절차들이 q에 적용될 수 있다. 만약 q의 제곱이 $2n^2$과 같다면, q의 제곱은 짝수임에 틀림없고, 그래서 q는 틀림없이 짝수이다. 따라서 p는 홀수임에 틀림없다. 물론 이것은 방금 결론내린 것과 정반대되는 결과이다. 게다가 이 모든 단계들은 순서에 따라 기계적으로 반복될 수 있다. 그 결과는 p와 q가 이번에는 짝수의 범주에 속하게 되고, 그 다음에는 홀수에 속하게 되고, 다시 짝수에, 그리고 이렇게 계속될 것이다.

p가 짝수에서 홀수로 변하는 최초의 변화 후에 계산은 보통 끝나게 되며 이것은 분명한 모순이라고 평가된다. 이 모순의 존재는 그 주장의 전제 중 하나가 분명히 틀렸다는 것을 의미하며, 유일하게 의심스러운 가정은 2의 제곱근이 p/q 같은 분수로 표시될 수 있다는 것이다. 따라서 이것은 기각되었다.

이런 계산절차는 무엇을 의미하며, 어떻게 이 계산은 그것이 가지고 있는 의미를 획득하게 되는가? 이 계산이 2의 제곱근이 무리수라는 것을 증명하는가? 엄밀히 말하면, 그것은 2의 제곱근이 유리수가 아니라는 것을 보여주지만, 그것은 우리에게 그 이상의 의미를 가지고 있지 않다. 만약 2의 제곱근이 유리수가 아니라면, 그것은 무리수이다. 그러나 그리스인들에게 이 계산이 증명하는 것은 2의 제곱근이 유리수가 아니라면, 그것은 무리수라는 것이 아니었다. 오히려 그들에게는 이 계산이 2의 제곱근은 결코 수가 아니라는 것을 증명한다. 이 일련의 계산은 그리스 사람들이 이른바 수라고 부른 것들에 적용시키는 사고와 양에 적용한 사고를 분리시키는 이유 가운데 하나였다. 예를 들면 2의 제곱근의 기하학적 길이는 단위길이의 변들을 가지는 직각삼각형의 빗변으로 생각될 수 있다. 이것은 기하학과 대수를 심연이 분리시켜놓고 있음을 보여준다.

그렇다면 이러한 증명이 실제로 증명하는 것은 무엇인가? 그것은 2의 제곱근이 숫자가 아니라는 것, 혹은 그것이 무리수라는 것을 증명하는가? 분명히 그것이 증명하는 것은 그 계산을 어떻게 볼 것인가를 결정짓는 수에 관한 배경가정들에 의존한다. 만약 수를 기본적으로 헤아리는 수, 즉 점들의 집합이나 형태로 본다면, 이런 계산은 수를 직관적으로 연속선의 이미지와 섞이는 것으로 볼 때와는 매우 다른 것을 의미하게 될 것이다.

증명은 어떤 고유한 중요성도 지니지 못할 것이다. 증명의 의미가 지면상의 표시나 계산 그 자체의 상징적 절차 내에 존재하리라는 희망에서, 증명의 기본적 단계들을 샅샅이 살피는 것은 아무런 의미도 없을 것이다. 이것은 특히 이 절차들이 계속해서 다시금 반복될 수 있는, 끝나지 않는 계열을 형성한다는 사실에서 분명하게 나타난다. 계속 반복해서 p와 q가 짝수이고 그 다음에 홀수임을 보여주는 놀이를 하고 있는 사람을 멈추게 할 수 있는 어떤 것도 계산 그 자체 내에는 존재하지 않는다.[1]

우리는 이런 형태의 계산이 p와 q가 짝수이면서도 홀수라는 증명이 존재한다는 생각을 촉진시킬 수 있다는 것을 상상할 수도 있다. 왜 이것이 허황된 것인가? 산술에서 많은 중요한 것을 배웠지만, 홀수와 짝수의 범주에 의해서는 많은 것을 다루어보지 않은 문화를 상상해보자. 그들은 자신들이 계산하는 중에 어떤 경우에는 그런 속성을 사용해왔을지도 모르지만, 그럼에도 불구하고 홀수와 짝수를 분

---

1) 계산 내의 어떤 것도 상호 모순되는 증명과정을 멈추게 할 수 없다는 것은 대칭성 명제를 이해하는 데 도움을 줄 수 있을 것이다. 계산 내의 어떤 것도 이 계산을 멈추도록 '강제'할 수 없다는 것은 이 계산을 어떻게 '해석'해야 되는가와 연관되어 있고, 이 해석은 다시 '집단'의 성격과 연결된다. 따라서 그리스 수학자들은 이 현상을 기하와 대수의 심연 때문이라고 해석하였고 현대 수학자들은 유리수/무리수를 구분함으로써 해석하였다.

이때 과연 블루어가 비판하는 목적론자들은 계산 내의 어떤 본질적이고 합리적인 것에 의존해서 그리스인들의 해석이 잘못되었다고 주장할 수 있을까? 블루어의 대답은 물론 부정적이다. 대칭성 명제는 이 두 해석체계를 같은 '종류'의 원인을 가지고 설명해야 한다고 주장한다. 즉 집단이 유지시켜오고 발전시켜온 분류체계와 은유가 그것이다.

리해내지 않았거나 혹은 그러한 구별에 커다란 중요성을 부여하지 않았다고 가정해보자. 예를 들어 이러한 문화에 속하는 사람들은 다른 우주적인 이원론에 대응하는 홀수와 짝수를 만들어내기는커녕, 피타고라스와 같은 대조표를 만드는 것은 꿈도 꾸지 못했을 것이다. 아마도 피타고라스와는 달리, 밤과 낮, 선과 악, 흑과 백은 명백하지도 않고 중요한 대립도 아닐 것이다. 결국 밤은 낮으로 변하고, 선은 악으로, 혹은 백으로 변해간다.

우리가 타협자, 매개자, 혼합자, 뒤섞는 자들이 사는 국가에 대해서 말한다고 가정하자. 그들의 세계관과 사회적 환경은 사물의 혼합성을 강조한다. 그러한 우주론은 이해가능할 것이며 고도로 정교화될 수도 있다. 숫자들은 짝수이면서 동시에 홀수가 될 수도 있다는 증명으로 제시되는 계산은 정확하고 자연스럽게 받아들여질 것이고, 엄격한 경계들이 비현실적이라는 믿음을 더욱 공고히 할 것이다.

이러한 가상적인 예가 보여주는 것은 앞서 말한 역사적 사례가 보여주는 것과 동일하다. 계산이 어떤 의미를 지니려면 어떤 조건이 만족되어야 한다. 이 조건들은 집합적으로 유지되는 분류와 문화의 의미 안에 존재한다는 의미에서 사회적이다. 결과적으로 그 조건들은 다양할 것이고, 그렇게 다양한 만큼 수학에 대한 의미도 다양해질 것이다.

계산의 특정한 의미가 배경가정에 의존한다면, 그것의 일반적 영향력은 더욱더 우연적이다. 무리수 존재의 발견은 종종 그리스 수학에서 '무리수의 위기'라고 불렸다. 무리수의 발견이 그리스 사람들에게 암시한 양과 수의 분리는, 그들이 선과 도형이 점들로 이루어진다고 상상한 이전의 경향과 상치하였다(포퍼는 그의 『추측과 반박』 (*Conjectures and Refutations*, 1963) 2장에서 수의 원자론에 입각한 우주론에 대해 생생하게 설명하고 있다). 그 발견은 이전의 접근방법의 쇠퇴를 야기했겠지만, 꼭 그랬어야 할 필연성은 없었다. 위기였던 것은 단지 운이 나쁘게도 변칙과 만나게 되었다는 것뿐이었다. 이 세계관을 신봉한 사람들이 그 세계관의 기본적인 관점을 다르게 표현하고 다른 작업을 발견할 수 있었더라면 어떤 위기에도 직면할 필요가 없었을 것이다. 결과의 우연성은 몇 세기 후에 동일한 수 원자론이 다시 한 번 창조적 작업의 발판이 되었다는 사실에서 분명해진다.

예를 들어 17세기 프랑스 수학자 로베르발(Roberval)은 선은 점들로 이루어진다고 생각했고, 합과 근사값 같은 산술적 도구들을 사용하여 삼각형의 면적, 삼각뿔의 부피, 정육면체와 그 이상의 승(乘)의 합을 계산해냈다. 그는 우리가 지금 적분학의 특별한 경우들로 알고 있는 결과를 증명했다(Boyer, 1959). 아마도 고대 그리스에 로베르발과 같은 사람이 있었다면 무리수의 위기를 저지했을 것이다. 확실히 2의 제곱근에 관한 정리는 로베르발의 작업을 저지하지 못하였다.

상이한 시대마다 상이한 중요성이 부여되었던 수학절차에 관한 비슷한 사례가 무한소(無限小)의 사용에 의해 제공되었다. 다음의 예에서는 이 점을 논의할 것이다. 그것은 또한 수학의 엄격성의 표준에 대한 성쇠를 보여준다.

무한소

때때로 곡선은 '실제로는' 수많은 작은 직선으로 이루어져 있다고 말해진다. 분명히 그런 작은 직선들이 작을수록 그리고 수가 많을수록, 부드러운 곡선과 끝과 끝이 이어진 직선들의 집합간의 비유는 더욱 신빙성을 가질 수 있을 것이다. 이러한, 그리고 이것과 비슷한 직관이 무한소의 개념과 극한개념의 뿌리에 존재한다. 극한에서는 아

그림 8 선분들과 극한

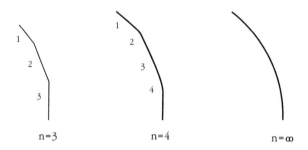

마 선의 미세한 선분은 실제로 곡선과 동일할 것이다(그림 8을 보라). 이런 생각의 유구한 역사는 적분학에서 그 꽃을 피웠다.

무한소라는 개념을 가지고 생각한다는 것은 또한 면적이나 입체가 마치 선분, 조각, 혹은 요소들로 구성된 것처럼 보는 것이다. 다른 식으로는 이해하기 어려운 형태들을 이런 식으로 이해할 수 있게 되었다.

무한소의 역사는 아주 복잡하지만, 현재의 주장을 위해서는 단지 몇 개의 일반적인 점만을 예시해도 될 것이다. 16세기와 17세기에 무한소의 사용은 수학적 사고에서 일상적인 것이 되었다. 주도적인 대표자 가운데 한 사람은 카발리에리(Cavalieri, 1598~1647)였다. 그는 입체가 무한한 선분으로 만들어지는 방식과, 책의 두께가 책을 구성하는 얇은 종이로부터 만들어지는 방식간의 비유를 명시적으로 주장했다. 그는 또한 옷이 가는 섬유로 만들어지는 것처럼, 평면이 무한한 수의 선분들로 만들어졌다고 주장했다(Boyer, 1959, p.122).

월리스(Wallis, 1616~1703)는 이와 거의 같은 시기에 전형적이고 과감한 무한소의 사용을 통해서 삼각형의 면적공식을 도출해냈다. 월리스가 말한 것처럼, 두께가 '선의 두께에 불과한' 아주 작은

그림 9

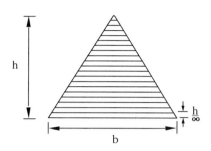

평행사변형들로 이루어져 있는 삼각형을 생각해보라(Boyer, 1959, p.171). 각각의 평행사변형의 면적은 그것의 밑변과 높이의 곱에 거의 가깝다. 만약 우리가 월리스를 따라 그러한 조각들이 무한히 (∞) 존재한다고 가정한다면, h가 삼각형의 높이일 때, 각 조각들의 높이는 h/∞가 될 것이다. 전체면적은 분명 평행사변형들의 면적의 합이다. 정점에 있는 제일 처음의 평행사변형은 면적이 0인 단순한 점일 것이다. 마지막 조각은 면적 b(h/∞)를 가지게 되는데, 여기서 b는 밑변의 길이이고 h/∞는 그것의 무한소 높이이다(그림 9를 보라).

꼭대기에서 출발할 때, 각 조각은 매번 일정량을 더함으로써 앞의 것보다 조금 더 길어질 것이다. 그래서 밑변과 꼭대기점 사이의 모든 평행사변형의 길이는 하나의 산술급수를 이루게 된다. 월리스는 산술급수의 각 항의 합은 항의 수와 항들의 평균값을 곱한 것임을 알았다. 그는 이러한 모델 혹은 추론 형태가 무한히 작은 조각들의 무한한 수열에 적용되지 못할 이유가 없다고 생각했다. 그래서 삼각형의 면적은 다음의 양들을 곱함으로써 획득되었다. 즉 조각의 평균길이 b/2, 무한한 조각의 수, 그리고 각 조각의 높이 h/∞가 그것이다. 따라서

$$전체면적 = \frac{b}{2} \cdot \infty \cdot \frac{h}{\infty}$$

무한량을 약분하면 다음과 같이 된다.

$$전체면적 = \frac{1}{2} \cdot 밑변 \cdot 높이$$

이와 유사한 다양하고 기발한 사상조류들이 폭발적인 연구결과를 낳았다. 무한소의 분명한 지위에 대한 합의는 결코 얻어지지 않았지만, 그러한 작업은 계속 진행되었다. 예를 들면 왜 월리스의 기호 1/∞은 0과 동일하지 않은가? 어떻게 0 크기의 구성요소의 합이 삼각형의 유한한 면적을 산출하는가? 카발리에리와 같은 사상가들은 무한소의 실재에 대한 불가지론자였다. 갈릴레이와 같은 사람들은 무한소의 실재를 옹호하는 장황한 철학적 주장을 펼쳤다(Carrucio, 1964, p.200).

이렇게 생산적이었던 시기를 되돌아보는 역사가들은 때때로 무한소의 사용에 수반했던 엄격함의 결여에 대해 언급한다. 확실히 현대의 수학자들에게는, 월리스가 계산에 사용했던 기술들은 정확한 의미를 결여한 것으로 보인다. 오늘날 ∞/∞ 같은 기호나 혹은 무한대를 약분해내는 계산 같은 것은 아무런 의미가 없거나 쓰이지 않는다. 반면에 역사가들은 이런 기호들이 최초로 계산에 명시적으로 사용되도록 한 엄밀성 기준의 하락이 가지고 있는 가치를 인정했다. 이 시대 전에는 엄밀함의 결여가 터부시되었고 지금도 마찬가지이다. 역사가 부아예는 "월리스 같은 사람들은 다행스럽게도 엄밀함에 대해 과도하게 신경 쓰지 않았다"라고 말한다(1959, p.169).

월리스의 시대 훨씬 이전에, 그리스 사상가 아르키메데스 또한 형태를 잘게 쪼갤 수 있다고 상상하는 것의 유용성을 알고 있었다. 아르키메데스는 몇몇 어려운 도형형태와 그림에 대한 수학적 이해를 용이하게 하기 위해서 이런 생각뿐 아니라 더욱 역학적인 은유를 사용하였다. 예를 들어 그는 서로 다른 모양을 가진 그림들의 부분들이 어떻게 서로 균형을 이룰 수 있는지를 상상했다. 이렇게 함으로써, 그는 구의 부피를 산출하는 방정식을 만들어냈는데, 이 방정식은 원환이나 원뿔 같은 더 간단한 형태와 구를 관련시킴으로써 만들어진 것이었다(이 추론의 서술을 위해 Polya, 1954의 Vol.I, p.155, 5절을 보라).

아르키메데스는 이 『역학정리들에 관한 방법』(*Method of Mechanical Theorems*)을 한 편지에서 대강 정리하고 있는데, 여기서 그는 이 방법이 이 방법에 의해서 도출되는 정리들을 실제로 증명하거나 논증할 수 없다고 지적한다(Carruccio, 1964). "사실상 나 자신도 역학적 수단을 통해서 최초로 어떤 것을 깨닫고 난 후에야 그것들을 기하학적으로 논증하였다. 왜냐하면 이런 식으로 행해진 연구가 실제 논증은 아니기 때문이다"(p.111).

아르키메데스에게 진정한 증명은 기하학적 증명이었지, 잘라내고 균형을 맞추는 역학적인 은유에 근거한 것은 아니었다. 이런 기하학적 증명들은 실제로 어떤 무한개념도 포함되어서는 안 된다는 요건에 부합하는 것들이었다. 16세기의 엄밀함의 쇠퇴는 아르키메데스가 단지 편법이라고 생각했던 방법이 실제로 많은 것을 증명할 수 있었다는 것에 대한 점증하는 확신의 결과였다. 흥미롭게도, 후대의 수학자들은 아르키메데스가 그의 계산을 위해 사용했던 방법에 대해서 몰랐다. 그들은 단지 증명을 위해 만들어진 기하학적 이론만을 알았다. 이런 기하학적 이론은 추론 밑에 깔려 있는 사고와 동기를 찾아내기 위한 아무런 단서도 제공하지 않는다. 많은 사람들은 아르키메데스가 틀림없이 그의 수학을 하기 위한 비밀스런 방법을 가지고 있었을 것이라고 생각했으며, 그것은 사실이었다. 그러나 그 비밀은 역사적 우연이었다. 즉 자신의 방법에 대한 아르키메데스의 설명은

1906년까지 발견되지 않았다.

19세기 수학에서 엄밀함에 대한 강조는, 고대 그리스 사상에서 몇 세기 동안 지속되다가 16세기에 수그러들었던 실제 무한대의 사용금지를 다시금 부과하도록 하였다. 새로운 엄격성은 미적분학에서 극치를 이룬 카발리에리와 월리스 같은 사람들의 업적을 재구성하였다. 이 재구성은 이 업적들을 가능케 한 방법들 중 많은 부분을 배제시켰다. 1/∞로써 곱하기를 하고 분수의 분자와 분모에서 무한대를 주저 없이 약분하는 등 월리스 식의 계산은 더 이상 볼 수 없게 되었다.

이런 엄격함에 대한 강조의 부침(浮沈)은 상호 긴장상태이거나, 혹은 최소한 다양한 비율로 섞여 있는 두 개의 요소나 과정들이 있음을 암시한다. 지금 우리가 미적분이라고 여기는 수학 밑에는 부드러운 곡선들, 형태들, 입체들이 실제로는 분할될 수 있을 것이라는 생각이 항상 깔려 있다. 이것은 그러한 주제에 대해 생각할 때 사람들에게 매력적으로 보였던 모델과 은유이다. 물론 수학은 직관적 사고와 같지는 않다. 직관은 훈육되고 통제된다. 여러 시대마다 적절하다고 생각되는 증명에 대한 다양한 기준과 논리적 통제가 어떤 주어진 요소에 부여되었다. 아르키메데스에게 기본적이고 역학적인 직관은 기하학을 통해 여과되어야만 했다. 기하학만이 적절한 논리적 통제를 가할 수 있는 단 하나의 표현도구였던 것이다. 그 여과장치는 16세기에는 덜 엄격했다. 따라서 직관은 더 완전하고 은유적인 힘을 발휘하였다. 물론 이런 여과 없는 직관의 사용은 의견의 불일치라는 값을 치러야 했다. 개인적 신념과 창조적 변이는 더 큰 역할을 할 수 있었지만, 이것은 논쟁과, 변칙, 개성의 억제되지 않은 격증으로 말미암은 확실성의 붕괴에 대한 위협을 수반하였다.

엄격함의 변화들을 이런 식으로 관찰함으로써 중요한 문제를 찾아낼 수 있다. 일상적이고 직관적인 성향들과, 그것들에 부과된 엄격한 통제의 다양한 기준과 양식간의 역사적 균형을 결정하는 것은 무엇인가? 문제는 단순히 엄격한 통제의 양에 관한 것이 아니고, 그것의 특정한 형태에 관한 것이다.

이 문제는 현재 경험과학을 연구하는 역사가들에 의해 활발하게 연구되고 있는 것과 똑같다. 수의 계산과 조작, 그리고 유사성과 모델과 은유와 같은 기본적인 절차들은 수학의 경험적인 측면들로 생각될 수 있을 것이다. 이것은 자연과학에서의 경험과 실험으로부터 산출되는 자료의 투입과 대응할 것이다. 의미, 증명, 엄격성을 포함하는 더 차원 높은 해석적 원리들은 자연과학자의 설명적 이론들, 패러다임들, 연구 프로그램들, 형이상학적 이론틀과 대응한다. 수학이 경험과학과는 다르게 취급되어야 하는 이유는 없는 것으로 보인다. 이 점에 관해서는 아래에서 더 논의될 것이다.

결론

지금까지 우리의 수학과는 다른 수학적 사고의 대안적 형태들로 간주될 수 있는 많은 사례들을 살펴보았다. 양식, 의미, 연상, 설득력에 관한 기준들의 차이들을 보여줌으로써, 이러한 예들은 수학사상에서 설명을 필요로 하는 중요한 변이들이 있음을 분명히 보여준다. 더구나 이러한 변이들은 그들의 사회적 원인을 찾아냄으로써 설명될 수 있으리라고 생각된다.

이 예들은 또한 밀의 (변형된) 이론형태를 강화해주는 증거를 제공했다. 이 예들은 수학이라는 것이 경험에 기반한 것이지만, 경험은 다양한 원리에 따라 선택되고, 따라서 다양한 의미와 관계를 부여받으며 사용된다는 것을 보여주었다. 특히 그 예들은 경험의 일부가 광범한 영역의 문제를 볼 수 있게 해주는 모델로서 사용될 수 있다는 사고를 강화시키기도 했다. 이런 모델들의 비유적이고 은유적인 확장이 두드러지게 나타났다.

수학사상에서의 이런 변이는 때때로 숨겨져왔다. 이런 목적을 달성하는 하나의 전략에 대해서는 이미 언급했다. 이것은 어떤 사고양식이 우리의 사고양식에 근접하는 한에서만 진정한 수학이라 불릴 수 있다는 경직된 고집이다. 그러나 이보다 덜 분명하게 수학적 사고의 다양성을 억압하는 다른 방식들도 존재한다. 이 방식들은 수학사에서 자주 접할 수 있다.

역사서술은 필연적으로 해석적 과정이다. 과거의 수학자들의 사상과 결론들은 현대적인 의미와 해석을 부여하지 않고서는 이해될 수 없다. 이렇게 현대적인 의미를 부여할 수 있는 여러 가지 방법들이 있다. 비교와 대조, 가치 있는 것과 없는 것을 골라내기, 의미 있는 것과 없는 것을 구별하기, 체계와 일관성을 발견하기, 모호한 것과 일관성 없는 것을 해석하기, 간격을 메우고 오류에 주의를 기울이기, 수학자들이 실제로 가졌던 것보다 더 많은 정보, 통찰, 행운을 가지고 있었더라면 해낼 수 있었으리라 생각되는 것을 설명하기, 수학자들의 기본가정과 주된 믿음을 재구성하는 상세한 설명을 제공하는 것 등이 그런 방법이다. 이러한 학문적 논평과 해석장치는 필연적으로 과거에 대한 우리의 이해를 매개한다. 이 장치는 가공할 만하며 포괄적이다. 현재의 기준과 관심을 과거에 투사하는 범위는 이 장치의 크기에 비례한다. 실제로 그러한 투사는 모든 이해의 필연적인 특성이다. 이제 유일한 질문은 다음과 같다. 어떤 기준이 과거에 투사되고, 어떤 관심이 우리의 과거에 대한 의미를 구성하는 작업을 지배할 것인가?

만약 역사가들이 수학의 누적적 특징을 보여주고자 한다면, 그들의 해석적 장치가 그들로 하여금 그렇게 하도록 할 것이다. 이런 진보적 해석에 반대되는 예들은 발전이 더딘 시기, 혹은 오류와 잘못된 시도들로 간주될 것이다. 대안들을 제시하는 대신에, 과제는 알곡과 쭉정이를 가려내는 게 될 것이다. 슈펭글러와 동시대에 글을 쓰던 역사가 카조리(Cajori, 1919)가 수학은 특별히 누적적인 과학이라고 말할 수 있었던 것은 놀라운 일이 아니다. 즉 과거의 것은 아무것도 버려진 것이 없으며, 먼 과거에 빛나던 업적들은 현대의 업적들만큼이나 밝게 빛나고 있다고 주장한다.

이런 설명에서 역사가 왜곡되어왔다고 말하는 것은 불공평하고 너무 지나친 단순화이다. 이런 설명에서 어떠한 정직성의 기준이나 학문적 근면함도 위반되지는 않았다. 정직성이나 학문적 근면함과 같은 미덕은 인상 깊으며 풍부하다. 오히려 이 미덕은 모두가 전반적으로 진보적인 견해를 옹호하기 위하여 사용되었다고 말해질 수 있으며, 바로 이 점이 도전받아야만 하는 점이다. 이 장에서의 예들은 자연주의적 관점에서 예측된 것이 맞다는 것을 보여주었다. 즉 수학과 수학이 아닌 것간의 불연속뿐만 아니라, 수학 내에서의 불연속과 변이가 존재한다는 것을 보여준다. 이러한 시사점들이 좀더 완전히 밝혀지고 설명되어야 하는 문제들이라는 것이 인식되려면, 우리는 다른 가치관들을 채택해야만 한다. 그런 가치 중 하나는, 예를 들면 논리적이고 수학적인 사상의 역학에 대한 관심이다. 이 문제는 분명 프레게와 밀에 대한 논의와 관련되어 있으며, 이것이 다음 장에서 나의 관심사가 될 것이다.

제7장
논리와 수학사상에서의 협상

이 장의 목적은 다시 한 번 논리적인 필연성에 대해 탐구하는 것이다. 나의 의도는 지금까지의 논의에다가 완전히 새로운 과정, 즉 내가 '협상'이라 부를 과정을 더하려고 하는 것이다. 5장에서의 주장은 우리의 추론의 필연적 성격이 사회적 필연성의 한 형태일 뿐이라는 것이었다. 사회적 협상, 규범, 제도들이 옳고 그름의 의미에 대한 직접적인 내재화를 통해서 항상 사람들을 강제하거나 강제할 수 있는 것은 아니기 때문에, 위의 주장은 그 자체로서는 너무 단순한 것이다. 사람들이 의무와 정당함의 문제에 대하여 다투는 것과 마찬가지로, 그들은 논리적 필연성에 대해서도 이견이 있으며, 우리의 역할과 의무가 갈등을 일으키는 것과 마찬가지로 우리의 논리적 통찰력의 산물들도 서로 갈등을 일으킬 수 있다.

지금까지 주어진 논의에서는 이 불가피하고 대립되는 요구들에 대한 어떤 해(解)도 설명도 제공되지 않았다. 이 요인들을 고려하게 되면 사고의 창조적인, 그리고 생성적인 힘에 관한 더 완전한 윤곽이 드러나게 될 것이다. 논리적 혹은 수학적 주장의 필연성이 무엇인지에 대해 우리들은 더욱 자세히 이해하게 될 것이다. 이러한 보다 완전한 윤곽을 그려내기 위해서는 다른 어느 때보다 더 사회학적인 관점이 요구된다.

이런 문제들에 대한 하나의 접근은 밀의 『논리』로 되돌아가는 것이다. 훼이틀리(Whately) 주교와 벌였던 상당히 지루한 논쟁 중에, 밀은 형식추론의 성격에 관한 놀랄 만하고 흥미 있는 하나의 암시를 던졌다. 그 맥락은 그리 낙관적이지 않다. 밀은 훼이틀리와 다음의 문제에 대하여 논쟁하고 있었다. 삼단논법이 증명되지 않은 전제를 암묵적으로 가정하는 오류, 즉 '피티시오 프린시파이'(petitio principii)를 포함하는가?[1] 그 문제는 다음과 같이 주장된 삼단논법을 살펴봄으로써 간단하게 밝힐 수 있다.

모든 사람은 죽는다.
웰링턴(Wellington) 공작은 사람이다.
따라서 웰링턴 공작은 죽는다.

만약 우리가 모든 사람은 죽는다는 첫번째 전제를 주장할 수 있다면, 우리는 공작이 죽는다는 것을 이미 알고 있어야 한다. 그렇다면 삼단논법의 마지막 단계에서 공작의 죽음을 결론짓거나 추론할 때, 우리는 무엇을 하고 있는 것인가? 분명 삼단논법은 문제를 푸는 것이 아니라 제기하고 있는 것이 아닌가? 혹은 순환적인 주장을 하고 있는 것이 아닐까? 밀은 여기에 실제로 순환이 있다고 믿는다. 이

---

1) 피티시오 프린시파이는 증명되지 않은 전제를 암묵적으로 가정하는 오류를 의미한다. 여기서는 '모든 사람은 죽는다'가 바로 피티시오 프린시파이를 나타내고 있다. 모든 사람은 죽는다라는 명제는 실제로 증명된 것은 아니며, 따라서 이를 전제로 삼단논법을 전개하고 여기서 나온 결론을 받아들이는 것은 결론과 독립적이지 않은 전제를 받아들임으로써만—즉 순환적 논리를 받아들임으로써만—가능하다.

관점을 정당화하기 위해, 밀이 추후에 제시한 추론에 관한 설명 중 일부는 잘 알려져 있지만, 그것의 가장 시사적인 특징 중 몇몇은 간과되었다.

맨스필드 경의 충고

밀의 이론에서 가장 잘 알려진 부분은, 그가 주장하듯이, 추론은 특수한 것에서 특수한 것으로 나아간다는 것이다. 밀이 저술할 당시 웰링턴 공작이 살아 있었다는 것을 염두에 둔다면, 웰링턴 공작의 죽음에 대한 추론은 귀납적인 일반화와 관념의 연상들에 의한 것이었다. 경험이 죽음에 관한 신뢰할 만한 귀납적인 일반화를 산출하고, 이러한 일반화들은 자연히 과거에 발생한 이것과 유사한 경우들을 포괄하게끔 될 것이다. 웰링턴 공작의 경우는 일반화에 의해 표시된 이전의 경우들에 동화된다. 밀은 추론의 진정한 과정은 특정한 과거의 경우에서 특정한 새로운 경우로 옮겨지는 데 있다고 말한다. 따라서 앞서의 삼단논법에 연루된 사고과정은, 모든 인간은 죽는다는 일반화에 의존하지도 않고, 그런 일반화를 통해서 진행되는 것도 아니다. 삼단논법의 주된 전제의 도움 없이도 그 과정은 진전될 수 있다. 밀은 다음과 같이 주장한다. "우리는 일반화를 통하지 않고서도 특수한 것에서 특수한 것을 추론할 수 있을 뿐만 아니라, 계속해서 그렇게 추론을 하고 있다"(II, III, 3).

만약 삼단논법의 주된 전제가 우리의 추론행위와 관련되지 않는다면, 그 주된 전제는 어떤 지위를 갖는 것인가? 바로 여기서 밀은 암시를 주고 있다. 밀에게 일반명제는 우리가 이미 도달한 추론을 단순히 등록시켜놓은 것뿐이다. 밀에 따르면, 그 추론은 새로운 경우를 이전의 경우에 동화시키는 특정한 행위일 뿐, "그 행위의 기록을 해석하는 것이 아니다." 이 논의에서 밀은 "모든 사람은 죽는다"라는 일반화를 하나의 '기억되어야 할 것'(memorandum)으로 지칭한다. 어떤 특정한 사람이 죽는다는 것에 대한 추론은 '기억되어야 할 것' 그 자체에서 도출되는 결론이 아니라, '기억되어야 할 것'의 근거를 구성하는 과거의 동일한 경우들로부터 도출되는 것이라고 밀은 주장한다.

밀은 왜 삼단논법의 주요 전제를 기록, 등록, '기억되어야 할 것'이라 부르는가? 전제와 원리에 대해서 이런 식으로 말하는 것은 두 가지 사고를 전달한다. 첫째, 그 전제와 원리들은 파생물 혹은 단순한 부수물이라는 것이다. 둘째, 그 원리와 전제들이 추론 자체에 중심적이지 않다는 것을 나타내는 한편, 이런 식으로 전제에 대하여 말하는 것은 이러한 전제들이—비록 전제들에게 통상적으로 부여된 기능은 아닐지라도—어떤 다른 정(正)의 기능을 한다는 것을 암시한다. 즉 밀은 발생한 일을 기록하고 정리하는 수단으로서의 부기, 혹은 사무적 기능을 암시하고 있다.

밀은 재판관에게 주는 맨스필드(Mansfield) 경의 충고에 대한 이야기를 가지고 이 설명을 요약하고 확장한다. 맨스필드 경은 대부분의 판결이 옳은 것이기 때문에 과감하게 판결하라고 충고하지만, 덧붙여서 그러한 판결에 대한 이유를 제시해서는 안 된다고 충고하는데, 왜냐하면 그런 이유들은 거의 틀린 것들이기 때문이라는 것이다. 밀에 따르면, 맨스필드 경은 합당한 이유를 대는 것이 사후적인 생각이라는 것을 알고 있었다. 실상 재판관은 과거의 경험에 따라 판결할 것이고, 틀린 추론이 현명한 판단의 원천이 된다고 가정하는 것은 우스꽝스러운 일일 것이다.

만약 추론이 결론에 도달하도록 해주는 것이 단지 사후적 생각에 불과하다면, 추론은 결론과 어떤 관계가 있는가? 밀은 일반원리들과 이런 일반원리들에 종속되는 경우들간의 관계를 구성되어야만 하는 어떤 것으로 본다. 해석적 다리가 만들어져야만 한다. 따라서 밀은 다음과 같이 말한다. "이것은 독일인이 표현한 것처럼 해석학의 문제이다. 이 과정은 추론과정이 아니라 해석과정이다"(II, III, 4).

밀은 삼단논법을 비슷하게 취급한다. 삼단논법의 형식적 구조는 해석적 과정에 의해 실제적 추론과 연결된다. 삼단논법은 항상 우리의 추론을 나타내주는 양식이다. 즉 형식논리는 표현의 양식, 부과된 원리, 그리고 만들어지고 다소간 인공적인 표면적 구조를 나타내준다. 이런 표현은 그 자체가 틀림없이 특별한 지적 노력의 산물이고, 그 자체가 추론의 어떤 형태를 포함해야만 한다. 놀라운 것은 이 설명이 드러내는 인과성과 우선성의 질서이다. 여기서 중심이 되는 사고는 추론의 형식적 논리는 추론의 비형식적 원리를 위한 도구라는 것이다. 연역논리는 우리의 귀납적 성향의 산물이며, 해석적 사후사고의 산물이다. 나는 이 사고를 형식적인 것에 대한 비형식적인 것의 우선성이라고 부를 것이다.[2]

어떻게 형식적인 것에 대한 비형식적인 것의 우선성이 나타나는가?

---

2) 앞으로의 블루어의 논의는 공식(formula), 공리(axiom), 원리(principle) 등으로 요약되는 모든 형식논리들의 필연성은 실제로 우리에게 '주어진' 필연이 아니라 우리가 만들어낸 것이라는 데 그 초점이 맞추어져 있다. 사회과학자들에게 친숙한 이른바 '물화'(reification)란 개념은 인간에 의해서 만들어졌음에도 불구하고 사람들에게 마치 만들어지지 않고 '주어진' 것으로 인식되고 대면되는 것을 의미하는데, 블루어는 모든 형식논리들도 물화의 일종으로 보아야 한다고 주장하고 있다.
즉 형식논리가 하나의 물화된, 굳어진, 혹은 모두가 의심하지 않는 것으로 받아들여지기 전의 '사회적 협상' 과정을 추적하는 것이 지식사회학의 임무이며, 이 과정을 추적해보면 비형식적인 논리의 협상이 어떻게 형식논리를 탄생시키는가를 밝혀낼 수 있다고 블루어는 주장한다.

대답은 두 가지이다. 하나는 비형식적인 사고가 형식적인 사고를 이용하는 것이다. 비형식적 사고는 연역적인 주형 안에 그것을 담음으로써 비형식적인 사고에 의하여 이미 결정되어 있는 결론을 강화하고 정당화하려고 할 것이다. 둘째, 비형식적인 사고는 형식적 사고를 비판하고 피하고 속이고 우회하려고 할 것이다. 달리 말하면, 형식적 원리의 적용은 항상 비형식적 협상의 잠재적인 대상이다. 이 협상이 바로 밀이 하나의 해석적 혹은 해석학적 과정이라고 언급한 것이다. 이 과정은 어떤 규칙과 그 규칙에 종속된다고 주장되는 모든 사례들 사이에 항상 구축되어야 할 연계와 관련되는 것이다.

형식적 원리 혹은 논리와 비형식적 추론간의 관계는 분명히 미묘한 것이다. 비형식적 사고는 형식적 사고의 존재와 잠재력을 인정하는 것 같음에도 불구하고──그렇지 않으면 왜 비형식적 사고가 형식적 사고를 이용하겠는가?──그 자체의 추동력을 가지고 있다. 만일 밀이 옳다면, 이 추동력은 계속 연상적인 고리에 의해 지배받으며, 특수한 것에서 특수한 것으로 귀납적으로 움직이고, 그 자신의 궤도를 따라 움직일 것이다. 어떻게 비형식적 사고는 이 두 가지를 동시에 할 수 있는가?

삼단논법을 생각해보자. 모든 A는 B이다. C는 A이다. 그러므로 C는 B이다. 이것은 추론의 필연적인 형태이다. 이 추론은 물리적 포함에 관한 단순한 속성을 배움으로써 얻어진다. 우리는 다음과 같이 추론하려는 경향을 갖고 있다. 만약 동전이 성냥갑 안에 들어 있고, 성냥갑을 담뱃갑 안에 넣었다면, 우리는 동전을 꺼내기 위해 담뱃갑에 손을 뻗칠 것이다. 이것은 삼단논법의 원형이다. 이 단순한 상황은 형식적, 논리적, 필연적인 것으로 간주되는 일반적 패턴에 관한 하나의 모형을 제공한다. 형식원리들은 위의 삼단논법처럼 자연적인 성향을 이용해서 결론을 내린다. 이런 이유로 삼단논법은 추론의 어떤 경우에도 소중한 동맹과 중요한 적을 나타내줄 수 있다. 그러므로 문제가 되는 경우를 비형식적 목적에 따라서 삼단논법 안에 포괄시키거나, 혹은 그 둘을 격리시키는 것이 중요해진다.

추론의 힘을 빠져나가기 위해, 전제 혹은 전제 밑에 깔려 있는 개념들을 당면사례에 적용해보는 것은 분명히 필요한 일이다. 문자 C에 의해 지정된 아이템이 진짜 A가 아닐 수 있고, A들로 간주된 사물들이 모두 B들이 아닐 수도 있다. 일반적으로 사물간의 구별이 지어져야 하며, 경계가 재배치되고, 유사성과 차이가 표시되고 이용되며, 새로운 해석을 만들어내는 등등이 추론의 필연성을 무효화시키는 전략들이다. 이런 형태의 협상은 삼단논법 규칙 자체에 이의를 제기하는 것은 아니다. 결국 규칙은 물리세계에 대한 우리의 경험에 근거하는 것이고, 따라서 적용의 어떤 영역은 그것을 당연시해야만 한다. 그리고 미래에도 우리는 그런 규칙에 근거하기를 원할 것이다. 협상될 수 있는 것은 어떤 특정한 적용이다.

따라서 비형식적 사고는 형식적 원리를 위해서도 사용될 수 있을 뿐만 아니라, 형식적 원리들을 회피하기 위해서도 이용된다. 어떤 비형식적 목적들은 논리적 구조와 의미를 변형시키고 정교화시키는 압력을 행사하는 반면, 다른 비형식적 목적들은 논리적 구조와 의미의 안정성과 유지를 위해 사용될 것이다. 비형식적 사고는 보수적이면서도 혁신적이다.

논리적 권위가 도덕적 권위라는 생각은 논리적 사고가 가지고 있는 다음과 같은 역동적인 요인들을 무시하는 위험성을 가지고 있다. 즉 경쟁하는 정의들, 상반되는 힘들, 서로 경쟁적인 추론적 패턴, 애매한 경우 등이 그것들이다. 이런 요인들을 망각한다는 것은 논리적 권위가 항상 당연한 것으로서 작동한다고 가정하는 것과 마찬가지이다. 지금 말하려는 요점은 논리적 권위 또한 고려됨으로써, 즉 우리의 비형식적 계산 속의 구성요소가 됨으로써 작용한다는 것이다. 당연시 여겨짐으로써 유지되는 권위는 그 역동적인 균형의 이미지와 대조되는 정적인 균형이라고 불릴 수 있을 것이다. 이 정적인 수용은 더욱 안정되고 필연적인 형태의 권위지만, 이 안정성조차도 깨어질 수 있다.

사회학이론이 두 가지 현상을 설명하지 못할 이유가 없다. 제약에 관한 이 대안적인 스타일들의 공존은 사회적 행위의 모든 측면의 중심적인 특징이다. 예를 들어 어떤 사람들 사이에서, 그리고 어떤 환경들에서는 도덕적 혹은 법적인 규칙들이 행위를 규제하는 감정이 부가된 가치로서 내재화될 것이다. 다른 경우들에서는 이 규칙들이 단순히 하나의 정보, 즉 앞으로의 행동을 계획하고 다른 사람들의 반응을 예측하는 데 필요한 정보로 해석될 것이다. 수학에서 이 두 가지 형태의 사회적 영향력이 동시에 나타나는 것과 또 그것들을 분리시키는 이론적 문제는, 이들이 행위의 다른 측면들과 갖는 유사성을 강화하는 데 기여할 것이다.

추론에 관한 형식원리의 협상적 적용은 논리적, 수학적 행위에서 변이에 대한 어떤 중요한 예들을 설명한다. 물론 문제가 되는 논리적 원리가 더욱 형식화되면 될수록, 협상과정은 더욱 명시화되고 의식적으로 된다. 또한 이런 원리가 덜 명확하면 할수록, 협상도 더 암묵적이 된다. 나는 논리적 원리가 갖는 협상적 성격을 세 개의 보기를 들어서 예시하려고 한다.

첫번째는 자명한 논리적 진리를 협상을 통하여 전복시키는 것에 관한 것이고, 두번째 예는 이미 많이 논의된 문제, 즉 아잔데(Azande) 부족민이 우리와는 다른 논리를 가졌는지에 대한 것이다. 세번째의 경우는 수학에서의 증명에 대한 협상이 될 것이다. 이것은 라카토슈(1963~64)의 오일러의 정리(Euler's theorem)에 대한 훌륭한 역사

그림 10 전체는 부분보다 크다

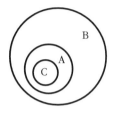

적 연구에 근거할 것이다. 여기서 라카토슈는 사회학자에게 아주 가치 있는 어떤 것을 제공하는데, 이것은 내가 앞에서 논의했던 그의 방법론적 주장에 근거해서 유추할 수 있는 것보다 훨씬 가치 있는 것이 될 것이다.

무한의 역설

다시 한 번 삼단논법을 생각해보자. 모든 A는 B이고, C는 A이며, 따라서 C는 B이다. 이 추론은 포함과 내포의 경험에 기초하고 있다고 주장하였다. 어떻게 또는 왜 삼단논법이 옳은지를 의심하는 사람은 삼단논법을 표시한, 따라서 삼단논법과 동일한 그림을 보기만 하면 된다(그림 10을 보라). 이 그림은 삼단논법을 중요한 상식적 원리, 즉 전체는 부분보다 더 크다는 것과 연결시킨다.

포함과 내포에 관한 경험이 도처에 존재하기 때문에 이 경험들은 일정하게, 그리고 예외 없이 모든 사람들에게 내포의 원리가 옳다는 인상을 심어줄 것이다. 논리의 보편성을 믿는 사람들이 증거로써 이런 원리를 인용하는 것은 놀라운 일이 아니다. 따라서 슈타르크(1958)는 다음과 같이 말한다.

순수하게 형식논리적인 명제에 관한 한, 상대성의 문제가 있을 수 없다. 그런 명제의 한 예가 전체는 부분보다 더 크다는 주장이다. 극단적 상대주의자들의 주장에도 불구하고 이런 명제가 효력을 가지지 않는 사회란 없는데, 왜냐하면 이 명제의 진리는 직접적으로 문장에서 사용되는 용어에 대한 정의로부터 나온 것이며, 따라서 어떤 구체적인 정신-외적인 조건으로부터 절대적으로 독립적이기 때문이다.

슈타르크가 진리라는 것이 생래적(生來的)이라고 말하고 있는 것은 아니다. 그는 진리가 경험에서 온다는 것을 인정하지만, 진리와 경험과의 연결이 너무나 직접적이어서 정신과 이 필연성에 대한 즉각적인 이해 사이에 아무것도 끼여들 수 없다. 이런 종류의 경험은 보편적이고, 따라서 누구나가 동일한 판단에 도달한다. 항상 어느 곳에서나 전체는 부분보다 크다.

이 사고가 모든 문화에서 통용된다는 것은 분명히 맞다. 이런 사고는 우리가 항상 의존할 수 있는 경험의 특징이며, 그래서 항상 적용이 되는 것을 볼 수 있다. 그러나 이것이 어떤 특정한 적용이 필연적이며, 혹은 그것의 진리가 직접적으로 드러난다든가, 상대성의 문제가 전혀 없다는 것을 의미하지는 않는다. 다음의 경우는 슈타르크가 생각한 것과 반대되는 사실을 보여주기 때문에 특히 흥미롭다. 무한산술이라 불리는 일단의 수학은 전체가 부분보다 크다는 원리를 명시적으로 거부하는 것에 성공적으로 기반하고 있다. 따라서 적절히 이해된다면, 이 예는 필연적으로 보이는 물리적 모델에 의해서 지탱되는 명백하게 자명한 진리가 전복될 수 있고, 재협상이 가능하다는 것을 보여준다.

정수의 수열 1, 2, 3, 4, 5, 6, 7……을 생각해보자. 이 끝없는 수열에서 또 다른 끝없는 수열인 2, 4, 6 등의 짝수로만 구성된 수열을 골라내보자. 이 두 수열을 다음과 같이 연결시킬 수 있다.

1 2 3 4 5 6 7 ……

2 4 6 8 10 12 14 ……

상식적인 견지에서도 짝수는 헤아릴 수 있다. 더욱 전문적으로 말하자면, 이 짝수들을 정수와 일대일 대응을 시킬 수 있다고 말할 수 있다. 이 일대일 대응은 결코 깨지지 않을 것이다. 모든 각각의 정수는 항상 그것과 쌍을 이룰 수 있는 특정한 짝수를 갖는다. 마찬가지로 각각의 짝수에 대응하는 특정한 정수가 존재한다. 각각의 구성요소들 사이에 일대일 대응이 존재하는 두 개의 집합이 같은 수의 요소를 가진다고 가정해보자. 이것은 직관적으로는 합리적으로 보이지만 이것은 정수와 같은 수의 짝수가 존재한다는 것을 의미한다. 그러나 짝수들은 모든 정수에서 골라낸 것, 단순한 부분, 부분집합이다. 그러므로 부분은 전체만큼 크고, 전체는 부분보다 크지 않다.

정수의 무한정한 공급은 무한한 수의 정수가 존재한다는 말로 표현될 수 있다. 무한합(無限合)은 따라서 부분이 전체와 일대일의 상관관계를 가질 수 있다는 속성을 지닌다. 무한합의 속성은 무한산술의 발달 이전에 오랫동안 알려져왔다. 무한합의 속성은 무한한 크기를 가진 합이라는 사고 그 자체가 역설적이고 자가당착적이고 논리적으로 결함이 있다는 증거로 간주되었다. 예를 들어 코시(Cauchy)는 이런 근거를 들어서 무한합들의 존재를 부정했다(Boyer, 1959, p.296). 그러나 한때 무한합을 부정하기 위하여 사용되었던 근거가 무한합의 정의로서 수용되었다. 그래서 데데킨트(Dedekind, 1901, p.63)는 "하나의 체계 S는, 그것이 그 체계 자체의 어떤 부분과 유사할 때 무한하다고 말할 수 있다"고 하는데, 이 정의에서 '유사하다는 것'은 일대일 대응이라고 불렸던 것이다.

어떻게 모순이 정의로 변할 수 있으며, 어떻게 그러한 재협상이 가능한가? 그 이유는 전체가 부분보다 크다는 확신을 밑받침하는 물리적 내포의 모델이 또 다른 지배적인 이미지나 모델에게 그 자리를 물려주게 되었기 때문이다. 즉 이 모델에서는 대상들이 각각 그에 대응하는 것과 일대일 대응이 되도록 위치지어질 수 있다. 이것은 또한 직접적이고 구체적인 방식으로 쉽게 예시될 수 있고 경험될 수 있는 상황이다. 일단 이러한 대안적 모델에 초점을 맞추게 되면, 정수와 짝수를 정렬시키는 단순한 절차는 부분(짝수)이 전체(모든 정수)만큼 크다는 결론을 위한 자연적인 근거로 탈바꿈하게 된다. 비형식적 사고는 새롭고 비형식적인 모델을 강력히 주장함으로써 외견상으로는 필연적인 원리를 전복시켜버렸다.

경험의 새로운 영역이 설정되고 이용되었다. 만약 필연적인 논리적 원리들이 우리의 경험 중에서 사회적으로 용인된 선택의 결과라면, 그런 원리들은 항상 경험의 다른 특징에 호소함으로써 전복시킬 수 있을 것이다. 형식원리는 오로지 이런 선택적 관심 때문에 특별하고 특권을 가진 것으로 느껴진다. 새로운 관심과 목적, 그리고 새로운 야망이 주어지면, 재조정을 위한 조건들이 존재할 것이다.

결론은, 전체가 부분보다 크다는 원리를 모든 사람이 받아들여야 한다는 절대적 의미는 존재하지 않는다는 것이다. 단어들의 의미들 자체가 어떤 주어진 결론을 받아들이도록 하는 필연성을 가지고 있지 않은데, 그 이유는 그런 단어들의 의미들이 어떤 새로운 경우가 이러한 규칙을 적용했던 이전의 경우들에 동화되어야만 한다는 필연성을 가지고 있지 못하기 때문이다. 기껏해야, 이 모델을 이전의 경우들에 적용시킬 수 있었다는 사실은, 새롭고 유사한 경우 또한 동일한 규칙으로 설명될 수 있을 것이라는 추정을 만들어낼 뿐이다. 그러나 추정은 필연이 아니며, 유사성에 관한 판단은 귀납적이지 연역적 과정이 아니다.

만약 필연에 대하여 말할 수 있다면, 규칙이 가지는 필연적 특성은 단지 어떤 특정 모델이 사용되어야 한다는 습관이나 전통 안에서 발견되어야 할 것이다. 만약 우리가 논리를 필연적인 것으로 느낀다면, 이것은 우리가 어떤 행위는 옳고 어떤 행위는 그르다는 것을 필연적이라고 느끼는 것과 같은 것이다. 왜냐하면 우리는 삶의 형태를 당연시하기 때문이다. 비트겐슈타인은 『논평』(*Remarks*, 1956)에서 이 점에 대하여 다음과 같이 말했다. "다음과 같은 게 아닐까? 어떤 사람이 어떤 것을 다른 식으로는 생각할 수 없다고 생각하는 한, 그는 논리적 결론을 내린 것이다"(I, 155). 그럼에도 불구하고 비트겐슈타인은 우리가 추론법칙에 의해서 강제된다고 말하는 것이 옳다고 믿는다. 이 강제의 방식은 우리가 인간사회의 다른 법칙들에 의해 강제되는 것과 동일한 방식이다. 그러므로 우리와는 아주 다른 법칙을 가진 사회를 살펴보고, 그 사회 구성원들이 우리와는 다르게 추론하도록 강제되는지를 알아보도록 하자.

아잔데 논리와 서구과학

에번스-프리처드(Evans-Pritchard, 1937)의 아잔데에 관한 책은 우리와는 근본적으로 다른 사회를 기술한다. 아잔데 사회의 가장 놀랄 만한 특징은, 이 사회에 속한 사람들이 신의 뜻을 물어보지 않고는 중요한 어떤 일도 하지 않는다는 것이다. 미량의 독약을 닭에게 투여하고 어떤 질문을 이런 의례 중에 던짐으로써, 이에 대한 긍정적 혹은 부정적 답을 얻게 된다. 새의 죽음과 생존은 신을 대신한다. 이 부족에게 모든 인재(人災)는 마법에 의한 것으로 비쳐진다. 마녀들은 재난의 원인이 되는 사악한 마음과 힘을 가진 사람들이다. 마녀인지 아닌지를 알아보는 주된 방법은 물론 신탁(神託, oracle)을 통하는 것이다.

마녀가 된다는 것은 단순한 성향의 문제가 아니다. 마법은 유전된 육체적 특성이며, 마법물질이라 불리는 뱃속에 들어 있는 물질로 구성된다. 남자 마법사는 마법물질을 아들에게 유전시키고, 여자 마법사는 딸에게 유전시킨다. 이 물질은 사후검시를 통해 찾아낼 수 있는데, 때때로 마법혐의를 확인하거나 부정하기 위해 사후검시를 하기도 한다.

어떤 가계의 모든 사람들이 마녀였고, 또 마녀가 되리라는 것을 증명하기 위해서, 그 중 한 사람이 하나의 단일하며 결정적인, 그리고 논쟁의 여지가 없는 마술을 건 사례를 보여주면 충분하다는 것은 확실한 추론으로 보일 것이다. 마찬가지로 어떤 남자가 마술사가 아니라는 결정은 모든 그의 친지들이 마법사가 아니라는 것을 의미한다. 그러나 그들은 이러한 추론에 따라 행위하지 않는다. 에번스-프리처드는 이 점에 관해 다음과 같이 적고 있다.

우리에게는 어떤 남자가 만일 마법사로 판명된다면, 그의 씨족 모두가 그 사실에 의해 마법사일 게 분명한 것처럼 보일 것이다. 왜냐하면 잔데 씨족은 남계(男系)를 통해 서로서로 생물학적으로 관련된 사람들이기 때문이다. 아잔데는 이런 주장의 의미를 이해한다. 하지만 결론을 수용하지 않으며, 만약 수용한다면 마법개념 자체가 모순이 될 것이다(p.24).

이론상으로는 마법사의 전체 씨족은 마법사여야 한다. 그러나 실제로는 마녀로 알려진 자의 오직 아주 가까운 부계친척만이 마법사로 간주된다. 왜 그럴까?

에번스-프리처드의 설명은 분명하고 직접적이다. 그는 아잔데가 일반적이고 추상적인 원리들보다 마법의 특정하고 구체적인 사례에 우선성을 두는 정도를 고려함으로써 이를 설명한다. 그는 아잔데가 어떤 사람이 마녀인가 아닌가에 대한 일반적인 질문에 관해서 신탁을 구하지 않는다는 점을 들어, 아잔데 사람들의 관심의 지엽성(枝葉性)을 예시하고 있다. 아잔데 사람들은 이러저런 사람이 어떤 사람에게, 바로 지금 여기서 마법을 걸고 있는지에 대해서 질문한다. 따라서 "아잔데는 우리처럼 모순을 인식하지 않는데, 그 이유는 그들이 그런 주제에 관해서 이론적 관심이 없으며, 또 마법에 대한 그들의 신념을 표현하는 상황들은 그들에게 그런 문제를 강요하지도 않기 때문이다"(p.25).

이 분석은 두 가지의 중심적인 생각을 담고 있다. 첫째, 아잔데가 알든 모르든 아잔데의 관점에는 모순이 진정으로 존재한다는 것이다. 아잔데는 논리적 오류, 혹은 최소한 어느 정도의 논리적 맹목성을 제도화시켰다는 것이다. 둘째, 만약 아잔데가 오류를 인식한다면, 그들의 중요한 사회적 제도 가운데 하나가 옹호될 수 없을 것이다. 그 제도가 모순적이거나 논리적으로 결함이 있다고 발견되는 위협 아래 놓이게 되고, 그리하여 그 제도의 생존이 위험에 처할 것이다. 즉 아잔데는 사회적 격변과 다가오는 근본적인 변화의 요구를 막기 위해 논리적 오류를 유지한다는 것이다. 첫번째 사고는 논리의 단일성에 대한 믿음이고, 두번째 사고는 논리적 힘에 대한 믿음이다. 논리가 힘을 갖는 이유는 논리적 혼란이 사회적 혼란을 일으킬 수 있기 때문이다.

이런 분석을 비판하기 위해서 비트겐슈타인의 사고를 빌려올 수 있
다. 바로 전 절의 마지막에서 언급한 문구가 보여주듯이, 비트겐슈타
인은 때때로 논리적 결론을 내리는 것과 어떤 것에 대하여 다르게 생
각할 수 없다고 생각하는 것을 등치시켰다. 논리적 과정은 우리가 아
주 당연시하는 것이다. 아잔데는 마법사의 전체 씨족이 마법사가 될
수 없다는 것을 당연시한다. 그들은 다른 식으로는 결론을 내릴 수가
없다. 그들의 관점에서 보면 다른 식으로 결론을 내리지 않는 것이
논리적이다. 그렇지만 우리에게는 이것이 도달해야 하는 논리적인
결론이므로, 분명히 하나 이상의 논리가 존재함이 틀림없다. 즉 아잔
데의 논리와 서구의 논리가 그것들이다. 에번스-프리처드가 사용한
유일한 논리만이 존재한다는 전제는 따라서 기각된다.

　이 접근은 윈치(Peter Winch)의 「원시사회의 이해」(Understanding
a Primitive Society, 1964)라는 논문에서 사용되었다. 그는 비트겐
슈타인의 '논평'을 인용함으로써 주장한다. 비트겐슈타인은 "놀이를
시작하는 사람은 누구든지 간단한 속임수를 써서 이길 수 있는 것을
생각해보자고 한다. 그러나 이 놀이는 실현되지 않았다——그래서 이
것은 하나의 놀이인 것이다. 어떤 사람이 이런 놀이에 대해 우리의
주의를 환기시킨다면, 이것은 더 이상 하나의 놀이가 아니다"(II,
77). 그것이 놀이가 결코 아니었다기보다 더 이상 놀이가 될 수 없다
는 것에 주목하라. 우리는 놀이, 놀이자들의 지식상태, 그리고 그들
의 태도 등이 모여서 하나의 전체를 형성하는 것으로 보도록 권유된
다. 속임수에 대한 추가적인 지식을 가진 놀이는 또 다른 전체를 구
성한다. 이 놀이는 또 다른 행위를 구성한다. 이와 유사하게 우리는
특별한 경계와 적용방식과 맥락을 가진 아잔데 믿음을 유일하고 자
기충족적인 전체로 보아야만 한다. 그러한 것들은 할 수 있는 특별한
놀이를 구성한다. 만약 우리가 아잔데 게임을 그것보다 더 넓은, 혹

은 다른 놀이의 단순한 부분으로 본다면, 우리는 아잔데 놀이 전체에 대한 왜곡된 인식밖에 가질 수 없을 것이다.

아잔데 사고방식의 자기충족적인 특성을 강조하기 위해서 윈치는 놀이비유와 논의중인 경우간의 어떤 차이에 주의를 환기시킨다. 오래된 놀이는 새로운 정보에 의해 참으로 진부하게 된다. 일단 속임수가 드러나면 오래된 놀이는 자연히 그 영향을 받아 무너진다. 이것이 보여주는 바는 놀이가 자족적이 아니라, 사실은 더 넓은 체계의 부분일 뿐이라는 것이다. 그러나 아잔데는 우리의 관점에서 보는 놀이의 완전한 논리적 함의를 그들에게 얘기해주었을 때에도 마법을 포기하지 않는다. 그들은 혼란에 빠지지 않는다. 이것은, 윈치의 주장에 따르면, 아잔데 마법과 논리가 서구의 관점과 비교될 수 없는 증거라는 것이다. 그들의 놀이는 우리의 놀이로 자연스럽게 확장될 수 없는 아주 다른 놀이이다.

에번스-프리처드의 분석에 대한 이러한 논박에서 주목해야 할 중요한 사실은, 에번스-프리처드의 두 가지 주된 사고 중 하나만이 도전받았다는 것이다. 윈치의 경우는 논리의 유일성만 문제로 삼고 있지, 논리의 힘에 대해서는 논박하지 않고 있다. 오히려 윈치는 이 신념을 공유하는 것처럼 보인다. 윈치의 비판은 만약 아잔데의 믿음에 논리적 모순이 존재한다면, 마법이라는 제도는 위협받아야 한다는 것을 인정하는 듯이 보인다. 윈치는 다른 논리가 존재해야 한다는 것을 주장함으로써, 왜 아잔데의 믿음이 위협받지 않는지를 설명한다.

밀이 옳다면 논리는 힘과는 반대되는 것이다. 논리적 도식의 적용은 단지 우리의 사후사고를 배열하는 방법이며, 항상 협상의 대상이 될 것이다. 앞의 두 설명에서 공통된 논리의 힘에 대한 이 가정이 일단 폐기되었을 때, 어떻게 아잔데의 사례가 분석될 수 있는지 살펴보자.

맨스필드 경이라면 아잔데를 자랑스러워했을 것이다. 아잔데들은 과감하게 결정을 하면서도, 정당화의 정교한 구조를 제시하지 않음으로써 맨스필드 경의 충고를 행동에 옮겼다. 아잔데들은 누가 마법에 연루되었는가에 대한 신탁의 결정을 따랐으며, 이와 마찬가지로 범인이 속한 씨족의 모든 사람이 마법사인 것은 아니라고 확신한다. 이 두 믿음은 그들의 생활에서 안정적이고 중심적인 것이다. 그러면 어떤 논리적 추론이 이 전체 씨족을 위협하는가? 그 대답은, 결코 그런 위협은 없다는 것이다. 그들의 안정된 믿음이 의심받게 될 위험은 없다. 만약 추론이 문제가 된다면, 위협은 재치 있게 협상될 것이고 이 일 자체는 어려운 것이 아니다. 이때는 몇몇 교묘한 구별이 필요할 뿐이다.

예를 들어 씨족의 모든 사람들이 마법물질을 유전받을 수도 있다는 것을 인정한다 해도, 이 사실만으로 그들이 마법사가 된다는 것을 의미하는 것은 아니라고 말할 수 있다. 실제로 씨족의 모든 사람들이 마법사가 될 잠재력을 가졌지만, 이 잠재성은 오직 몇몇 사람에게만 나타날 뿐이며, 오직 이들만이 진짜 마법사라고 불릴 수 있다고 주장할 수 있을 것이다. 아잔데가 때때로 그런 주장을 폈던 증거가 있다. 한때 마법사라고 비난받은 사람이 항상 마법사로 취급되는 것은 아니다. 아잔데는 이에 대해 그의 마법물질이 '차갑기' 때문이라고 말한다. 어떤 의도와 목적 아래서는 그는 더 이상 마법사가 아니다. 논리는 마법이란 제도에 아무런 위협도 가할 수 없는데, 왜냐하면 하나의 논리적 문제는 항상 다른 논리를 사용함으로써 대답될 수 있기 때문이다. 어떤 사람이 위협하기 위해서 추론을 사용하지 않는다면 이러한 것조차도 필요치 않다. 만일 이러한 위협을 가한다면, 위협적인 것은 논리가 아니라 그 논리를 사용하는 사람이다.

상황은 그림 11로 표현될 수 있다. 이것은 진짜로 중요한 요인들이

그림 11 논리의 무력성

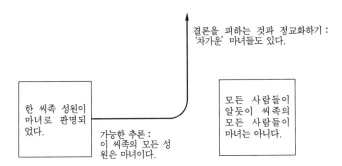

결론을 피하는 것과 정교화하기 :
'차가운' 마녀들도 있다.

한 씨족 성원이
마녀로 판명되
었다.

가능한 추론 :
이 씨족의 모든 성
원은 마녀이다.

모든 사람들이
알듯이 씨족의
모든 사람들이
마녀는 아니다.

이 상황에서 당연시되고 있는 두 개의 사회적 요소임을 보여준다. 신탁의 사용과 씨족 전체의 일반적인 결백함이 그것들이다. 이것들은 전통에 의해 용인된 것이며, 아잔데의 삶의 형식에서는 중심적인 것이다. 따라서 이 중 하나로부터의 단순한 논리의 연장이 다른 것을 망가뜨리지 않는다. 사회의 이 두 가지 특징의 공존을 위한 어떤 정당화가 필요하다면, 적절한 구조를 가진 사후적 정당화가 만들어질 것이다. 만약 어떤 정당화 구조가 실패한다면, 아잔데들은 항상 다른 것을 만들어낼 수 있을 것이다.

우리가 씨족 전체에다 마법사의 굴레를 씌우는 것을 상상할 수 있다는 사실은, 단지 우리가 이런 결론에 대한 거부감을 실제로 가지고 있지 않기 때문이다. 우리는 우리의 사고 자체를 무책임하고 아무 저항 없이 확장시킬 수 있다. 만약 우리가 아잔데의 논리가 가지고 있는 분명한 모순을 강하게 느끼고, 동시에 그런 판단에 대한 어떤 합리적인 근거를 부여해야 할 필요를 느낀다면, 우리는 쉽게 그렇게 할 수 있다.

그림에서의 중요한 사회적 변수는 분명히 두 가지로 나눌 수 있다. 첫째는 당연시되는 제도들이고, 둘째는 이 제도들을 묶을 수 있는 사고의 정교화와 발달의 정도이다. 아잔데의 경우에는 최소수준의 정교화만이 존재한다. 다른 문화에서는 고도의 정교화가 이루어져 있을 수도 있다. 이 정교화의 범위와 방향은 아마도 사람들의 사회적 목적과 그들의 상호작용의 형태 및 강도의 함수라고 가정될 수 있다. 이런 정교화는 자생적으로 꽃피는, 혹은 내적인 논리에 의하여 지배받는, 즉 아무 이유 없이 성장하거나 성장하기를 멈추는 그런 것이 아니다. 상황이 그것을 자라게 하는 만큼만 정교화는 성장할 것이다.

이 결론이 옳다는 것을 보여주기 위해 하나의 예를 고려해보자. 외부에서 온 어떤 인류학자가 우리에게 다음과 같은 논리를 펼쳤다고 가정하자. 당신의 문화에서는 살인자는 의도적으로 다른 사람을 죽인 자이다. 폭탄을 투하하는 조종사는 의도적으로 사람을 죽인다. 그러므로 그 사람들은 살인자이다. 우리는 이 논리의 요점을 알지만 의심할 여지없이 그러한 결론에 동의하지 않을 것이다. 우리의 입장에서 보면, 외래 관찰자는 살인자가 진정으로 무엇인지를 이해하지 못한 것이다. 그는 그가 뭉뚱그린 두 사례간의 차이를 이해하지 못했다. 아마도 우리는 다음과 같이 대답할 것이다. 살인이란 개별의지의 작용이라고 말이다. 폭탄을 투하하는 조종사는 의무를 수행하고 있으며, 그 의무는 정부에 의해 용인된 것이다. 우리는 군대에 부여된 특별한 역할을 구별할 수 있다. 그 인류학자는, 그의 노트를 참조하여, 사람들이 공격하는 비행기를 향해 주먹을 흔들면서 '살인자들'이라고 부르는 것을 보았다고 말할 것이다.

이것에 대하여 우리는 살인과 전쟁에서 사람을 죽이는 것 사이에는 유사성이 있다고 인정할 것이며, 인류학자가 관찰했던 희생자의 마음 속에는 차이보다는 그 유사성이 틀림없이 더 커보일 것이라고 대답할 것이다. 우리는 그러한 상황에서 사람들이 완전히 논리적으로 되기를 기대하는 것은 무리이며, 관찰된 것은 엄격히 합리적인 행위의 원칙으로부터의 이해가능한 벗어남이라고 부언할 것이다. 인류학자는 그러면 사람을 죽인 자동차 운전기사에 관한 의문을 우리에게 또 들이댈 것이다. 의심의 여지없이, 그는 사고의 개념, 과실치사, 우연, 책임, 오류, 의도 등의 개념들이 우리 문화에서 얽혀 있는 복잡한 방식에 매혹당할 것이다. 인류학자는 또한, 우리가 그의 주장의 요점을 알면서도 '임시변통'적이며 형이상학적인 구별들의 얽힘을 통해서 그의 논리적 주장을 피해나간다고 말할 것이다. 인류학자는 우리 문화에서는 사람들이 논리적 결론에는 실제적인 관심이 없는 것 같다고 말할 것이다. 우리들은 형이상학적 정글을 선호하는데, 왜냐하면 그렇지 않으면 처벌에 대한 전체적인 제도가 위협받기 때문이라고 말할 것이다.

회의적인 인류학자는 틀렸다. 우리는 논리적 비판의 압력 아래서의 혼란으로부터 우리의 제도를 보호하기 위해서 이와 같이 추론하는 것이 아니다. 오히려 우리가 일상적으로 폭탄을 투하하는 조종사와 자동차 운전기사의 행위를 수용하기 때문에, 우리는 우리의 추론을 조정할 수 있는 것이다. 제도들은 안정적이고, 우리의 비형식적 추론은 필요한 조정을 한다. 우리가 인류학자의 논리적 추론의 힘을 느낀다면, 그것은 우리가 이미 우리 제도에 대해 비판적으로 되었기 때문이다. 비판적으로 된다는 것은 살인과 다른 행위간의 유사성에 집착한다는 것을 의미한다. 사례들의 비형식적이고 귀납적인 동화는 우리가 우리의 불만을 논리적으로 전개할 수 있는 형식적 단계에 선행한다.

이러한 정교화의 과정은 우리 문화의 일반적 특징이며, 그것이 우리의 상식에 배어 있는 것만큼이나 우리의 과학에도 침투해 있다. 이 점에 대한 과학사에서 재미있는 예는 아주 무시당해온 연소에 관한 플로지스톤 이론과 다시 관련된다. 기억을 새롭게 하자면, 우리가 오늘날 산화물이라 부르는 것이 애초에는 '금속회'라는 단순한 물질로 생각되었다. 그 이론은 다음의 가정 아래 진행되었다.

금속＝금속회＋플로지스톤

금속이 연소되어 금속회로 바뀌면 플로지스톤이 거기서 빠져나온다. 그렇지만 금속회가 금속보다 무겁다는 것이 알려져 있었다. 플로지스톤의 제거 혹은 추출은 무게를 증가시킨다. 어떤 것이 빠져나갔는데도 어떻게 무게가 늘어나는가? 여기서는 음수의 빼기를 생각하게 되는데, 그것은 더하기나 마찬가지이기 때문이다. 즉 $-(-a)=+a$. 그래서 실험결과에서 나와야 할 논리적 결론이, 플로지스톤은 음의 무게를 가져야 한다는 것이라고 믿기 쉽다. 역사가들은 때때로 플로지스톤 이론은 플로지스톤이 음의 무게를 '가진다'는 것을 암시한다고 말한다(예를 들면 Conant, 1966). 분명히 음의 무게는 이상하다고 할 수밖에 없고, 따라서 플로지스톤 이론은 괴상한 것이거나 그럴 듯하지 않거나 실패한 이론이라고 생각되었다. 실상 이 이론을 고수하는 대다수의 사람들은 이런 결론이 필연적이라고 느끼지 않았다. 오히려 뉴턴의 훌륭한 추종자들로서 그들은 음의 무게라는 개념을 사용해서는 안 된다고 느꼈다.

대신에 그들이 말했던 것은 아주 단순하다. 플로지스톤이 금속을 빠져나갔을 때 또 다른 물질이 들어오고, 따라서 그 자리를 대신했다. 플로지스톤의 추출이 순수한 금속회를 남긴 것이 아니라, 금속회와 뭔가 다른 것을 남긴 것이다. 물이 선택된 후보였는데, 왜냐하면 물은 플로지스톤과 관련된 수많은 반응에 연관되어 있는 듯이 보였지만, 그 정확한 역할은 그 당시에는 모호했기 때문이다. 이론은 어떤 점을 덜 모호하게 만들기 위한 단계였다. 이제 플로지스톤이 실제로 양(陽)의 무게를 가졌다고 가정했을 때, 플로지스톤의 제거는 여전히 무게의 증가를 동반할 것이다. 여기서 필요한 가정은 플로지스톤이 빠진 자리에 들어간 물이 빠져나간 플로지스톤보다 더 큰 무게를 지닌다는 것이다. 단순추출의 모델에서 도출된 논리적 필연성은 대체의 모델에 의해 분쇄된다.

이런 낡은 이론에서 가장 나쁜 점을 찾아내려고 작정한 사람들에게는, 그런 식의 정교화는 단지 잘못된 재주를 피우는 것으로 보일 뿐이다. 이러한 정교화는 플로지스톤이 음의 무게를 가졌다는 필연적이고 논리적인 결론을 단순히 피하려는 시도인 것으로 간주되어서 분노를 일으킬 것이다. 실제로 그런 시도는 과학적 이론을 정교화시키는 표준적인 술수이다. 이런 정교화는 몇 년 후, 어려운 상황에서 화학의 원자이론을 구한 시도와 같은 것이었다(Nash, 1966).

게이-뤼삭은 기체가 결합하는 방식에서 엄격한 경험적 규칙성을 발견했다. 두 개의 기체 A와 B가 결합해서 기체 C를 만든다고 가정하자. 그는 동일한 온도와 압력 아래서 부피를 측정한다고 가정했을 때, 기체 A의 1단위 부피가 항상 기체 B의 1, 2, 3, 혹은 어떤 작은 수의 단위부피와 결합한다는 것을 발견했다. 돌턴의 원자이론은 과학자들에게 화학적 결합이 원자의 직접적 결합에 의하여 일어난다고 생각하는 것의 가치를 가르쳐주었다. 따라서 게이-뤼삭의 결과는 만약 A의 1단위 부피가 B의 1단위 부피와 결합된다면, 이것은 동일한 부피를 가진 기체들이 동일한 수의 원자를 포함하기 때문임이 틀림없다는 것을 암시해주었다.

이 단순하고 유용한 사고의 유일한 난점은 때때로 동일한 온도와 압력 아래서, A의 1단위 부피와 B의 1단위 부피가 결합할 때, 2단위의 부피를 차지하는 기체 C를 생성한다는 것이었다. 질소와 산소의 경우가 그랬다. 따라서 기체의 체적들이 동일한 수의 원자를 포함한다는 사고는 원자가 반으로 쪼개질 때만 유지될 수 있었다. 그렇지 않다면 그 두 배의 부피는 1단위 부피당 오직 반수의 원자만을 가지게 될 것이다. 돌턴은 이 결론을 받아들이지 않았으며, 아주 정확한 실험결과와 그에 따른 유용하고 단순한 사고를 희생시켜버릴 준비가 되어 있었다. 확실히 원자는 쪼갤 수 없었다. 따라서 게이-뤼삭이 그의 실험결과를 너무 단순화한 것은 아니었을까?

동일한 부피에는 동일한 수의 원자가 있다는 단순한 사고를 유지하기 위해 원자가 쪼개져야 한다는 결론은 쉽게 피할 수 있다. 여기서 가정되어야 할 것은 기체의 각 입자들이 두 개의 원자로 구성되어야 한다는 것뿐이다. A와 B가 결합할 때, 복합물은 B의 원자 1개를 A의 원자 1개가 대체함으로써 생성된다. 결합이 일어나되, 단순한 첨가에 의해서가 아니라, 대체를 통해서이다. 이것이 아보가드로 (Avogadro)의 가설이다. 이 가설의 물리적, 화학적 타당성은 확립하기 어렵지만, 그 논리적 근거는 아주 단순하다. 원자이론의 기본원칙의 정교화로서 이 가설은 플로지스톤 이론이 발달시켜온 정교화와 유사하다.

이 모든 것은 아잔데도 우리처럼 사고한다는 것을 시사해준다. 그들이 '논리적' 결론을 수용하지 않으려는 것은 우리가 상식적인 믿음과 생산적인 과학이론을 폐기하지 않으려는 것과 아주 유사하다. 실제로 그들이 논리적이 되는 것을 거부하는 것은, 우리가 정교하고 세련된 이론구조를 발달시키는 것과 똑같은 근거를 가지고 있다. 마법에 대한 그들의 믿음은, 우리의 믿음이 반응하는 똑같은 힘에 반응하는 것처럼 보인다. 물론 그 힘이 상이한 정도와 상이한 방향으로 작용함에도 불구하고 말이다. 우리의 추론은 일군의 정당화된 분류 속에 놓일 때가 많다. 우리는 우리의 더욱 정교화된 협상들에 대한 기록과 목록들을 가지고 있으며, 이것들은 서로 다른 것들을 구분해낸다. 그럼에도 불구하고 그 유사성이 아잔데와 원자과학자들의 지적 정교화에 대한 설명적 이론을 추구하는 것을 타당하게 한다.

아잔데와 우리가 다른 논리를 가졌는가라는 질문에 위의 논의는 어떤 답을 주는가? 여기서 알 수 있는 것은 아잔데가 우리와 동일한 심리를 가졌지만 근본적으로 다른 제도들을 가졌다는 것이다. 만약 우리가 논리를 추론의 심리학과 관련시킨다면, 그들이 우리와 동일한 논리를 갖고 있다고 말하고 싶을 것이다. 만약 우리가 논리를 사고의 제도적 틀에 더욱 밀접하게 관련시킨다면, 우리는 두 개의 문화가 다른 논리를 갖고 있다는 관점으로 기울게 될 것이다. 후자의 길을 택한다면 수학에 관한 앞 장들에서의 주장과 일치하게 될 것이다.

그러나 정의에 관한 문제보다 더욱더 중요한 것은 심리학적이고 제도적인 요인 둘 다가 추론과 관련된다는 것을 기본적으로 인정하는 것이다. 추론에 관한 우리의 자연적인 성향은, 다른 자연적인 성향처럼, 그 자체로서는 질서정연하고 안정된 체계를 형성하지 않는다. 경계를 긋고 그런 경계에 따라 적당하다고 생각되는 영역에 각 성향들을 할당하기 위해서는, 어떤 객관적인 구조가 필요하다. 왜냐하면 자연적인 균형상태는 없기 때문에, 어떤 기호나 욕망들이 서로 충돌하듯이 한 추론방식은 또 다른 추론방식과 반드시 갈등을 일으키게 될 것이기 때문이다. 어떤 한 성향이 지배적이고 자유스러운 것으로 인식된다는 것은 다른 성향들을 위축시킨다는 것을 의미한다. 이것이 할당의 문제를 구성하고, 협상의 문제를 피할 수 없게 만든다.

여기에 이 점에 대한 수학적 예시가 있다. 2의 제곱근이 유리수가 아니라는 증명은 지배적인 관점이 될 수 있는 단계를 포함하지만, 그 단계가 현대수학에서 '자연스러운' 표현으로 받아들여지는 것은 아니다. 어떤 수가 처음에는 홀수로, 그 다음에는 짝수로 증명되는 절차는 계속해서 반복될 수 있다. 사실상 나타나는 문제는 이 결론이 숫자라는 것은 홀수이면서 동시에 짝수일 수 없다는 가정과 상충한다는 것이다. 그 결과물은 정적인 대립도 아니고, 한쪽을 거부하는 것도 아니라는 것이다. 대신 어떤 구별을 짓게 되는 것이다. 그리스 사람들에게 구별은 수들과 크기들의 구별이었고, 우리에게는 유리수와 무리수의 구별이 그것이다.

협상은 의미를 창출한다. 2의 제곱근이 무리수라는 결론은 협상에 연루된 어떤 개념들 안에서도 발견될 수 없다. 그 결론은 문제를 푸는 상황 안에서 도출되었고, 따라서 그 결과는 그 상황 아래서의 다양한 힘들의 산물이다. 이것이 그리스 사람들이 우리와는 다른 결론에 도달한 이유이다. 우리나라의 경계, 우리 제도의 내용이 발견된 것이 아니듯이, 우리가 사용하는 개념의 경계와 내용도 발견된 것은 아니다. 그것들은 창조되었다. 이것은 수학에서 빌려온 다른 예로서 설명할 것이다. 그것은 협상의 생성적 특성을 너무나 투명하게 보여준다.

수학에서의 증명에 관한 협상

1752년경에 오일러는 다음의 사실을 발견하였다. 정육면체나 피라미드 같은 입방체에서 꼭지점의 수(V)와 모서리의 수(E), 그리고 면의 수(F)를 세어보자. 그 수들은 $V-E+F=2$와 같은 공식을 만족시킨다는 것이 밝혀질 것이다. 그림 12의 도형들을 검토해보면, 이 도형들에도 이 공식이 적용된다는 것을 즉각 알 수 있다.

이런 종류의 도형을 다면체라고 하며 다면체들의 면들은 다각형들이다. 오일러는 이 공식이 모든 다면체에 적용된다고 믿었으며, 수많

그림 12

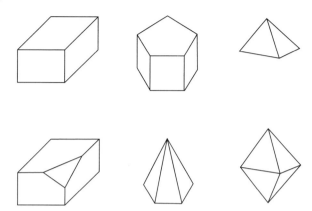

은 사례들을 검토한 것을 토대로 해서 그 결과를 하나의 정리로 만드는 것이 정당하다고 느꼈다. 오늘날에는 이런 방식으로 도달된 결과가 결코 정리(整理)란 이름 아래 위엄을 갖추게 될 수 없다. 그것은 귀납적이고 도덕적인 확실성을 소유한 데 불과하다고 주장될 것이다. 귀납적 일반화는 항상 뒤에 일어나는 반례와 충돌할 수도 있을 것이다. 진정한 정리는 증명을 가져야 한다.

증명의 본질과 증명이 수반하는 확실성의 종류는 수학에 관한 어떤 자연주의적 설명도 도달해야만 하는 것이다. 일반적으로 증명은 정리에다 완전한 확실성과 궁극성을 부여한다. 이것은 수학적 정리를 사회–심리학적 이론이 설명할 수 없는 영역으로 끌어올리는 것으로 보일 것이다. 오일러의 공식에 대한 장기간에 걸친 논쟁을 라카토슈가 분석한 것을 사용함으로써, 증명의 본질에 관한 고정관념이 깨어질 것이고 자연주의적 접근으로의 길이 열릴 것이다.

1813년에 코시는 오일러의 정리를 증명하는 것처럼 보이는 놀랄 만한 아이디어를 제안했다. 그것은 다면체를 이용해서 할 수 있는 '사고실험'(思考實驗)을 중심으로 전개된다. 고무판으로 만들어진 다

그림 13

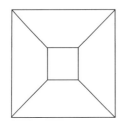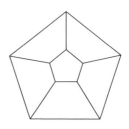

면체와 그 면 가운데 하나가 제거된 것을 상상해보자. V, E, F를 헤아려보면 한 개가 제거된 F의 값을 낳을 것이다. 이 V−E+F=1은 물론 2를 낳는 원래의 공식을 한 면이 제거된 도형에 적용될 때 나오는 것이다. 그 도형에서 한 면이 제거되었기 때문에, 이제 도형을 활짝 열어젖혀 평평하게 펼치는 것을 상상할 수 있다. 예를 들어 정육면체와 오각형의 프리즘은 펼쳤을 때 그림 13처럼 보인다.

이 증명의 다음 단계(그림 14)는 펼쳐진 도형 위에 대각선을 그려서 면들이 삼각형의 집합으로 변형되도록 한다. 모서리를 첨가해서 삼각형을 만듦으로써, E의 수는 분명히 1이 증가할 것이고 면의 수 F도 그만큼 늘어날 것이다. 모든 새 모서리는 새 면을 만든다. 따라서 V−E+F 합의 값은 삼각형을 만드는 과정에서도 변하지 않을 것이다. 왜냐하면 한 모서리와 한 면의 증가는 그 공식 안에서 서로를 상쇄시키기 때문이다.

증명의 마지막 단계는 하나하나씩 삼각형들을 제거하는 것이다. 그림 14에서 A라고 표시된 것과 같은 삼각형을 제거할 때, 모서리 한 개와 면 하나가 없어진다. 그래서 여전히 공식은 변하지 않는다. 동일한 논리가 B라고 표시된 것과 같은 삼각형에 적용된다. 삼각형 A는 이미 제거되었기 때문에 B의 상실은 모서리 2개, 꼭지점 1개, 면 1개가 없어지는 것을 의미할 것이다. 여기서도 공식은 변하지 않고

그림 14

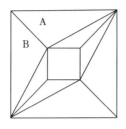

그대로 남아 있다. 이 모든 변형들이 공식을 변화시키지 않기 때문에 다음을 주장할 수 있다. 만약 오일러의 공식이 처음의 다면체에 적용된다면, V−E+F=1은 삼각형을 모두 제거하고 마지막에 남는 하나의 삼각형에도 적용되어야만 한다. 실제로 마지막 삼각형에 이 공식이 적용되므로 처음의 공식은 옹호될 수 있다.

이 증명의 전반적인 요점은, 오일러가 찾아낸 성질이 삼각형은 세 개의 꼭지점, 세 개의 모서리, 한 면을 가졌다는 사실의 자연적 결과라는 것을 보여준다는 것이다. 원래의 사고실험은 단지 다면체를 삼각형들로 이루어진 것으로 보는 것이다. 이 견해는 다면체를 펼치고 삼각형으로 만드는 과정에서 그 사실을 분명하게 전개하고 보여줌으로써 정교화된다. 증명의 요체는 검토를 통해서 나타난 사실을 가져다가 더욱 잘 알려진 도식에다 동화시키는 것이다. 물리적 내포의 모델, 혹은 사물을 일대일로 대응시키고 정렬시키는 모델처럼, 펼치고 삼각형으로 만드는 모델은 경험에 근거한다. 그것은 우리의 경험 안에 있는 요소들에 주의를 환기시키고, 그것을 떼어내서 사물을 보는 일정한 방식으로 변환시킨다. 단순한 도식에서 수수께끼 같은 사실들이 유도된다.

코시의 증명과 같은 것들은 분명히 맨스필드 경의 충고를 위반하는 것이다. 정리들에 대한 근거를 제시하려고 함으로써, 정리들은 공격

그림 15

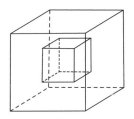

당할 수 있는 여지를 만들게 되는 것이다. 어떤 다면체가 오일러의 공식과 들어맞는다는 것은 아마 의심의 여지가 없을 것이다. 그러나 왜 그렇게 되어야만 하는지를 코시의 추론이 설명할 수 있을지는 의심스럽다. 예를 들어 모든 다면체가 증명에서 요구되는 방식으로 면이 제거되고 펼쳐질 수 있는가? 삼각형으로 만들면 모서리마다 새로운 면이 만들어지는가? 어떤 삼각형을 제거해도 공식이 변하지 않는가? 이 모든 질문에 대한 대답은 부정적이라고 주장할 수 있다. 만약 그 공식이 그 증명이 요구하는 대로 변치 않고 유지되려면, 삼각형의 제거는 경계 삼각형을 제거함으로써 아주 조심스럽게 진행되어야만 한다는 것에 코시는 주의를 기울이지 않았다고 라카토슈는 말하고 있다.

이제 흥미로운 상황이 벌어진다. 증명은 결과의 필연성을 보여주려 하며, 또 증가시키는 듯이 보인다. 그러나 동시에 그것은 출발했을 때보다 더욱 많은 문제를 불러일으킨다. 한편으로는 증명이라는 사고가 증가시켜주는 자원과, 또 다른 한편으로는 증명과정에서 파생되는 새로운 문제와 주장간의 변증법은 라카토슈가 아주 잘 보여주고 있다.

1812년에 뤼일리어(Lhuilier)와 1832년에 헤셀(Hessel)은 둘 다 오일러의 정리와 코시의 증명에 대한 예외를 찾아냈다. 한 정육면체 안에 다른 정육면체가 걸려 있는 그림 15를 생각해보자. 여기서 안

그림 16

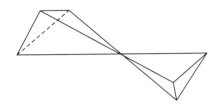

쪽에 걸려 있는 정육면체는 그것을 둘러싸고 있는 큰 육면체 안의 빈 구멍이라고 생각할 수도 있다. 면, 모서리, 꼭지점의 수를 직접 검사해보면 이것이 그 정리를 충족시키지 않는다는 것을 알 수 있다. 또 코시의 사고실험도 행해질 수 없다는 것을 알 수 있다. 둘 중 어느 육면체에서나 면을 하나 제거해도 그것이 평평하게 펼쳐지지 않는다.

증명이 이러한 반례(反例)에 대면했을 때, 문제는 그 반례가 이 증명이 실제로 증명이 아니라는 것을 보여주는지, 혹은 반례가 실제로 반례가 아니라는 것을 보여주는지를 판단하는 것이다. 그 반례는 단지 증명의 범위를 제한할 수도 있다. 만약 증명들이 증명된 명제의 진리를 영원히 완전하게 보장한다고 가정한다면, 틀림없이 반례에 어떤 잘못이 포함되어 있을 것이다. 분명히 다른 육면체를 품고 있는 육면체의 반례는 정리를 가능하게 했던 순수한 경우보다 더욱 복잡할 것이다. 그러나 그 반례는 1794년에 르장드르(Legendre)가 내놓은 다면체의 정의를 분명히 만족시키는 것이다. 즉 다면체는 다변형들로 구성된 입체이다. 이 정의는 틀렸을 수도 있으며, 실제로 다면체가 의미하는 바는, 혹은 다면체로서 표시하려고 했던 것은 다변형의 면들로 만들어진 표면이었을 수도 있다. 이 정의는 1890년 종키에르(Jonquières)가 제안한 것이다. 이 정의는 다른 육면체를 품고 있는 육면체의 반례를 무기력하게 만들 것이다. 이러한 특별한 입체

그림 17

는 더 이상 다면체로서 간주될 필요가 없다. 정리는 이제 다면체들에 관한 것이기 때문에 그러한 반례들로부터 보호될 수 있었다.

헤셀 또한 이에 대한 답을 가지고 있었다. 그림 16처럼 꼭지점에서 연결된 두 개의 삼각뿔을 고려해보자.

이것은 다변형의 면들로 이루어진 표면이지만, V−E+F=3이고 그래서 코시의 사고실험도 적용되지 않는다. 그것은 한 면을 제거해도 평평하게 펼쳐지지 않는다. 물론 같은 질문이 제기된다. 이 이상한 것은 다면체가 아닌가? 1865년에 뫼비우스(Möbius)는 이미 다면체에 관한 이 반례를 무기력하게 만드는 정의를 내렸다. 뫼비우스에 따르면, 다면체란 두 개의 다변형이 모든 모서리에서 만나며, 꼭지점을 통하지 않고도 한 면에서 다른 면으로 갈 수 있는 다변형의 체계이다. 확실히 위의 문장에서 마지막 절은, 한 점에서 연결되는 두 개의 삼각뿔은 다면체에서 제외된다는 것을 의미한다. 다면체의 의미에 대한 뫼비우스의 정교화가 헤셀의 예들을 무기력하게 할지라도, 여전히 그런 방어를 무기력하게 하는 예들이 존재한다. 예를 들어 그림 17에 있는 사진들은 뫼비우스의 정의를 만족시키지만, 코시의 증명을 적용시킬 수 없다. 왜냐하면 그 다면체는 평평하게 펼쳐질 수 없기 때문이다.

이런 경우들 때문에 증명은 그 적용되는 범위가 축소되며, 따라서 다음과 같이 쓸 수 있다. 단순한 다면체에서 V−E+F=2가 성립하는데, 여기서 '단순한'이라는 것은 그 다면체가 평평하게 펼쳐질 수 있음을 의미한다. 이렇게 조정을 해도 여전히 여기에는 다른 문제들이

그림 18

존재한다. 꼭대기에다 다른 육면체를 얹어놓은 육면체의 경우에 또 문제가 생긴다. 이번 문제는 평평하게 펼치는 것에 관한 것이 아니고, 삼각형으로 만드는 과정의 문제이다(그림 18을 보라).

줄쳐진 부분은 그것을 늘렸을 때 고리가 된다. 삼각형을 만드는 동안 A와 B를 연결시키기 위해 하나의 선이 더해지면, 모서리의 수는 증가되지만 면의 수는 증가되지 않는다. 그래서 증명의 중요단계 가운데 하나가 실패한다. 이 문제를 막기 위해 정리는 여전히 더 변형될 수 있다. 이 정리가 적용되는 도형에서 고리 같은 면을 배제하기 위해, 또 하나의 절이 첨가되어야 한다. 따라서 다음과 같은 정리가 출현한다. 단순히 연결된 면들을 가진 단순한 다면체에서만 V−E+F=2가 성립한다. 이런 식으로 이 논쟁은 계속된다.

전반적인 과정은 이 정리가 하나의 귀납적인 일반화로부터 시작됐다는 것이다. 증명이 제시되면서 그 증명은 그것이 왜 진리인가를 보여주려는 바로 그 행위에서 귀납적 일반화를 비판에 노출시키게 된다. 반례들은 무엇이 다면체이고 무엇이 다면체가 아닌지가 불분명하다는 것을 보여준다. '다면체'라는 용어 자체의 의미가 판단을 필요로 하는데, 왜냐하면 다면체의 의미는 반례들이 보여주는 모호한 부분에서 아주 비결정적이기 때문이다. 용어의 의미는 창조되고 협상되어야 한다. 정리의 증명과 적용범위는 정의에 대한 정교한 구조를 만들어냄으로써 공고히 될 수 있을 것이다. 이런 정의들은 증명과 이에 대항하는 반례들의 충돌에 의하여 만들어지는 것이다. 이런 정의들은 또 협상과정에 대한 비망록이나 기록이다. 증명은 정의를 통해서 진행되는 것이 아니다. 오히려 증명의 궁극적이고 형식적인 구조는 이전에 비공식적인 것으로 생각되었던 특수한 사례들에 의존한다.

맨스필드 경의 사후생각처럼 라카토슈의 정의들은 실제로는 수학의 시작이 아니라 수학의 마지막에서나 가능한 것이다. 물론 이제 그 정리는 마치 정의로부터 자동적으로 도출되는 것처럼 제시될 수 있을 것이다. 그러나 이 정의들은 실제로는 그 정의들을 만들어낸 사람들의 목적을 반영한다. 예를 들어 이런 정의들은 어떤 유형의 도형들과 그것들의 어떤 특징들이 중요하고 흥미로운지를 나타내줄 것이다. 정의들의 정교화의 정도는 조심스럽게 다루어야 하는 영역이 어디인지를 나타내주는데, 예를 들면 그런 영역과의 인접지역은 다른 목적을 위해 잘 다듬어져 있다.

이 과정은 정리를 사소한 진리로, 혹은 증명을 소용없게 만들지는 않는다. 라카토슈는 우리에게 맨스필드 경의 충고가 간과했던 것을 상기시킨다. 즉 증명이라는 개념은 가치 있는 자원이라는 것이다. 증명개념은 밀의 물리적 모델과 유사하다. 증명개념은 어떤 모델로써 문제를 이해하기 위해 주장을 내세우고, 이런 주장을 연결과 비유를 만들어내는 데 사용한다. 증명개념이 자원으로 기능하는 데는 두 가지 중요한 방식이 있다.

첫째로, 그것은 반례들을 예상가능케 해주거나 창조해낼 수 있도록 해준다. 변호사가 방금 의뢰받은 사례를 자세히 검토하여 그 약점을 찾아내고 적의 반대주장을 예견하는 것과 마찬가지로, 증명은 검토될 수 있다. 둘째로, 정리가 실패하거나 성공하거나에 관계없이 증명개념은 존재하며, 추후의 작업을 위한 모델로서 사용될 수 있다. 우리는 비록 무리수의 광대함에 대한 발견 이후에 수 원자론의 권위가 실추되었음에도 불구하고, 어떻게 로베르발(Roberval)이 고대수학의 '수 원자론'에 관한 증명개념을 사용했는지를 보았다. 그 개념이 가지고 있는 전체 자원은 다 이용되지 않았던 것이다.

라카토슈는 그의 예를 통해서 다른 과학처럼 수학도 추측과 반증의 방법에 의해 진행된다는 것을 보여주려고 한다(Lakatos, 1962와 1967 참조). 수학을 포퍼적 인식론에 통합시키려는 그의 노력은, 그가 다른 사회학자들처럼 수학을 둘러싼 정적인 완전함과 필연적인 단일성이란 분위기를 제거하고자 했다는 것을 의미한다. 만약 수학에 대한 포퍼적 접근이 존재한다면, 거기에는 비판과 논쟁과 변화의 여지가 존재해야만 한다. 급진적이면 급진적일수록 더욱더 좋은 것이다. 물리학과 화학에 대한 포퍼적인 분석이 보여주듯이 절대적인 확실성은 없고, 사물의 본질이 드러나는 마지막 종착점 같은 것은 없다. 다면체는 본질이 없다. 이런 식의 접근에서는 궁극적인 물질적 본질이 없는 것처럼, 수학에서도 궁극적이고 논리적인 본질은 존재하지 않는다.

이 점을 보여주기 위해서, 라카토슈는 자신의 관심을 그가 이른바 '비형식적 수학'이라 부른 것에 집중시켰다. 이 수학들은 아직까지도 엄격한 연역논리체계로 조직되지 않는 성장영역을 말한다. 수학의 영역을 '형식화한다'는 것은 일군의 명시적으로 언급된 공리들로부터 그 결과들이 나올 수 있다는 것을 보여주는 것이다. 이상적으로는, 각 단계가 단순하고 기계적으로 만들어져서 명시적으로 서술된 추론규칙에 따라 진행되어야 한다. 라카토슈에게는 수학지식에 관한 이 이상(理想)은 진정한 창조적 사고의 죽음을 의미한다. 수학적 혁신의 과정은 형식화에 의해 흐려지고, 따라서 지식의 진정한 본질은 가려지게 된다.

라카토슈에게는 때때로 형식체계의 공리들이 가지고 있다고 주장되는 자명한 특성들과, 그러한 형식적인 결과들이 의존하고 있는 직관적으로 확실한 추론단계가 단순한 환상일 뿐이다. 어떤 것은 날카로운 비판에 접해보지 않았기 때문에 확실하게 보일 뿐이다. 비판은 명확하다고 생각한 것을 명확하지 않게 하고, 우리가 자명하다고 보는 것 속에 얼마나 많은 것이 당연하게 여겨지고 있는지를 보여준다. 따라서 명시적으로 단순하고 평범하게 보이는 논리적 진리 속에 수학의 어떤 궁극적인 토대가 존재하지 않는다.

형식화되고 공리화된 체계가 수학의 진정한 본질을 나타내준다는 관점을 거부하면서, 라카토슈는 밀과 마찬가지로 형식적인 것보다 비형식적인 것이 더 우선성을 가진다는 것을 보여준다. 수학을 추측적인 지식으로 보는 관점은, 형식화와 공리화의 프로그램이 심각하고 아마도 피할 수 없는 기술적인 문제와 맞닥뜨린다는 사실에 의하여 지지될 수 있을 것이다. 만일 수학에서 영원한 토대를 추구하지 않는 지적 이상이 지배적이었다면, 이 기술적 어려움은 확실히 덜 놀라웠을 것이며, 아마도 예측가능한 일이었을 것이다.

라카토슈에게는 수학적 결과에 대한 증명을 제공하는 것이 자연과학에서의 경험적 결과에 대한 이론적 설명을 제공하는 것과 같다. 증명들은 왜 하나의 결과, 혹은 추측적 결과가 참인지를 설명한다. 오일러의 정리에 대한 논의에서 보여준 것처럼, 증명은 반례에 의해 반박될 수도 있고, 정의와 범주의 내용과 범위를 조정함으로써 다시 반박에서 벗어날 수도 있다. 증명에 의해 설명되는 것으로 보이는 사례들은 다른 식으로 설득력 있게 설명될 수도 있으며, 그 결과로 심지어 반례가 되어버릴 수도 있다. 이와 유사하게, 한 영역에서 성공한 혹은 실패한 증명개념이 물리이론에서의 유추와 모델처럼, 다른 곳에서는 새롭고 다른 방법으로 사용될 수도 있다.

다른 이론들처럼, 증명은 그들이 설명하는 것에 의미를 부여한다. 새로운 증명개념이나 추론 모델의 창안은 비형식적인 수학 혹은 논리적인 결과를 근본적으로 변화시킬 수도 있을 것이다. 따라서 두 개의 집합이 동일한 수의 원소를 가진다는 것에 대한 새로운 해석은, 부분이 전체만큼 크다는 사고가 의미를 가질 수 있도록 해준다는 것을 보여준 적이 있다. 기존의 수학적 행위에 대한 재배열의 가능성과 더불어, 창안과 협상에의 이 개방성은 어떤 형식화도 전복될 수 있음을 의미한다. 즉 어떤 규칙도 재해석될 수 있고, 어떤 아이디어도 새로운 방식으로 사용될 수 있다. 원칙상, 비형식적 사고는 항상 형식적 사고보다 앞선다.

자연과학에서의 증명과 설명이나 이론간의 비유는 라카토슈가 그의 포퍼적인 가치를 적용할 수 있는 기회를 제공한다. 그 결과는 쉽게 예측가능하다. 만일 근본적인 것에 대한 아주 적극적인 비판이 수반된다면, 수학에서의 급격한 변화의 시기는 좋은 것이라고 평가된다. 정의와 공리와 결과와 증명들이 당연시되는 시기들은 정체의 시기들로 간주된다. 궁극적이며 엄격한 확실성이 부여된 것으로 간주되는 증명은 물리학에서의 뉴턴의 이론처럼 된다. 이런 증명은 사람들에게 너무 깊은 인상을 주어서 그들의 비판적인 능력을 마비시켜버린다. 승리가 재앙으로 바뀌게 된 것이었다.

거의 똑같이 예측가능한 것은 라카토슈가 이러한 평가들과 쿤의 입장에 대한 그의 인식 사이에 만들어놓은 연계이다. 그 관계는 사회학자들에게 중요한 것이다. 라카토슈는 정체의 시기가 '정상과학'의 시기와 일치함을 암시한다. 그러한 기간 동안에는 어떤 형태의 주장과 특정한 수학이 영원한 진리인 것처럼 생각된다. 이러한 평가——즉 영원한 혁명은 좋은 것이고 안정은 나쁘다는 것——의 배후를 들여다보기만 하면, 우리는 이것이 논리적 필연성에 관한 사회학적 이론이라는 것을 알 수 있다. 논리적이라고 간주되는 것은 당연시되는 것이다. 어떤 주어진 시기에서 수학은 실천자들이 당연시하는 것에 의해 진행되고, 그것에 토대를 둔다. 사회적인 것 이외의 토대는 없다.

또한 수학에 대한 라카토슈의 분석은, 안정 혹은 '정체'의 시기를 설명하기 위해서 당연시되는 패러다임들을 찾아낼 수 있는, 쿤의 이론에 입각한 수학사 같은 것이 가능해야 한다는 것을 암시한다. 사실상, 현대의 역사가들은 대체로 이와 같은 방식으로 수학사를 저술하고 있으며, 쿤의 『과학혁명의 구조』에 영향을 준 이런 역사서술 형식에 동참하고 있다. 이전 세대의 과학사가들이 가지고 있었던 단선적이고 진보적인 가정에 대한 거부는 이제 상식적인 것이 되었다.

이러한 새로운 형태의 수학사는 이전의 수학사가들과 동일한 학문적인 방법을 사용하겠지만, 그들과는 다른 목적을 가질 것이다. 새로운 형태의 수학사 역시 불완전한 기록적 증거의 단편들을 종합해야 하고, 얻어진 결과들과 증명되었다고 믿어지는 정리들, 결코 완전히 끝나지 않고 해소되지 않는 논쟁을 중심으로 한 일관성 있는 이야기를 짜야 한다. 새로운 형태의 수학사 역시 해석하고 끼워넣고 논평하고 설명할 필요가 있다. 그러나 이제 새로운 형태의 수학사를 쓰는 사가(史家)들은 상이한 스타일을 가진 수학적 작업의 원상태를 추구하고, 사건들을 관련시킴으로써 이런 사건들이 선입관, 패러다임, 혹은 세계관을 가진 어느 정도 자족적인 시대에 맞춰지도록 할 것이다. 전처럼, 저변에 깔려 있는 일체성은 구성되어야만 한다. 수학자들이 남긴 기록들의 배후에 있는 사상은 여전히 추측되어야만 한다.

만약 수학의 사회학이 단순히 그러한 역사서술의 스타일로만 구성되어 있다면, 수학사가들은 그들이 이미 지식사회학을 했다고 주장할 수도 있을 것이다. 그러나 이런 주장을 하기 위해서는 더 많은 것이, 그리고 다른 시각이 요구된다. 단선적인 진보보다 주기적인 불연속성과 상이한 시대들이 가지고 있는 원상 그대로의 상태를 강조하는 역사서술 스타일은 다양한 이유들 때문에 채택될 수 있다. 이런 이유들 중에서 어떤 것들은 지식사회학의 관점과는 상당한 거리가 있는 것들이다. 헤겔 관념론이 역사를 다양한 주도적 정신을 지닌 시대들로 만들어진 것으로 본다는 사실은, 그것이 인과적이고 과학적인 접근과는 필연적인 연관이 없다는 것을 우리에게 일깨워준다. 역사의 광범한 패턴과 단순한 스타일보다 더 중요한 것은 지식사회학이 밝혀내고자 하는 문제들이다. 역사가 지식사회학에 함의를 가지고 있는가를 결정하는 것은 연구자가 밝혀내는 이론적 문제들이다. 쿤의 작업에 중요성을 부여하는 이유가 바로 이것이다.

수학의 역사가 지식사회학을 도울 수 있으려면, 수학사는 어떤 문제들을 다루어야만 하는가? 그 대답은 수학사가 어떻게 그리고 왜 사람들이 실제로 그렇게 생각하는가를 보여주는 데 도움이 되어야 한다는 것이다. 즉 수학사는 어떻게 사고가 만들어지고, 어떻게 그러한 사고들이 지식의 지위를 획득하고 유지하며 상실하게 되는가를 보여주는 데 도움이 되어야만 한다. 수학사는 또 우리가 어떻게 행동하는지, 우리의 사고가 어떻게 작동하는지와 의견, 믿음과 판단의 성격을 밝혀야 한다. 이것은 수학의 역사가, 어떻게 수학이 자연주의적 요소들인 경험들, 심리적 사고과정, 자연적 성향, 습관, 행위 패턴과 제도들로부터 구축되었는지 보여주려고 시도할 때만이 가능한 것이다. 이렇게 하기 위해서는, 우리 사고의 결과물에 대한 연구를 넘어설 필요가 있다. 해야 할 일은 생산물을 넘어서서 생산의 행위 자체를 연구하는 것이다.

만약 수학사를 위대한 진보적 전통과는 다르게 서술해야만 할 이유가 있다면, 그것은 진보적 관점과는 다른 새로운 관점이 해줄 수 있는 이론적 질문들의 중요성 때문일 것이다. 지식사회학은 이런 새로운 질문들의 일부를 제공해준다. 수학에 관하여 이 장에서 초점을 맞추려고 하는 것은 바로 이러한 사회적-심리학적 문제들이다.

오일러의 정리에 대한 라카토슈의 논의로 되돌아가보자. 이 논의는 어떤 숨겨진 과정을 밝혀냈는가? 대답은, 그 논의는 정신적이고 사회적인 과정에 대한 아주 중요한 사실을 밝혀준다는 것이다. 그 논의는 사람들이 그들의 사고나 개념들에 의해 지배되지 않는다는 것을 보여준다. 모든 연구 중에서도 가장 냉철한 수학에서조차도 순수한 사고가 사람을 지배하는 것이 아니라, 사람들이 사고를 지배하는 것이다.

그 이유는 간단하다. 사고는 그것에 적극적으로 어떤 것들이 더해짐으로써 성장한다. 사고는 확장되기 위해서 구성되고 만들어진다. 의미와 사용의 이 외연들은 이미 존재하고 있는 것이 아니다. 개념의 미래용법과 확장된 의미와 그것의 부수물은 마치 태아와 같은 상태로 개념들 안에 존재하고 있는 것이 아니다. 개념을 더욱 정밀히 검토하고 반성하고 분석한다고 해서, 새로운 상황에서 개념을 어떻게 옳고 그르게 사용할 수 있는가를 나타내줄 수는 없다.

오일러의 공식에서 반례들과 증명개념이 다면체의 개념과 적극적으로 접촉해야만 되었던 것을 생각해보라. 무엇이 다면체로 간주되어야 하는가를 결정함에서, 이 문제가 개념의 의미에 의해 결정되었다고 말하는 것은 아무 의미가 없다. 반례와 관련되는 한, 개념의 의미는 한마디로 존재하지 않는다. 개념 안에 숨어 있으면서 이러저러한 식으로 우리가 개념을 적용하게끔 강제하는 것은 결코 존재하지 않는다. 다면체의 개념은 우리가 그 개념 안에 무엇이 들어가고 무엇이 배제되어야 하는지를 결정하는 데 아무런 영향도 줄 수가 없다.

그러나 이런 주장이, 아무것도 이러한 경우에 제약으로 작용하는 것이 없다는 것을 의미하는 것은 아니다. 개념들의 확장과 정교화는 둘 다 구조화되고 결정된다고 볼 수 있을 것이다. 개념들의 정교화와 확장은 선택의 상황에서 작용하는——상이한 사람들에게 체계적으로 다른——힘에 의해 결정된다.

단순한 예를 들어보자. 어린 아이가 '모자'라는 말을 배우고 몇 개의 모자를 인식하는 법을 배웠다. 그러고 나서 아이는 차주전자 뚜껑을 모자라 불렀다. 이 아이의 개념의 확장은 새로운 특정한 경우를 이전의 특정한 사례에다 연결시키는 데 기초한 것이다. 그 확장은 개념의 의미라 불리는 추상적인 실체에 의해 매개된 것이 아니다. 그 관계는 새로운 대상과 앞선 경우간의 유사성과 차이를 느끼는 것을 통해서 성립된다. 부모의 권위가 곧 개념에 대한 아이의 자연적인 확장을 방해하고, 대상은 모자가 아니라 차주전자 뚜껑이라고 주장할 것이다. 심리적인 성향의 흐름 중에 사회적으로 유지된 경계가 그어진다. 아이는 그리하여 차주전자 뚜껑을 알게 된다. 뚜껑인가 모자인가? 아주 분명하고 자생적이며 비반성적으로 보이는 이 선택은 다양한 반응경향이 하나로 수렴되는 과정의 결과물이 될 것이다. 더 오래되고 강한 습관은 더욱 새로운 제약과 다툴 것이다. 만약 차주전자 뚜껑이 어머니의 모자와 구별 못할 정도로 닮았다면, 권위의 목소리가 다른 엄격한 구별을 지을 때까지 차주전자 뚜껑을 모자라고 부르는 행위는 의심할 바 없이 유지될 것이다.

이런 단순한 학습상황에서 자연주의적 입장을 채택하고, 아이에게 작용하는 요인들로부터 출현하는 개념들의 외연(外延)을 이해하기란 어렵지 않다. 어떻게 과거의 경험이 이런저런 식으로 생각하도록 유도하는가를 느끼기는 쉽다. 또한 개념사용의 외연이 개념들의 실제 의미라고 주장된 것을 향해서 이끌려지지 않는다는 것을 이해하기란 어렵지 않다. 오히려 용법의 외연은 과거의 경험에서 파생된 여러 요인들에 의하여 결정된다.

이 관점을 라카토슈의 사례 속에 있는 자료로 옮길 수 있을 것이다. 물론 그 예들이 무엇이 다면체로 간주되는가에 대한 다양한 판단의 원인을 밝혀주지는 않았다. 이것은 행위들의 배경과 그들의 직업적인 이해관계를 연구해보아야 드러날 것이다. 이 예가 보여주는 것은 이 요인들의 작동영역이다. 협상의 창조적 역할을 이해하는 것이 사회학적 관점의 필요성을 증진시킨다는 것은 이런 의미에서 주장된 것이다. 사회학적 관점은 사고가 사상가들이 따라가야 할 길을 미리 규정해놓는다는 신화를 제거한다. 사회학적 관점은 또한 행위에서 사고의 역할이 원인으로서의 사회적 요인들을 배제한다는—마치 사고와 사회적 요인들이 경쟁관계에 있는 것처럼 보이게 하는—그럴듯한 믿음을 제거시킨다.

제8장

결론 : 우리는 어떤 입장을 취하고 있는가

철학적 사고의 범주들은 하나의 지적인 풍경을 형성한다. 이 지적인 풍경에서 볼 수 있는 위대한 경계표들은 '진리', '객관성', '상대주의', '관념론', '유물론' 등으로 명명된다. 나는 이러한 경계표들 중 몇몇에 관한 나의 입장을 취함으로써 결론을 내릴 것이며, 어떤 입장들이 내가 옹호한 것인가를 재확인해볼 것이다.

이 책에서 나의 주장을 전개할 때, 나는 대부분의 현대과학이 취하고 있는 관점을 당연시하고 또 옹호하였다. 주로 과학은 인과적, 이론적, 가치-중립적이며, 때로는 환원주의적이며, 다소간은 경험주의적이고, 궁극적으로는 상식처럼 유물론적이다. 이것은 과학이 목적론, 인간중심주의(anthropomorphism), 그리고 초월적인 것과는 반대된다는 것을 의미한다. 이 책에서의 전반적인 전략은 사회과학을 다른 경험과학의 방법과 가능한 한 밀접하게 연결시키는 것이다. 바로 그 정통적인 방법을 따라서 나는 다음과 같이 주장했다. 다른 과학이 하는 것처럼 하면 모든 것이 잘될 것이다.

지식사회학의 스트롱 프로그램에 대해 논의하면서, 나는 사회학자들이 사회학이 가지고 있는 자연주의적 입장을 무의식적으로 택할 때, 실제로 그들이 무엇을 하고 있는가를 잡아내려고 노력하였다. 위험은 앞으로 밀고 나가는 데서 초래되는 것이 아니고, 자연주의적 입장이 가지고 있는 완전한 함의로부터 도망가려고 할 때 초래된다. 편파적인 관점은 비일관성을 초래할 것이다. 나는 과학지식 사회학에 대해 중심적인 철학적 비판을 제기하는 것으로 보이는 많은 주장들을 선택했다. 항상 나는 후퇴하거나 절충해서 대응하려 하지 않고, 사회과학의 기본적인 관점을 정교화시켜서 이런 비판들과 맞섰다. 지식에 대한 사고는 사회적 이미지에 기반하고 있으며, 논리적 필연성은 도덕적 강제의 일종이고, 객관성은 사회적 현상이라는 이 책의 주된 주제는 전형적인 과학적 가설의 모든 특성을 가진다.

여기서 발전시킨 관점의 단점은 의심할 바 없이 무수하다. 내가 가장 예민하게 느끼는 것은, 사회학적 접근의 유물론적 특성을 강조하기는 하였지만, 여전히 유물론은 적극적이기보다 수동적인 경향이 있다는 것이다. 나는 나의 관점이 완전히 비변증법적이라고 얘기되지 않기를 바라지만, 나의 접근이 실천보다는 이론으로서의 지식을 재현하는 데 치우쳐 있다는 것은 의심의 여지가 없다. 이론과 실천의 적절한 혼합을 발견할 가능성은 나의 접근법 안에서 실현되지 않았으나, 그 안에 존재하고 있다.

지금까지의 논의 중에서 대부분의 우리 지식의 실제성과 기술적인 힘을 부정한 것은 하나도 없었지만, 이러한 실제적인 힘과 이론간의 관계는 염려스러운 것으로 남아 있다. 예를 들어 어떻게 우리의 기술이 우리의 의식과 관련되는가? 이 둘을 지배하는 법칙들은 서로 얼마나 다른가? 이 질문에 대한 최선의 대답은 비판자들도 이 문제에 관한 더 나은 해결책을 가지고 있지 않다는 것이다. 실제로 비판자들은 자연주의적 접근을 옹호하는 사람들에 비해서 이 문제들을 풀 수 있도록 해주는 자원을 덜 가지고 있는 듯하다. 포퍼의 철학이 과학을 믿을 만한 기술이라기보다 순수한 이론의 문제로 만든다는 것을 기억하는 것이 유익하다. 그는 오로지 가장 순수한 과학자들을 위한 이데올로기만을 제공하고, 엔지니어와 장인은 도와주지 않고 내버려둔다.

불행하게도 사람들이 태도를 정하고 그 자신의 위치를 발견하는 과정은 고난을 야기한다. 버니언(John Bunyan)의 성지 참배자가 거쳐 간 곳들처럼 지식인이 거쳐가는 지형은 도덕적으로 중립적이지 않다. 진리의 최고봉은 매혹적으로 빛나지만, 상대주의의 더러운 구덩이는 지친 사람들을 삼켜버릴 것이다. 마치 선과 악의 힘이라도 되는 양, 합리성과 인과성은 서로 싸운다. 이 흔한 반응들과 전통적인 평가들은 지식사회학에서 충분히 예측가능한 것만큼, 지식사회학에 부적절한 것들이다.

예를 들어 상대주의를 생각해보자. 철학자들은 때때로 당황하는데, 왜냐하면 도덕적 상대주의는 철학적으로 받아들일 수 있지만, 인지적 상대주의는 받아들일 수 없기 때문이다. 두 경우에서 철학자들의 느낌이 아주 다르기 때문에, 그들은 그런 느낌을 정당화할 수 있는 이유를 찾는다. 과학적으로 도덕성과 인지에 관한 동일한 태도는 가능하고, 또 바람직하다. 상대주의는 단순히 절대주의의 반대이며, 그리고 확실히 선호할 만하다. 상대주의는 최소한 어떤 특정한 형태로 우리의 사회적 경험에 기반해서 옹호될 수 있다.

지식사회학의 스트롱 프로그램이 일종의 상대주의에 기반을 두고 있다는 사실은 부정할 수 없다. 스트롱 프로그램은 '방법론적 상대주의'라 부르는 것을 채택하는데, 이 입장은 앞서 정의되었던 대칭성과 성찰성의 원칙 속에 요약되었다. 즉 모든 믿음은 어떻게 그것이 평가받는지에 상관없이 동일한 일반적인 방식으로 설명되어야 한다.

지식사회학이 가진 상대주의적 입장을 논쟁적으로 정당화하는 한 방법은, 통상적으로 상대주의라는 비난을 받지 않는 지식에 대한 다른 관점들보다 지식사회학이 더 비난받아야 할 이유가 없다고 주장하는 것이다. 누가 포퍼의 이론을 상대주의라고 비난하겠는가? 오히려 이 비난이 지식사회학에 퍼부어졌을 때, 그 비판의 대부분은 포퍼 철학의 영향을 받은 사람들에 의해서 가해지지 않았던가? 그럼에도 불구하고 지식사회학은 쉽게 포퍼 철학으로부터 지식사회학적 관점의 정수(精髓)를 만들어내지 않았는가? 사회학자들에 의하면, 모든 지식은 추측적이고 이론적이다. 아무것도 절대적이거나 궁극적이지 않다. 그래서 모든 지식은 그것을 산출하는 사상가의 국지적 상황에 상대적이다. 그들이 생산할 수 있는 사고와 추측들, 그들을 괴롭히는 문제들, 사상가의 환경 내에 존재하는 전제와 비판간의 상호작용, 사상가들의 목적과 목표들, 사상가들이 가진 경험, 그들이 적용하는 기준과 의미들. 이런 모든 요소들이 사회학적으로, 그리고 심리학적으로 연구될 수 있는 믿음의 자연주의적 결정인자들이 아니고 무엇이겠는가?

행위와 믿음을 설명하는 것이 때때로 행위자를 둘러싼 물리적 세계에 대한 가정을 포함해야 한다는 것 때문에 상황이 변하지는 않는다. 이것은 물리학이나 천문학에서의 추측이 보조가설로서 사용된다는 것을 의미할 뿐이다. 만일 포퍼가 옳다면, 이 지식 또한 추측적인 것이다. 설사 다른 추측들에 대한 하나의 추측에 불과할지라도 설명 전체는 하나의 추측이다.

이와 유사하게 사회학자들은, 지식을 과학적으로 만드는 것은 그 지식에 의하여 도달된 결론의 진리값이 아니라, 지식이 따라야 할 절차적 규칙, 기준, 지적 관례라는 포퍼의 주장을 받아들일 수 있다. 지식이 기준과 관례의 문제라고 말하는 것은, 지식이 규범의 문제라고 말하는 것과 같다. 포퍼의 이론과 같은 지식에 대한 협약주의자이론은 지식에 대한 더욱 현실적인 사회학적 설명의 추상적인 골격으로 간주될 수 있다.

　모든 지식을 추측적이고 틀리기 쉬운 것으로 보는 것은 실제로 철학적 상대주의의 가장 극단적인 형태이다. 그러나 포퍼가, 우리는 추측에 불과한 과학적 지식을 가질 수 있다고 믿은 것은 확실히 옳다. 과학의 바로 그 존재를 구축하는 것은 계속되는 행위로서의 과학의 지위이다. 궁극적으로 과학은 특징적인 규범과 가치를 가지고 자연세계를 밝혀내려고 하는 사고와 행위 패턴이다. 과학은 과학을 가능케 하거나 지탱해주는 궁극적인 형이상학적 기반을 필요로 하지 않는다. 국부적으로 수용된 기준 이외의 절대적인 도덕적 기준이 필요 없듯이, 추측적이고 상대적인 진리가 아닌 진리는 필요 없다. 도덕적 상대주의와 함께 살아갈 수 있다면, 인지적 상대주의와도 함께 살아갈 수 있다.

　과학은 절대적인 진리 없이도 작동할 수 있지만, 절대진리가 여전히 존재할지도 모른다. 이 석연치 않은 느낌은 진리와 물리적 세계 간의 관계에 대한 혼동에 기인한다. 어떤 영원한 진리가 틀림없이 존재한다고 주장할 때, 우리 마음 속에 진짜로 존재하는 듯이 보이는 것은 외적인 물질세계이다. 이 본능은 자명한 듯이 보인다. 이 본능은 논쟁의 여지가 없어 보인다. 그러나 물질세계를 믿는 것이 절대적 진리, 혹은 진리를 구성하는 어떤 최종적이고 특권화된 적응 상태가 있다는 결론을 정당화시키지는 않는다. 쿤이 아주 분명하게 주장한 것처럼, 과학적 진보는 실제로는 다윈 식의 진화와 똑같다. 적응하는 데 목적이란 존재하지 않는다. 완전한, 궁극적 적응이라는 개념은 아무런 의미를 가질 수가 없다. 우리가 인류의 진화를 통해서 현재에 도달한 것과 마찬가지로, 우리는 우리를 인도해주는 아무런 지침도 목적도 없이 지식의 진보와 진화를 통해서 현재의 상태에 도달하였다.

지식사회학이 마치 필요가 아니라 범죄인 양 상대주의라고 비난받는 것처럼, 또한 주관주의라고도 비난받을 것이다. 지식사회학은 궁극적 객관성과 관련지어볼 때 어디에 위치하고 있는가? 지식사회학이 객관적 지식은 불가능하다고 말하는 것인가? 단호하게 말하건대, 그렇지 않다. 예를 들어 프레게를 논의할 때 주장한 것이 객관성에 대한 사회학적 이론이다. 만약 객관성이 존재하지 않는다고 생각했다면, 그것을 설명할 어떤 이론도 발달시킬 필요가 없었다. 이것은 결코 객관성이 환상이라고 말하는 것이 아니다. 객관성은 실재하지만, 그 본성은 기대했던 것과는 완전히 다르다. 사회학적 설명이 부정하는 것은 객관성에 대한 다른 이론들이지, 객관성 그 자체가 아니다.

과학적 객관성의 신봉자이기를 결심한 사람은 아마도 다음에 관해서 생각해볼 수 있을 것이다. 사회학적 이론은 인간생활에서 그들보다 객관성에 더 중요한 역할을 부여할 것이다. 이 이론에서는 도덕지식도 객관적일 수 있다. 풍경의 많은 특징처럼, 지식도 다른 각도에서 보면 다르게 보인다. 예상치 않은 경로로 접근하거나 특별한 관점에서 지식을 본다면, 처음에는 잘 보이지 않을지도 모른다.

의심할 여지없이, 나는 과학의 힘과 진보에 대한 과도한 신념, 즉 과학주의를 신봉하고 있다는 비판을 받을 것이다. 재미있게도 이 비판은 앞에서 검토한 다른 비판과 어깨를 나란히 해야 할 것이다. 즉 이 과학적 접근은, 지식사회학에 의해 실천되고 과학 자체에 적용될 때, 과학을 격하시킨다는 비판이다. 나는 왜 이 모순이 스트롱 프로그램이 아닌, 비판자들의 문턱에 놓여야 하는지 그 이유를 제시했다.

그럼에도 불구하고 과학주의라는 비난은 잘 겨누어진 것이다. 나는 사회학이 다른 과학과 같은 토대와 전제에 의존하는 것을 보는 게 즐겁다. 이것은 토대와 전제의 지위와 기원이 무엇이든 간에 적용된다. 사실상 사회학은 이 토대에 의존하지 않을 수 없고, 더 적절한 모델을 채택할 수도 없다. 왜냐하면 그 토대는 바로 우리 문화이기 때문이다. 과학은 우리 지식의 형태이다. 지식사회학이 다른 과학과 함께 유지되거나 몰락한다는 것은 받아들여야 할 운명으로서 아주 바람직한 것으로 생각되며, 동시에 또 하나의 예측으로서 상당히 개연성을 지니고 있는 것이다.

후기 : 스트롱 프로그램에 대한 공격들

1976년에 출간된 이래로 『지식과 사회의 상』은 많은 적들을 얻었으나, 동조자는 거의 얻지 못하였다. 스트롱 프로그램은 사회학자들로부터는 사회학적으로 잘못된 것이며 실패작(Ben-David, 1981, p.46, p.54), 인류학자들로부터는 '사회-중심적'이고 '인간본성의 단일성과 양립할 수 없는 것'(Archer, 1987, p.235, p.236), 그리고 인지과학자들로부터는 '상습적인 범인'이며 '고전적인 교과서적 오류'를 범하고 있는 것(Slezak, 1989, p.571), 또 철학자들로부터는 '명백하게 비상식적'이고 '극단적으로 애매한' 주장이라고 비난받았다. 비판자들은 이러한 오류 뒤에 숨어 있는 불길한 이데올로기적 사상을 보았고, 스트롱 프로그램을 마르크스적이며 비합리적이고 반과학적이며 행태주의적인 것으로 치부해버렸다.

이러한 논쟁은 확실히 학문적 생활의 재미없는 일상에 생기를 불어넣어줄 것이다. 다른 사람과 마찬가지로 나는 그런 논쟁을 즐기지만, 여기에는 위험도 따른다. 지식사회학은 냉철함을 필요로 한다. 우리는 과학이건 우리 자신들에게건 상투적인 감정을 피해야만 한다. 지식사회학자들의 주장에 대해 정확하고 자세하게 주의를 기울이기보다 상투적인 것에 만족하는 사람들은, 자신들이 공격하는 입장에서 가장 중심적인 주장들조차도 이해하는 데 실패하고 말 것이다. 이런 점을 보여줄 수 있는 예로서 바틀리(W.W. Bartley, 1987)의 주장을 살펴보자.

스트롱 프로그램을 어떤 식으로 공격하면 안 되는가?

바틀리는 다른 에든버러 동료들의 책과 함께 나의 책을 현대 지식사회학의 대표적 작품으로 꼽고 있다(p.442, 각주 25). 바틀리는 자신의 논의가 "지식사회학의 대강의 윤곽만을 다루고 있다"고 말한다. 그는 '개개의 지식사회학자들을 다루지' 않을 것이라고 말하고 있다(p.443). 그 결과 그는 자신이 인용한 책들에서 옹호된 관점과 정반대의 관점을 비판한다. 그는, 지식사회학은 어떻게 사회적 과정이 지식을 왜곡시키는가를 연구하는 것이라고 생각한다. 그는 사회학자들이 그러한 왜곡시키는 요소들을 찾아내는 데 미온적이라고 불평한다.

만일 지식사회학자들의 관심을 끄는 문제가 왜곡에 관한 것이라면, 지식사회학자들은 사회적인 성격을 가진 왜곡들만을 고려해서는 안 되고, 지식을 담지하고 있는 모든 것과 관련된 모든 종류의 왜곡시키는 요인들을 고려해야 할 필요가 있다(p.446).

그러나 이것은 지식사회학자들의 관심을 끄는 문제가 아니다. 실제로 바틀리가 묘사하고 있는 지식사회학은 어떤 평가적인 입장에 의존하고 있기 때문에, 이 책에서 기각하고 있는 바로 그런 지식사회학이다(예를 들어 pp.8~17을 보라). 대칭성 명제는 (뒤에서 더 자세하게 논의할 것이지만) 우리가 최선이라고, 또 가장 훌륭하다고 생각하는 과학적 업적조차도 사회적 제도가 가지는 성격 없이는 존재할 수 없다는 것을 의미한다. 그러므로 다른 제도들과 마찬가지로 과학적 업적도 사회적으로 영향받고, 또 사회학적으로 문제점을 가지고 있다. 과학적 업적의 사회적 성격은 결점이 아니라 과학을 완전하게 만드는 것의 일부분이다.

다른 비판자들의 글에서와 마찬가지로 바틀리의 논문은 흥미로운 점들이 많다. 그가 지식사회학자들과 진짜로 논쟁할 만한 기회를 놓친 것은 실로 슬픈 일이다. 예를 들어서 그는 그 자신이 옹호하고자 하는 입장 중 하나가, 그가 생각하듯이 지식사회학자들의 입장과 반대되는 것이 아니라, 그것을 공유하고 있다는 것을 발견하게 될 것이다. 바틀리의 논문의 주된 주장은 그가 "포퍼로부터 우리가 말하고 있는 것에 대하여 우리는 결코 알 수가 없다"는 것을 배웠다(p.425)라고 말하면서 시작된다.

바틀리는 이 주장이 사물의 본질에 대한 궁극적이고 완전한 지식에 도달할 수 없다는 것을 의미한다고 말한다. 우리의 지식은 항상 잠정적이고 추측적이며, 기대하지 않은 새로운 사실들에 적응하기 위하여 새로운 이론들이 만들어질 때 우리가 사용하는 개념들의 의미마저도 변화될 것이다. 그러나 이런 주장들은 지식사회학이 무시하는 것들이 아니다.[1] 오히려 이것들은 지식사회학에 중심적인 것들이며,

---

1) 포퍼(Karl Popper)는 그의 철학을 상대주의로 간주하는 것을 극히 싫어하지만 그것이 실제로 상대주의적인 관점을 내포하고 있다는 것은 널리 알려진 사실이다. 물론 포퍼의 철학이 상대주의적이라는 주장은 상대주의를 어떻게 정의하느냐에 달려 있으나 여기서 블루어가 주장하는 상대주의와 포퍼 철학이 완전히 다른 것으로 생각되지는 않는다. 예를 들어보자. 포퍼의 반증주의(falsificationism)는 사실 연역적 이론체계를 검증할 때 이른바 '기초명제'

'한정주의'(finitism)라는 이름으로 논의되어왔다.

한정주의라는 용어는 지식사회학의 맥락에서는 헤시에게서 가져온 것이지만(Hesse, 1974 ; Barnes, 1982, 2장), 그 개념 자체는 밀과 비트겐슈타인에게서 나온 것이다. 우리는 개념의 적용이 유사성과 차이에 관한 복잡한 판단들을 통해서 각각 다른 경우마다 달라질 수 있으며, 모든 경우에 그 개념의 사용자들의 지엽적인 목적에 따라 달라질 수 있다고 생각해야 한다. 거칠게 말하면, 의미는 우리가 개념을 적용하는 과정에서 구성된다고 할 수 있다. 의미는 과거에 적용한 개념의 잔기(殘基)이며, 따라서 개념을 미래에 적용하는 것은 과거에 개념을 어떻게 적용했는가에 의해서 완전히 결정되지 않는다. 이런 의미에서 사회학자들의 한정주의는 "우리가 말하고 있는 대상에 대

(basic statment)와 '배경지식'(background knowledge)에 대한 과학사회의 합의를 전제로 할 때만 설득력이 있는 것이며, 포퍼 자신도 『과학발견의 논리』(*The Logic of Scientific Discovery*)에서 이 점을 인정하고 있다. 즉 기초명제와 배경지식은 둘다 증명되지는 않았지만 이론을 검증하는 어떤 특정 시점에서 옳다고 전제하는 지식들이다.

그러나 이들은 증명되지 않은 지식들이므로 언제나 필요할 때는 검증을 받아야만 하는 것들이다. 앞에서 바틀리가 포퍼로부터 우리는 결코 우리가 얘기하는 것에 대해 알 수 없다는 것을 배웠다는 주장은 실제로 우리가 아무것도 알 수 없다는 것이 아니라 '궁극적' 진리에 대해서 알 수 없다는 것을 의미한다. 포퍼 자신도 인정하듯이 우리의 지식 중 이론적 지식이 아닌 지식은 없고, 모든 지식이 항상 반증의 위기에 처해 있다면 '절대적 지식'은 존재하지 않으며, 이런 측면에서 볼 때 포퍼 철학도 상대주의라고 할 수 있다. 블루어가 주장하는 한정주의도 지식의 가변성을 강조하고 과학사회의 합의가 지식의 검증과 발달에 끼치는 영향을 중요시한다는 의미에서 포퍼식으로 해석할 수 있을 것이다.

물론 독자들은 포퍼가 사회적 요인이 지식의 형성에서 어떤 역할을 하는가에 대한 언급을 하지 않았으므로 블루어의 상대주의와는 큰 차이가 있다고 주장할 수도 있겠지만, 포퍼 자신이 어떻게 배경지식과 기초명제에 대한 합의가 '실제로' 어떻게 얻어지는가에 대한 경험적 연구를 하지 않았기 때문에 이 문제가 과학사회학의 경험적 연구의 대상이 되었던 것이다.

하여 우리가 모른다"라는 주장과 일치한다. 물론 바틀리 자신의 이론
은 밀이나 비트겐슈타인에게서 나온 것이 아니나, 그 현상 자체가 공
통된 기반이라는 사실은 남는다.

바틀리가, 우리가 사용하는 개념들의 불가해성을 개념들의 객관성
과 연결시키는 것과 마찬가지로 지식사회학자들도 그렇게 하지만,
내가 5장에서 프레게를 논의할 때 언급한 것처럼 지식사회학자들에
게 객관성은 사회적인 것이다. 실제로 한정주의는 아마도 지식에 관
한 사회학적 관점에서 가장 중요한 단 하나의 개념일 것이다. 한정주
의는 모든 인지적 과정들 중 가장 기본적인 것의 사회적 성격을 보여
주는 것이다. 즉 개념적용의 한 예에서 다음 개념적용으로 넘어가는
것이 그것이다. 이 점을 깨닫지 못하고, 또 스트롱 프로그램을 약한
프로그램(즉 왜곡에 근거한 패러다임)과 혼동했기 때문에 바틀리의
주장은 설득력을 잃고 말았다.

공변성, 인과성, 그리고 인지과학

지식사회학이 당면하고 있는 고전적인 문제들은 공변성과 인과성
이다(Merton, 1973). S가 사회이고 K가 지식이라고 하자. 만일 S가
K의 원인이라면, S를 변화시킬 때 K가 변해야만 한다. 만일 K가 변
하지 않는데 S가 변한다면, S는 K의 원인이 될 수 없다. 우리는 실
제로 이런 경우를 발견할 수 있을 것처럼 생각된다. 벤-다비드
(1981)는 스트롱 프로그램을 옹호하기 위하여 인용된 역사적 사례연
구들을 조사해보고 나서, 스트롱 프로그램이 공변성과 인과성의 테
스트를 통과하는 데 실패했다고 주장했다. 벤-다비드는 다음과 같이
질문한다.

과학자들의 사회적 이해와 그들의 과학적 사상간의 관계가 모든 경우에 존재하는가, 혹은 몇몇 경우들에만 적용되는가? 처음에 이론과 연관된 사회적 이해나 관점이……시간이 흘러도 계속 존재함으로써 과학적 전통을 위장한 이데올로기적 편견을 영속화시키는가?(p.51)

그의 답은 부정적이다. 그러한 연구들은 "이데올로기적 편견이 과학에서 일반적인 현상이 아니라"는 것을 보여준다(p.51).

비록 문제를 이런 식으로 던지는 것에 대하여 반론을 제기할 수 있지만(예를 들어서 이 문제는 완전히 상투적인 왜곡의 관점에서 만들어진 것이다), 그 일반적인 주장은 맞는 듯이 보인다. 예를 들어서 우리는 물리학에서의 장의 이론은 유기적인 사회적 형태와 연결돼야만 하고, 원자이론들은 개인주의적인 사회들과 연결돼야만 하는 것이 아님을 발견한다. 이런 일반적인 관계는 한 집단이 만들어낸 이론들이 다른 그룹에 의하여 상속된 문화적 자원으로서 계승된다는 이유만으로도 무너져버릴 것이다. 그러나 이런 주장은 지식사회학에 치명적인 것은 아니다. 이런 주장은 지식사회학에 대한 하나의 단순하며 그럴 듯하지 않은 정의를 배제할 뿐이며, 지식사회학의 다른 주장들에는 전혀 손상을 줄 수가 없다. '사회적 위치'와 '이론의 형태' 간에 '체계적 관계'가 결핍되었다는 벤-다비드의 주장은 '형태'가 얼마나 넓게 정의되는가에 달려 있다.

벤-다비드의 주장은 이론이 똑같은 일반적 형태로 남아 있음에도 불구하고, 왜 상속된 사상체계가 어떤 특정한 방법으로 수정되었는지를 사회학자들이 설명할 수 있을 것이란 가능성을 간과하고 있다. 예를 들면 벤-다비드가 인용한 연구 가운데 하나는 고대의 원자론(여기서는 물질이 자기조직적이며 자기운동적이라고 생각했다)이 어뎧게 보일에 의해서 물질은 수동적이며 힘만이 능동적인 것이라는 관점으로 수정되었는가를 보여주었다(Bloor, 1982년에서 논의된 Jacob, 1978을 보라). 비록 그런 수정(修正)은 식별해낼 수 있는 정치적 이해를 증진시키기 위해 가해졌지만, 이론이 여전히 똑같은 형태로(즉 원자론) 남아 있었다는 사실은, 벤-다비드의 관점이 공변성과 인과성을 간과하였다는 것을 의미한다. 이런 간과가 벤-다비드로 하여금 역사적 사례연구를 지식사회학을 지지해주는 증거—사실상은 지지해주는 증거이다—로 보는 대신 하나의 반례로 생각하도록 한 것이다.

그러나 이런 나의 주장은, 아직도 과학사에서 전부가 아니라 오직 몇몇의 사례들만이 특정한 사회적 이해관계로부터 심각한 영향을 받았다고 판명되었다는, 벤-다비드의 예상할 만한 결론은 다루고 있지 못하다. 우리는 물론 모든 이해관계가 위에서 언급한 보일의 경우에서 찾아낸 것처럼 폭넓은, 정치적인 이해관계는 아니라는 점을 기억해야만 한다. 어떤 이해관계는 좀더 좁은 직업적 이해관계들이다. 그럼에도 불구하고 나의 주장의 핵심은 옹호될 수 있으며, 또 확실히 옳다. 그러나 벤-다비드의 주장은 모든 지식이 이해관계와 같은 사회적 변수에만 배타적으로 의존한다는 주장에는 치명적이다. 이런 주장은 허황된 것이며, 이 책에서 옹호되지 않는다(예를 들어서 p.45의 그림 1을 보라). 지식에 관한 어떤 관점도 예를 들어서 지각경험이 사람들의 집단에 작용하고, 또 그들의 문화를 변화시키는 기폭제가 된다는 각본을 배제한다면 옹호될 수 없다. 그러한 지각경험들은 지식에서 사회적 요소를 배제한다거나 중요하지 않은 것으로 전락시키지 않는다. 설명의 초점이 딴 데로 돌려져 있을 때, 지각경험들은 사회적 요소를 단순히 배경에 깔고 있거나 전제하고 있는 것이다.

그러한 가능성들에 의하여 당혹해하는 단 하나의 이론은 사회적 과정들의 역할 이외에는 어떤 다른 요소들의 역할도 부정하는——즉 지식이 '순수하게 사회적' 혹은 '단순히 사회적'이라는, 거의 의미를 가질 수 없는 주장——단일한 인과이론(mono-causal theory)일 것이다. 벤-다비드는 그의 증거를 이런 식으로 이용하여서 암묵적으로 그런 이론(단일한 인과이론)을 지식사회학자들에게 덮어씌웠다. 그러나 스트롱 프로그램은 지식이 순수하게 사회적이라고 주장하지 않는가? 스트롱이란 구호가 그것을 의미하지 않는가? 아니다. 스트롱 프로그램은 사회적 요소가 항상 존재하고 항상 지식을 구성한다고 주장한다. 스트롱 프로그램은 사회적 요소가 유일한 요소라고 주장하지 않으며, 혹은 어떤 변화든지 그리고 모든 변화를 유발시키는 요소라고 주장하지 않는다. 사회적 요소는 배경적 요소일 수도 있다. 공변성과 인과성에 대한 확실한 예외들은 사회적 요소들 외의 다른 자연적 원인들이 작용한 단순한 결과일 수도 있다.

이것이 지식사회학에서의 법칙을 추구하는 것에 대해서 말해줄 수 있는 것은 무엇인가? 이것은 그런 법칙이 현상의 표면에서가 아니라 복잡한 현실과 꼬여서 존재한다는 것을 의미한다. 이런 점에서 지식사회학의 법칙들은 물리학의 법칙들과 다르지 않다. 지식사회학의 법칙들은 다른 요소들을 통제하면 할수록 더 확연하게 드러난다. 이 법칙들의 표면적인 발현은 그 강도가 상당히 가변적인 통계적 경향이 되기 쉬운데, 그 이유는 그것들 자체가 통계적이기 때문이라기보다 그들의 가시성의 조건이 우연에 기인하기 때문이다. 그러나 그런 법칙은 어떤 모습을 가질까? 비판자들은 사회학자들이 '정확하게 특정화되고 검증가능한 일반법칙'을 만들어내지 못했다고 비판한다(예를 들면 Newton-Smith, 1981, p.263). 나는 이에 대하여 다음과 같이 답할 것이다.

한정주의 자체는, 앞 절에서 살펴본 것처럼, 개념적용의 사회적 성격에 관한 예외가 없는 일반적 진리이다. 따라서 모든 개념적용은 논란의 여지가 있으며, 또 협상가능한 것이다. 또 모든 수용된 응용들은 사회적 제도의 성격을 가지고 있다. 그러한 법칙들은 비판자들이 그들의 반론에 대한 답으로서 기대했던 것은 아니나, 아마도 이런 답은 지식사회학보다 그들에 대하여 더 성찰하는 결과를 가져올 것이다. 그런 비판자들이 마음에 담고 있는 것에 더 가까운 잠정적인 법칙들은 우주관과 사회구조를 연결시키는 더글러스의 '격자-집단'이론(grid-group theory)에서 찾을 수 있다. 이런 후보들은 실제로 확증되거나 잘 검증되었다기보다는, 잠정적이긴 하지만 시발점이 될수는 있다. 나는 그런 이론들을 라카토슈의 수학적 변칙들에 대한 반응들의 묘사와 관련하여 논의하였으며(Bloor, 1978), 산업과학자들의 연구에 관련해서도 논하였다(Bloor & Bloor, 1982).

지식이 '순전히 사회적'이라는 잘못된 해석은 스트롱 프로그램과 최근의 인지과학(Slezak, 1989)간의 양립이 근본적으로 불가능하다는 주장 뒤에도 숨어 있다. 지식사회학은 '행태주의'를 전제하고 있고, 따라서 우리 사고의 내적 기제에 대한 설명을 제공하는 어떤 이론에 의해서도 기각될 수 있다고 강변된다. 특히 과학적 발견에 포함된 사고과정을 흉내낼 수 있는 컴퓨터 모형이 지금은 존재한다. 몇몇 일반적이고 발견을 도와주는 원리들이 주어진다면, 컴퓨터는 자료들을 입력시킴으로써 자연적인 법칙들의 형태를 가진 패턴을 자료들로부터 추출해낼 수 있다. 극적으로 말한다면 컴퓨터가 보일의 법칙, 옴(Ohm)의 법칙, 스넬(Snell)의 법칙 등의 규칙성을 발견할 수 있다는 것을 보여준다(p.569). 이렇다면 누가 지식사회학을 필요로 할까? 심리학이면 충분할 것이다.

비판자들은 이러한 인지과학적 이론은 이 책에서 기각된 전통적인 인식론을 다시 옹호할 수 있도록 해준다고 주장한다. 특히 인지과학은 내가 대체하려 하였던 '목적론적 모델'을 옹호한다. 비판의 요점은 '스트롱 프로그램에 대한 결정적인 논박'(p.592)이라고 주장된다. 실제로 컴퓨터가 자료로부터 패턴을 추출해내는 방식과 우리의 뇌가 그렇게 하는 방식이 동일한가는 논란이 있는 문제임에도 불구하고, 그러한 작업들은 환영할 만하다. 이러한 인지과학의 도전에 의해서 당황하는 지식사회학자들은 개인의 인지적 과정들에 대한 배경이론의 필요성을 부인하는 바보 같은 지식사회학자들뿐일 것이다. 신경구조 없이는 사회구조도 있을 수 없다는 것은 자명한 사실이다.

여기서 논의된 인지과학은 스트롱 프로그램의 옹호자들이 당연하게 받아들이는 '자연합리성'이란 배경에 관한 연구이다. 예를 들어서 반스(1976)의 자연적인 귀납적 성향들에 대한 연구와 자연적인 연역 성향들에 대한 나의 연구(1983, 6장)를 보라. 지식사회학자들이 취해야 할 올바른 입장은 우리의 개인적인 추론능력들에 대한 이론이 지식을 설명하는 데 필요하지만, 그것만으로는 부족하다는 입장이다.

왜 그런가를 이해하기 위해서 우리의 뇌가 비판자들의 인지모형들이 상정하는 똑같은 정도의 정보처리 능력을 가졌다고 생각해보자. 나는 이러한 가정들이 지식의 사회적인 성질들을 제거하지도, 또 흥미롭지 않게 할 수도 없다는 것을 보여줄 것이다. 사람 A가 어떤 측정치들의 집합으로부터 예를 들어서 보일의 법칙을 추출한다고 하자. 또 B, C, 그리고 다른 사람들도 A와 똑같은 인지능력을 가지고 있고, 비슷한 자료를 가지고 있다고 하자. 이렇게 해서 이제 각각 자신들의 경험을 해석할 수 있는 개인적인 기법을 가진 사람들의 집합을 구성할 수 있다. 그러나 우리는 우리가 알고 있는 보일의 법칙을 알고 있는 사람들의 집합을 만들어낼 수는 없다. 왜냐하면 우리는 아직도 공유된 지식을 가지고 있는 과학사회의 형태를 소유하고 있지 못하기 때문이다. 우리가 가지고 있는 것은 철학자들이 보통 '자연상태'라고 불러온, 즉 사회에서 유리된 개인들에 관한 컴퓨터화된 설명 뿐이다.

이런 설명에서 빠진 요소는 A, B, C의 상호작용, 즉 사회를 창출 해내는 상호작용이다. 이 점을 설명하기 위해 이제 A, B, C가 서로 그들의 행위를 조화시키려고 노력한다고 가정해보자. 이런 노력 중에서 그들은 사회질서의 문제에 봉착하게 되며, 이 문제를 풀기 위하여 그들이 인지적 질서의 문제도 풀어야 할 필요가 있다는 것을 깨닫게 된다. 그들은 자신들의 개인적인 인지기법들을 서로 조화시켜야 한다. 그들의 문제는 개개인의 판단에서 야기되는 무질서를 통제하고 조정하는 일일 것이다. 만일 컴퓨터들이 동일하고 완전하며, 또한 컴퓨터들에 똑같은 자료가 입력되기 때문에 이런 문제가 인지과학에서 발생되지 않는다고 주장한다면, 이것은 비현실적인 모형으로서 실격될 것이다.

현실적으로 볼 때, 때때로 서로 다른 개개인의 뇌들과 컴퓨터들이 서로 다른 자료들을 가지고 문제를 푼다고 봐야 할 것이며, 또 만일 같은 자료들을 가지고 문제를 푼다고 하더라도 서로 다른 결과들이 주기적으로 나타난다고 생각하는 것이 옳다. 그러므로 누가 '옳은' 자료를 가지고 있으며, 누가 그 자료들로부터 '옳은' 결론을 도출해내는가를 결정해야 하는 문제가 존재한다. 실제로 '옳다'라는 개념 자체는 구성되어야만 한다. 이러한 문제들은 어떤 합의된 법칙도 곧 변칙적인 사례들에 직면한다는 사실에 의하여 더 복잡하게 된다. 이런 변칙사례들에 대한 옳은 반응에 관한 합의를 끌어내는 일은 여기에 관여하고 있는 사람들의 다양한 목표와 이해관계들에 직면하게 된다.

따라서 사회학자들은 그들에 대항하여 인용된 인지과학자들의 연구주제를 넘어서는 주제를 가지고 있다. 사회학자들은 인지과학자들과 달리 어떻게 개개인의 인지적 표상들(individual representations)로부터 집합적인 세계에 대한 표상이 구성되는가를 연구한다. 예를 들어서 보일의 법칙에 의하여 지배된다고 생각되는 세계에 대한 이러한 공유된 개념은, 개개인의 성향들의 원자화된 집합으로서가 아니라 집단에 의하여 하나의 협약으로 생각된다. 대체적으로 이것은 A의 믿음을 지탱하는 요소들 가운데 하나는 B와 C 등이 그런 협약을 믿으며, 또 A도 이 협약을 믿으리라는 것을 당연시한다는 것을 의미한다. 이러한 상호적인 이해는 개개인이 일탈하려는 경향들 앞에서 믿음이 지속적으로 유지되도록 도와준다.

변칙사례들에 대한 반응과, 이런 변칙들을 나머지 문화와 연결시키는 결정들을 담지하고 있는 공유된 믿음의 특정한 내용은, 합의를 추구하는 A, B, C가 상호작용하는 과정에서 나온 협상결과이다. 협상은 그 결과가 모든 자연적인 우연성들에 의하여 영향받는 사회적 과정이다. 보일의 창의적인 진공 펌프 실험들을 둘러싼 협상들에 역사적으로 영향을 미친 흥미로운 이해관계에 대한 연구는 셰이핀과 샤퍼(1985)를 참조하라.

또 다른 비판들을 다루기 전에 두 가지 점을 명확히 할 필요가 있다. 첫째로, 벤-다비드는 협상이 사회적 과정이므로 그 협상의 결과도 사회적으로 결정된다고 추론해서는 안 된다고 주장한다. 협상결과는 '합리적으로 결정'될 수도 있다(1981, p.45). 합리적인 것과 사회적인 것의(즉 '왜곡' 모형의) 이원론에 기반하고 있는 전통적인 관점에서는 이러한 경고가 옳다. 그러나 일단 합리주의적인 가정들 대신에 자연주의적인 관점을 채택한다면, 그 추론은 좋은 추론이 된다. 벤-다비드의 반론이 자연주의자들에게조차 흥미를 유발하는 이유는 자연합리성에 대한 가정들이 협약에 관한 협상에서 어떤 역할을 할 수 있기 때문이다. A와 B가 자연적으로 어떤 추론을 하며 C와

D도 마찬가지로 한다고 가정하고, 이들 모두가 서로에게 같은 기대를 가지고 있다고 생각해보자. 어떤 추론경향들은 자연스러운 것이기 때문에 이런 추론경향들은 우리가 협약을 만들어내는 과정 밑에 깔려 있는 상호적인 추론에서 눈에 잘 띄는 위치를 가질 것이다. 따라서 그들은 우리의 협약들에 개입할 것이며, 그 자체들이 우리의 협약 안에 편입될 것이다. 그러나 이들 중 어느 하나도 개인과 집단간, 혹은 협약적인 표상들간의 질적인 차이들을 파괴하지는 않는다.

둘째로, 우리의 자연합리성에 대한 어떠한 (자연주의적) 이론도, 따라서 사고에 관한 어떤 컴퓨터 모형도 전통적인 인식론자들에게 진정으로 받아들여지지 않을 것이 확실하다. 비판자들이 가정하듯이, 이러한 인과적 설명들이 지식사회학에 대한 합리주의자들의 공격들 뒤에 숨어 있는 목적론적 가정들과 등치될 수 있다고 가정하는 것은 한마디로 오류이다(플루(Flew, 1987, p.415)가 컴퓨터라는 주제에 대해 말한 것을 검토해보면 그 차이를 알 수 있다. Geach, 1977, p.53도 참조). 전통적이고 합리적인 지식에 대한 설명과 자연주의적 설명과의 근본적 대치를 깨닫지 못한다는 것은, 우리가 대칭성 명제를 논의할 때에 다시 만날 수 있는 어떤 것이다. 당분간 우리가 취해야 하는 점은 인지과학과 지식사회학은 실제로 같은 편에 있다는 것이다. 이것들은 둘 다 자연주의적이며, 또 상호보완적이다.

이해관계 설명에 대한 궁극적 논박

과학에서의 논쟁에 대한 수많은 뛰어난 역사적 연구들은 이해관계의 역할을 거론하고 있다. 예를 들어 셰이핀(1982)은 '기득권과 관련된 전문적인 이해관계'란 제목 아래서만 약 12개의 연구를 나열하고 있다. 이런 연구들의 가치는 보통 일상적인 과학실천에서 숨겨져 온 과학의 사회적 하부구조를 명확히 드러내 보여주는 사건들에 초점을 맞췄다는 데서 찾을 수 있다. 어떻게 논쟁이 해결되었는가를 이해함으로써 우리는 잠재적으로 숨겨져 있는 힘들의 협약적인 성격을 발견하게 된다. 이것은 역사적 장면들이 이동하면서 논쟁을 도발시켰던 이해관계의 특정한 충돌들이 사라져버린다 해도 변하지 않는 사실이다.

예를 들어서 1820년대에 에든버러는 뇌의 해부에 관한 날카로운 논쟁이 일어났던 곳이다. 대학에 있던 해부학자들은 그 지역의 철학자들이 부추김에 따라 뇌를 상대적으로 균일하며 통합된 것으로 간주하였다. 골상학의 추종자들은 뇌를 상이한 능력들이 많이 존재하는 장소로 보았다. 양쪽은 모두 능력 있는 해부학자들을 모아서 조심스러운 해부를 시행해보았으나, 무엇보다도 뇌 속에 존재하는 여러 기관들의 구조나 뇌의 가지에 뇌섬유를 연결시켜주는 길들에 관한 합의에 이르지 못하였다.

셰이핀(1975, 1979a, 1979b)은 이러한 논쟁은 논쟁 당사자들이 취한 입장을 그들의 이해관계와 연결시킴으로써 이해될 수 있다고 주장하였다. 대학에서 가르치던 사람들은 엘리트 집단이었는데, 그들의 특수한 지식은 사회적 위계질서와 통일성에 관한 미묘한 이데올로기를 담고 있었다. 이 엘리트 집단을 비판하던 사람들은 도시의 상인 중산층으로 구성되어 있었는데, 이들은 자신들의 개혁요구와 좀더 다양하고 평등한 사회구조를 만들어내기 위한 욕망을 정당화하기 위하여 사람들과 그들의 재능에 대한 즉각적으로 이용가능한 실제적 지식을 찾고 있었다. 셰이핀에 따르면 양측 모두가 자연을 사회적 목적을 위하여 사용하고 있었으며, 자연에 대한 해석을 그들이 사회에 대해 가지고 있던 전망과 사회에서 그들의 역할을 지지하도록 구성하였다는 것이다.

이런 종류의 주장은 상당한 저항을 초래하였다. 부정할 수 없게도 이해관계 설명에서 상용되는 말들은 직관적이며, 많은 점들이 좀더 명료하게 밝혀져야 하지만, 비판자들은 이런 점들을 실제적 어려움으로 보는 대신에 설명원리가 가지고 있는 약점으로 간주한다. 이러한 불평들의 핵심은 이해관계에 호소하는 것은 역사가들로 하여금 무한회귀로 가도록 한다는 것이다. 전제는, 이해관계가 항상 행위자들 자신들에 의하여 해석되어야 한다는 것이다. 이런 해석들은 다른 해석의 여지도 있고, 또 수정될 수도 있으므로 이해와 그것이 설명하려고 하는 행위의 관계를 무효화시킨다.

브라운(1989)은 다른 설명적 요소를 제치고 왜 이해관계가 설정되어야 하는가라고 묻는다. 그 이유는 자료에 의해서는 어떤 이론이 나은가를 결정할 수 없기 때문이다. 해부실에서의 관찰은 골상학자들이 옳은지 그른지를 실제로 증명할 수 없으며, 따라서 사회적 이해가 어느 한쪽으로 논쟁을 결론나게 하였을 것이다. 어느 한쪽으로 이미 기울어진 사람들에게는 불충분한 증거들도 충분하게 **보이는 듯하다.** 확실히 자료에 의한 비결정성(underdetermination)이란 사실만으로는 논쟁을 한쪽으로 기울게 하는 것이 사회적이라는 결론이 나올 수 없으나, 이런 추론을 인정한다 하더라도 이 설명은 똑같은 문제를 안고 있으므로 실패한다. 만일 관찰이 어느 이론을 선택해야 하는가를 결정할 수 없다면, 이해관계도 결정할 수 없는 것이다. 관찰이 수많은 이론적인 해석들과 양립할 수 있는 것처럼 이해관계도 마찬가지이다. 브라운은 다음과 같이 주장한다.

하나의 특정한 이론 T는 과학자의 이해관계에 맞을 수 있을지 모르지만, 하나 이상의 이론이 그의 이해관계에 적합할 수 있다. 사실 수많은 상이한 이론들이 어떤 제한된 경험적 자료들을 똑같이 설명할 수 있는 것처럼, 과학자의 이해관계를 증진시킬 수 있는 무한한 이론들이 존재한다(p.55).

선택할 수 있는 무한정의 이론들이 존재한다는 생각은 이 주장에 반드시 필수적인 것은 아니라, 이 점은 그냥 지나칠 수도 있다. 문제는, 만일 사회학자가 이해관계 I_1을 표상하는 모든 후보이론 중 왜 하나의 이론이 선택됐는가를 설명하기 위하여 좀더 깊은 이해관계 I_2를 설정한다면, 우리는 무한회귀로 들어갈 수밖에 없다는 것이다. 논리적이 아닌 역사적 표현으로 이 이야기를 바꾼다면, 브라운은 에든버러의 중산층 계급이 그들의 이해관계에 적합한 수많은 이론들 중에서 왜 하필이면 골상학을 택하였는지를 묻고 있는 것이다(p.55). 이해관계에 기반을 둔 설명은 따라서 비결정성과 무한회귀 사이에 갇혀 있는 것이다. 브라운은 이런 주장이 이해관계 설명에 대한 '궁극적 논박'이라고 말한다(p.54).[2]

---

2) 브라운의 비판은 자료에 의한 이론미결정성(underdetermination of theory by data)을 이해관계설명에 적용시킨 것이다. 자료에 의한 이론미결정성이란 어떤 주어진 자료를 설명할 수 있는 단일한(unique) 이론이 존재하는 것이 아니라 다른 여러 개의 이론도 주어진 자료를 똑같이 잘 설명해줄 수 있다는 것을 의미한다. 이것을 이해관계 설명(interest explanation)에 적용시키면 에든버러 골상학자들의 계급적 이해를 증진시키는 도구로 사용될 수 있었던 이론은 골상학 이외에도 여러 개가 존재할 수 있었다는 것을 의미한다. 브라운의 비판은 왜 하필이면 골상학이었는가를 물어보는 것이다. 예를 들어서 어떤 민중철학과 골상학이 똑같이 중산층의 계급적 이해(I_1)를 증진시키는 것이었다고 가정하자.

이 중에 왜 골상학이 채택되었을까? 이 질문에 답하기 위해서는 블루어가 I_1이라고 표시한 중산층의 계급적 이해보다 더 근본적인 이해 I_2를 상정해야 하지만 I_2를 증진시키는 모든 이론들 중 왜 특정한 이론이 선택됐는가를 설명하기 위해서는 또 다른 이해관계가 상정되어야 하며, 따라서 이런 과정은 무한히 계속될 것이다.

나는 역사적 문제에서 시작하여 나의 대답을 좀더 일반적인 용어를 사용하여 제시할 것이다. 인용된 연구에서 셰이핀은 브라운의 질문을 이미 예견하고 있다. 다른 이론들이 골상학처럼 중산층 계급의 이해관계 증진에 기여할 수 있었다는 것은 사실이다. 실제로 골상학은 잘못된 선택으로 보일 수도 있었다. 개혁과 변화를 위하여 하나의 이론이 필요하였으며, 최초로 골상학을 만들어낸 사람들에 따르면 골상학은 사람들의 생래적 특징에 관한 것이었다. 그러므로 에든버러의 골상학 추종자들은 생래적으로 주어진 특징도 노력하고 사용함에 따라 강해질 수도 약해질 수도 있다고 주장함으로써 골상학을 수정하였다. 셰이핀에 따르면, 실제로 중요했던 것은 그 당시를 지배하던 '상식철학'(philosophy of common sense)을 부정할 수 있다고 생각되는 어떤 이론을 찾아내는 것이었다. 아마도 유물론적이고 경험적이고, 또한 비전문적인(non-esoteric) 어떤 이론도 엘리트들의 이론 X에 대항하는 X가 아닌 것으로서 중산층 계급의 이해관계를 증진시킬 수 있었다. 골상학이 그 당시에 사용가능한 이론이었다는 것은 역사적 우연이었으며, 이것은 충분한 답이 될 것이다(Shapin, 1975, pp.240~243).

이 답변은 비판이 의존하고 있는 비결정성을 인정하고 있으나, 거기서 파생되는 문제를 우연을 거론함으로써 해결한다. 일단 우연이 수많은 가능한 후보들 중 하나를 선택하게 되면, 이 이론은 즉각적으로 이해관계를 나타내는 담지자로서 작용하게 된다. 몇몇 사람들만이 이론이 어떻게 사용될 수 있는가를 알 수 있기 때문에, 그리고 실제로 적용하기 때문에 다른 사람들은 그 뒤를 따른다. 다른 사람들이 이 이론을 사용하는 것은 그 이론을 사용하는 이유를 더 강화시켜준다. 이런 설명에 암묵적으로 포함되어 있는 기제는 사실 매우 정확하며, 경제학자들에 의하여 발전된 수리적 모형들도 존재한다. 이런 모형들은 왜 시장들이 어떤 문제들에 대한 안정적인—비록 때로는 최적이 아닌—해답을 만들어내는가를 설명하는 데 사용되어왔다.

예를 들어서 이런 모형들은 어떻게 두 개의 경쟁하는 기술 중 하나가(비록 이것이 다른 것보다 더 우월하지 않더라도) 다른 하나를 지배하게 되는가, 혹은 어떻게 산업의 특정한 지리적 분포가(비록 이것이 최적의 분포는 아닐지라도) 형성되는가 등을 설명해준다. 이들의 사고에서 중심이 되는 것은 정(正)의 피드백을 통하여 안정된 해(解)가 얻어진다는 것이다. 어떤 사람들이 어떤 기술을 사용한다는 것이 다른 사람들이 이 기술을 사용하는 이유가 된다. 어떤 산업이 이미 어떤 장소에 위치하고 있다는 사실이 다른 산업들도 그곳에 들어서게 되는 이유가 된다.

이 과정의 시초에서 얻을 수 있었던 작지만 무작위적인 유리함—혹은 어떤 우연적인 최초의 분포—은 전체 체계가 고도로 안정된, 그러나 극단적인 해를 얻을 때까지, 즉 하나의 선택이 전체를 지배하게 되는 상태가 될 때까지 정의 피드백을 통하여 강화된다(Arthur, 1990). 이런 기제들은 비판자들이 언급하는 비결정적 상황에서 어떻게 에든버러의 중산층 계급이 골상학에 집착하게 되었는가를 설명할 수 있었다.

그럼에도 불구하고 이해관계는 항상 해석되어야 하는 것이 아닌가? 이 사실 하나만으로도, 비판자들에 따르면, 무한회귀를 생성시킬 수 있다. 이 점을 보여주기 위해 이얼리(Yearly, 1982)는 규칙응용의 해석적 성격을 강조하는 규칙에 관한 연구를 인용한다. 그는 이해관계에 의존하는 사회학자들은 규칙을 따르기 위해서 규칙을 인용하게 되며, 이것은 무한히 계속된다고 주장한다(p.384).[3] 그러나 규칙준수에 관한 연구들은 그 반대의 방향으로 진행되고 있으며, 회귀라는 비판에 대한 답을 제시하고 있다.

비트겐슈타인은 우리가 규칙을 따르고 있다고 말해질 수 있기 때문에, 해석을 포함하지 않는 규칙준수의 방법이 틀림없이 존재해야만 한다는 점을 지적하였다(비트겐슈타인, 1967, 201절). 우리가 사용하도록 권고한 이해관계를 사용한 비유는 따라서 이런 공격의 전제들을 기각하도록 한다. 이해관계는 우리가 그것에 대해 성찰하고 선택하고 해석함으로써 작용하는 것이 아니다. 그들 중 어떤 것들은 때때로 우리를 어떤 식으로 사고하고 행동하도록 만든다. 이해관계 설명에 대한 반론들의 진정한 근원은 인과적 범주들에 대한 두려움이다. 이 근원은 자유와 비결정성을 축복하려는 욕망이며, 단순히 묘사하는 것보다 설명하려고 하는 것에 대한 거부감이다.

이런 답변들은 이해관계 설명을 사용할 때 나타나는, 내가 '실천적 문제들'이라고 부른 것들을 해결하지는 못한다. 그러나 이 답변들은 이해관계 설명들이 비결정성과 무한회귀 사이의 딜레마에 빠져 있다는 비판에는 답할 수 있다. 따라서 나의 답변은 '궁극적 논박'이 전

3) 예를 들어서 블루어가 어떤 과학자들의 행위가 '이해관계'에 따른 것이라고 설명하였다고 가정하자. 이렇게 주장했을 때 블루어는 이해관계가 어떤 고정된 것이라고 생각하고 이해관계를 과학자들의 행위를 설명하는 데 사용하지만 실제로 과학자들을 포함한 모든 행위자들에게 이해관계란 항상 상황에 맞도록 해석되는 것이다. 다시 말하면 이해관계란 행위자들간의 해석에 의해서 구성되고 또 해체될 수 있는 것이지 블루어가 가정하듯이 고정된 어떤 것으로서 행위자들에게 귀속(attribute)시킬 수 있는 것이 아니라는 것이다.
만일 이에 대하여 블루어가 행위자들이 어떤 행위를 해석하고 구성하는 행위 자체를 또 하나의 다른 '이해'관계로 설명하고자 한다면 이것은 끊임없는 이해관계의 연쇄를 가져오며 곧 무한회귀로 우리를 이끌고 갈 것이다.
바로 아래에서 전개되는 블루어의 방어는 규칙(즉 이해관계)과 행위의 관계가 항상 해석되고 구성되어가는 성찰의 대상이 아니며 오히려 규칙적용에 대한 어떤 암묵적 합의에 의해서 우리의 행위를 어떤 방향으로 끌고 간다는 점을 주장하고 있다. 이 논쟁은 여기서 자세히 논할 수 없는 복잡한 것이며 사실은 비트겐슈타인의 '규칙 따르기'(rule-following)가 무엇을 의미하는 가에 대한 논쟁에서 파생된 것이다.

혀 논박이 될 수 없다는 것을 보여준다.

관념론이라는 비판

플루(1982)가 지식사회학자들이 암묵적으로 다음과 같은 것을 목적으로 삼고 있다고 말할 때, 그는 틀림없이 많은 사람들을 대변하고 있다. 그에 따르면, 지식사회학은 다음과 같은 것이다.

어떤 사람이 진실로 믿게 된 사실들이 그 사람에게 갖는 모든 효과를 그런 옳은 믿음의 가능한 원인들로 쳐주지 않으려고 하는 것이다(p.366).

문제의 발단은, 플루가 믿는 바에 따르면, 대칭성 명제이다. 사실들에 대한 언급은 옳은 믿음을 틀린 믿음과 똑같이 취급하기 위하여 부정되어야만 하며, 따라서 이 두 믿음이 같은 종류의 원인을 가진다고 말해질 수 있다(p.366). 때때로 이런 비판은 '믿음의 주제들로부터의 인과적 영향'(p.368)을 무시한다든가, 혹은 '실제로 인지된 대상들의 효과성'을 무시한다는 식으로 표현된다(p.367). 그러므로 '사실', '대상', 그리고 '주제'들은 바꿔쓸 수 있는 동의어들로 사용된다.

그러나 '사실'이란 무엇인가? 불행하게도 이 단어는 잘 이해된 단어라고 간주된다. 실제로 이 단어는 커다란 당혹감의 원천이다. 따라서 진리에 대한 스트로슨(Strawson)과 오스틴(Austin)의 논쟁은 '사실들'이 사실적인 명제들이 진술하는 것인가, 혹은 사실들은 이런 명제들이 진술하고 있는 대상인가에 대한 문제에 천착하고 있다

(Strawson, 1950 ; Austin, 1961).

플루의 공격은 이런 선택에 관하여 잘 정의되어 있지 않으나, 이것이 지식사회학에서 두 가지의 상당히 다른 질문들로 우리를 이끌고 있다는 것을 알게 될 것이다. 다행스럽게도 두 질문 다 스트롱 프로그램의 유물론과 조화되는 답들을 가질 수 있다.

대상으로서의 사실이라는 관점을 생각해보자. 여기서 우리는 사실들을 그것들의 언어적 표현들로부터 유리시켜야 한다. 이 경우에 대칭성 명제의 결과는 플루가 말한 것과 정반대이다. 세계에 존재하는 대상들은 일반적으로 그 대상에 대하여 옳은 믿음을 가진 사람들에게나 틀린 믿음을 가진 사람들에게나 똑같이 작용할 것이다. 연소되고 있는 어떤 화학물질들을 관찰하고 있는 프리스틀리와 라부아지에를 생각해보라. 그들은 둘 다 똑같은 대상들을 보고 있다. 그들은 둘 다 같은 물체에 주의를 기울이며 말한다. 그러나 한 사람은 이렇게 말한다. "연소에서 연소되는 물체는 공기 중으로 플로지스톤을 내보낸다." 그리고 다른 한 사람은 "연소에서 연소되는 물체는 공기 중에서 산소를 흡수한다." 이 두 사람 앞에 있는 대상을 원인이 아니라고 부정할 수는 없다. 그러나 이런 원인은 그 대상을 설명하는 언어적 묘사를 설명하기에는 불충분하다. 이 점은 우리가 맞는다고 생각하는 해석에나 틀린다고 생각하는 해석에나 공히 적용된다(역사적 사례를 사용한 훌륭한 설명으로서는 Barnes, 1984를 보라).

자, 이제 명제가 지칭하는 대상이 사실이 아니라 명제가 진술하는 것이 사실이라는 관점을 살펴보자. 여기서는 사실이 진술의 '대상' 쪽에 관련되는 것이 아니라 명제의 내용과 관련된다. 그러나 우리는 그런 내용들의 부분집합을 다루고 있다. 즉 진리에 의하여 선택된 믿음, 따라서 실재에 대하여 특권화된 관계를 가지고 있는 믿음이다. 이렇게 선택된 집합은 무엇인가? 이것은 믿음이라는 자연물(natural kind)인가, 혹은 자연물과 유사한 것인가? 화학자들은 두 종류의 구리산화물이 존재한다는 것을 발견하였다. 철학자들은 실재와 대응하는 성질을 가졌는가, 혹은 그렇지 못한가에 의하여 구분되는 두 가지 종류의 믿음이 존재한다는 것을 발견하였는가? 그러나 이런 주장은 절대로 좋은 주장은 될 수 없다. 우리는 신과 같은 역할을 할 수 없으며, 우리의 실재에 대한 이해를 우리가 이해한 실재가 아닌 실재 그 자체와 비교할 수는 없다(pp.52~57을 보라).

그러나 만약 진리가 자연물을 형성하지 않는다면 그들은 어떤 집합을 형성하는가? 그들이 자연물을 형성한다는 것의 대안은 그들이 사회적 물체(social kind)를 구성한다는 것이다. 진리는 통용되는 은행권, 혹은 빅토리아 훈장을 받은 사람들, 혹은 남편들과 같은 집합을 형성한다. 이런 집합에 속한다는 것은 진리가 다른 사람들에 의하여 어떻게 취급되느냐의 결과이다. 그러나 우리는 그렇게 취급하는 이유가 실제적이고 복잡하며, 또 그 자체가 실재의 일부라는 것을 절대로 잊어버려서는 안 된다.

진리명제는 진짜 자연물을 형성한다고 주장하려는 흥미로운 시도들이 있다──예를 들어서 이 명제들을 실재와 결정적인 생물학적이고 기능적인 관계를 유지하고 있는 개체들로 취급하려고 함으로써 이런 시도들이 이루어진다(Millikan, 1984). 이런 탐구들은 자연주의적이고, 의미론적인 문제에 많은 시사점을 던져주고 있다. 그럼에도 불구하고 이런 탐구들은 '사실임'을 '적응함'과 같은 또 하나의 다른 관계로 대체하고 있다. 여기서 사회학자들의 반응은 전통적인 인식론자들의 그것과 비슷하다.

어떤 것이 빠져 있다. 진리에 대한 완전한 분석은 단순한 자연을 넘어서는, 진리에 대하여 우리가 느끼는 필연성을 만들어내는, 진리의 특별하고 존귀한 성격에 대한 의미를 설명할 수 있어야 한다. 진리에 대한 사회학적 설명이 비판하려고 하는 것은 무엇보다도 진리의 지위에 대한 민감성의 결여이다.

여기서 우리의 반응은 뒤르켐의 실용주의(pragmatism)에 대한 반응을 추종하는 수밖에 없다. 모든 자연주의적 설명을 받아들이지만, 이들이 진리가 우리에게 갖는 특별한 권위를 설명할 수 없을 때에는 이런 자연주의적 설명들을 수정해야 한다는 것이다(Durkheim, 1972).

그러나 이것은 결국 관념론이 아닐까? 확실히 이 모든 것은 모든 진리가 믿는 사람들의 마음 속에 있다고 얘기하는 위선적인 방식들이 아닐까, 혹은 우리의 집단적인 태도들의 투사일 뿐인가? 만일 이것이 관념론의 일종이라면, 이것은 기껏해야 사물의 어떤 측면들에 관한 관념론이거나 어떤 묘사 아래 있거나 어떤 역할을 하고 있는 사물들에 관한 관념론이다. 따라서 이것은 저변에 깔려 있는 유물론과 양립할 수 있는 형태의 관념론이다. 이것은 기껏해야 실재론이 현재 가지고 있는 형태들의 의미론적 차원에 관한 관념론이지만, 실재론의 존재론적 차원에 관한 공격은 아니다. 또한 그 범위에서 이것은 매우 제한적이다. 왜냐하면 다음을 유의해야 한다. 은행권은 우리가 집단적으로 그것이 은행권이라고 평가하기 때문에 궁극적으로 은행권이다. 그럼에도 불구하고 은행권은 무게와 내용물, 그리고 장소를 가지고 있는 실재하는 것이다. 은행권으로서의 사회적 지위에 관하여 말해진 것에 의해서 이런 물질성의 어느 것도 부정되지는 않는다. 똑같은 논리가 사회적 역할을 담당하고 있는 사람들에 대해서도 적용될 수 있다. 이들은 실재하는 사람이다. 이런 물질적 실재는 부정되는 것이 아니라, 사람들의 사회적 지위에 의해서 전제되고 있다.

이런 논의가, 사회학적 접근이 사실에 대한 우리의 믿음의 원인으로서 사실이 담당하는 역할을 무시한다는 비판을 어떻게 감당할 것인가? 나는 사실들은 대상들이라고 생각하는 이런 모호한 비판의 첫번째 해석은 틀렸다는 것을 보여주었다. 사실들이 믿음의 내용이라고 생각하는 두번째 해석은 어떤 의미에서는 맞다. 몇몇 미묘한 점은 차치하고라도 믿음의 내용은 믿음의 원인으로 취급될 수는 없다. 그러나 그 이유는 그것이 믿음이기 때문이다. 그럼에도 불구하고 비판자들은, 플루가 그런 것처럼(p.370), 사실들의 인과적 역할에 대하여 사회학자들로부터 모순된 신호들을 얻고 있는 것처럼 느낄 것이다. 그러나 그렇지 않다. 비판자들은 두 개의 상당히 다른 질문들에 대한 일관된 답들을 얻고 있는 것이다. 하나는 실재의 역할에 관한 것이고, 다른 하나는 실재에 대한 보고(報告)들의 지위에 관한 것이다. 비판자들은 이런 답들을 똑같은 질문에 대한 모순된 반응으로 단순히 착각하고 있는 것이다.

잃어버린 대칭성과 다시 얻은 대칭성

올바른 믿음, 틀린 믿음, 합리적 믿음, 비합리적 믿음들에 관하여 같은 종류의 원인을 찾아야 한다고 주장하는 대칭성 명제는 상식 앞에서 무기력해지는 것처럼 보인다. 우리의 일상적인 태도는 실제적이고 평가적이며, 평가는 그 본성 자체가 비대칭적이다. 우리의 호기심도 이와 유사하다. 이상하거나 위협적인 것들은 보통 우리의 주의를 끈다. 궁극적으로 이 점은 습관의 생리학에 연유하는데, 이것은 우리의 뇌가 배경조건들에 신속히 적응하여 지엽적인 일상을 깨뜨리는 것들에 관한 정보처리 능력을 유지하는 과정이다. 우리가 가지는 배경들의 대부분이 사회적 규칙성들로 구성되므로, 이것 하나만으로도 우리의 호기심이 사회적으로 구조화되는 것을 보장하는 데 충분하다.

대칭성 명제는 이러한 경향들을 극복하고 우리의 호기심을 재구조화해야 한다는 요구이다. 운 좋게도 이런 요구는 우리 자신의 신경세포에 관한 생리학적 법칙을 초월할 것을 요구하지는 않으나, 우리의 호기심이 적응하는 지엽적인 사회적 배경을 재구성할 것을 요구한다. 우리는 그들 자신들이 가지는, 전문적인 관점을 당연시하는 새로운 전문가 집단들을 만들어냄으로써 이렇게 할 수 있다.

비대칭성의 두 개의 나머지 형태들은 이런 새로운 호기심의 구조들에 의해 전혀 영향을 받지 않는다. 나는 그들을 '심리학적 비대칭성', 그리고 '논리적 비대칭성'이라 부를 것이다. 이 둘 다 '방법론적 비대칭성'이라 불릴 수 있는 최초의 대칭성 요구와 양립이 가능하다. 나는 이제 이 두 개의 비대칭성을 각각 살펴볼 것이다.

예를 들어서 인류학자가 마술을 행하는 문화를 연구할 때, 그들은 어떤 환경이 합리적인 사람들로 하여금 그러한 믿음을 받아들이게 하는지를 암묵적으로 질문한다. 이런 질문은 인류학자 자신이 마술을 믿지 않고서도 던져질 수 있고, 또 대답될 수도 있다. 이는 또한 그러한 믿음이 틀린 것이라는 부수적인 평가와도 양립할 수 있다. 이것이 위에서 말한 심리학적 비대칭성이다. 이것은 방법론적 대칭성과도 양립가능한데, 그 이유는 바람직한 설명의 성격은 평가와는 독립적이기 때문이다. 이것은 만일 현재 연구되고 있는 제도화된 믿음이 인류학자가 받아들일 수 있는 믿음일 경우에도 적합한, 같은 종류의 설명이다. 여기서의 가정은 제도화된 어떤 믿음도 그 믿음을 가진 사람들이 손상된 뇌를 갖고 있다거나 자연적 합리성을 결핍하고 있다는 점에 의존하지 않고 있다는 것이다.

마술을 행하는 문화의 성원들은, 자신들이 마녀를 믿는 것은 마녀를 만나기 때문이라고 말할 것이다. 인류학자들은 이런 문화의 성원들이 희생양을 만들어내기 쉬운 작고 잘 조직되지 않은 집단에서 언는 사회적 경험을 상징화하고 있기 때문에 마술을 믿는다고 말할 것이다. 인류학이론은 마술에 대한 믿음(액면 그대로 해석됐을 때의 마술에 대한 믿음)은 틀렸다는 것을 논리적으로 시사할 것이다. 이러한 불일치가 위에서 말한 논리적 비대칭성이다. 이런 비대칭성의 존재는 홀리스(Hollis)가 대칭성 명제를 공격할 때 강조하였다. 홀리스에 따르면 사회학자는,

반드시 왜 행위자들이 그들이 믿는 것을 믿는가에 대한 그 자신의 설명을 제시해야만 한다. 이렇게 할 때, 사회학자는 반드시 행위자들 자신의 이유들을 받아들이거나 기각해야 하며, 혹은 만일 행위자들이 같은 믿음을 가지고 있지 않다면 어떤 행위자에 대적하여 다른 행위자의 편을 들어야만 한다. 나는 받아들이는 것과 기각하는 것이 대칭적이지 않다고 주장할 것이다(Hollis, 1982, p.77).

받아들이는 것과 기각하는 것은 확실히 대칭적이지 않으나, 그럼에도 불구하고 이 점은 방법론적 대칭성은 건드리지 못하고 그대로 놔둔다. 왜 그런가를 이제 설명해보자.

지식사회학자들은 실제로 무엇이 일어나고 있는가를 설명하는 어떤 틀을 가지고 있다. 행위자들이 반응하고 있는 것이 무엇인가, 그들이 자신들의 환경에 대하여 어떤 경험을 가지고 있는가, 그리고 그들이 환경과 또는 서로 상호작용할 때 어떤 목적을 가지고 하는가에 대한 어떤 성격규명이 제공되어야 한다. 이런 가정들은 설명을 가능케 하도록 만들어져야 하며, 때때로(항상 그렇지는 않지만) 이 가정들은 행위자들의 믿음이 진리인가에 대한 논리적 함의를 담고 있다.

그러나 우리가 앞서 본 것처럼 이런 가정들을 넘어서는 또 다른 단계가 설명적인 이야기 속에 존재한다. 흥미로운 질문은 연구되고 있

는 행위자들이 세상을 어떻게 해석할 것인가이다. 세상에 마녀가 존재하지 않는다는 것은, 마녀가 세상에 존재한다는 것이 믿어질 것인가, 혹은 믿어지지 않을 것인가라는 질문에 대한 답을 결정할 수 없다. 맞는 선택을 한다는 것은 틀린 선택을 한 것만큼 설명을 필요로 한다. 바로 이것이 방법론적 대칭성이 의미하는 바이다.

뉴턴-스미스(1981, p.250)는 방법론적 대칭성의 개념은 최초의 대칭성 요구를 약화시키는 것을 나타낸다고 말한다. 이 비판은 맨 처음에는 이 요구가 '옳은 것과 틀린 것, 합리적인 것과 비합리적인 것이라는 개념들에 대한 비판'이었다는 전제에 근거하고 있다(p.248). 그는 대칭성 요구 뒤에는 이러한 구분들이 '어느 정도 잘못된 것'이라는 가정이 있다고 주장한다. 심리학적, 그리고 논리적 비대칭성을 인정한다는 것은, 이러한 개념들을 잘못된 것으로 취급하는 것과는 모순되므로 내가 후퇴한 것으로 보인다.

그러나 후퇴는 없다. 왜냐하면 최초의 입장은 이런 구분을 잘못된 것으로 취급하지 않았기 때문이다. 잘못된 것으로 보는 것과는 반대로 나는 이런 구분들이 가장 큰 유용성을 가지고 있다고 간주하며, 이런 구분들의 주된 실제적 기능들을 묘사하려고 노력하였다(pp.52~60 참조). '사실'과 '틀림'이라는 말을 사용하는 것에는 잘못된 것이 없다. 다만 이런 단어들의 사용에 관한 설명이 잘못된 것이다.

대칭성 요구의 지위에 대한 대부분의 논쟁을 관통하는 문제는 자연주의적인 관점과 비자연주의적인 관점의 충돌에서 찾을 수 있다. 대칭성 요구는 인과적인 설명에 이성에 관한 비자연주의적인 개념이 침입하는 것을 멈추게 하려고 고안된 것이다. 대칭성 요구는 심리학적이건 사회학적이건 이성에 관한 적합한 자연주의적 사고를 배제하도록 고안되어 있지 않다. 예를 들어서 브라운(1989)의 글은 사회학자들이 이성에 관한 비자연주의적 개념을 거부하는 것을 이성 자체를 거부하는 것으로 착각하는 대표적인 글이다.

이러한 진단은 대칭성을 비판하는 몇몇 사람들이 그들 자신의 입장도 자연주의의 한 형태로 간주하고 있다는 이유를 들어서 거부될 수도 있다. 뉴턴-스미스는 합리주의란 이름 아래 대칭성 요구를 기각하지만, 그가 찾고 있는 합리주의는 다윈의 진화론에 근거하고 있다. 어떤 사람이 이성의 요구를 따르고 있을 때 우리는 더 이상 탐구할 필요가 없는데, 그 이유는 '합리적'이라는 것은 그 자체가 생존가치를 가지고 있는 '환원할 수 없는 사실'이기 때문이다. 따라서 우리는 합리적이어야 함에 상시적(常時的)인 이해를 가지고 있다(p.256).

여기서 자연주의와 합리주의가 동맹을 맺을 수 있는 듯이 보인다. 그러나 이런 복합적인 입장들은 일관성을 결여하고 있다. 이 입장들은 불가능한 조건을 만족시키려 한다. 즉 이성을 자연의 일부로 만들고, 동시에 자연의 일부가 아닌 것으로 만드는 것이다. 만일 이 입장들이 이성을 자연 밖으로 밀어내지 않는다면 그들은 이성의 특권적이고 규범적인 성격을 잃게 되나, 반대로 만일 이성을 자연 밖으로 밀어내면 그들은 이성의 자연적인 지위를 부정하게 된다. 그들은 이 둘 다를 만족시킬 수 없다.[4]

---

4) 이 점을 부연해서 설명하면 다음과 같다. 뉴턴-스미스는 지식을 합리적으로 평가하기 위하여 어떤 기준을 설정하는데, 이 기준은 우리의 이성이 진화를 통해서 얻어진 생존에 필요한 지식과 등치될 수 있다고 주장한다. 그러나 블루어에 따르면 우리가 가지고 있는 생래적인 지식은 그것이 가지고 있는 생존가치에도 불구하고 틀릴 수 없는(incorrigible), 그리고 궁극적인 진리를 담보해주지 못한다.

이와 반대로 이런 어려움을 피하기 위해서 뉴턴-스미스가 이성과 진화를 통해 얻어진 자연지식을 분리시킨다면 이성에다가 정당화될 수 없는 사전적인 특권을 부여하는 것과 다를 바가 없다. 따라서 블루어에 따르면 지식을 평가하기 위한 '기준'을 만들려고 한 뉴턴-스미스의 노력은 모순된 것이다.

냉철한 합리주의자들은 무엇이 문제인가를 안다. 워럴(Worrall, 1990)은 단호히 대칭성 요구와 그것이 시사하는 상대주의를 거부하지만, 뉴턴-스미스가 진화에 호소하는 약점을 간파한다. 진화에 호소하는 것은 합리주의자들에게 궁극적인 것이 될 수 없는데, 그 이유는 진화론에서는 아직까지 우리 이론을 정당화하고, 어떻게 그런 정당화가 옳은지를 말해야 하는 과제가 남아 있기 때문이다. 이렇게 하기 위해서는 우리가 증거적 관계와 어떤 논리적 진리를 직관적으로 알 수 있다는 것을 가정해야만 한다. 따라서 여기에서도 우리는 인식론적 사실에의 접근가능성을 필요로 한다. 즉 '추상적이고 비물리적인 사실'(p.314)이 그것이다(기치는 신학적인 의도를 가지고 같은 주장을 명시적으로 사용한다. 1977, p.51).

이런 추상적이고 비물리적인 영역이 생물학적이고 문화적인 변동의 흐름을 설명하고 정당화시키는 데 사용되려면, 전자는 후자 위에 존재해야만 한다. 만일 추상적이고 비물리적인 영역이 진화에 근거한다면, 이 영역은 어떤 다른 성향 혹은 자연적 경향보다 더 많은 증거력을 가지지 못한다. 무엇보다도 이 '이성의 규약'(code of reason)은 반드시 옳은 것이어야 한다(p.315). 워럴은 "내가 보기에는 합리주의자들이 받아들이며 자연주의를 옹호하는 그들의 반대자들이 부정하는 것은, 심리학적인 사실들을 넘어서는 논리적 사실들의 세계이다"라고 말한다(p.316)('심리학적인 사실들뿐 아니라 사회적인 사실들도'라고 하는 편이 더 나았을 것이다). 워럴은 그의 주장을 통해서 다음을 보여주려고 한다.

상대주의를 피하기 위하여 자연화된 인식론에 관한 진화론적인 해석을 사용하려 하며, 또 동시에 논리적-인식론적 진리들을 신봉하는 것을 피하는 어떠한 시도도 실패할 수밖에 없다(p.318).

워럴의 해석은 그의 논리적 추론에 관한 분석을 통해서 확실하게 보여진다. A와 B는 하나의 논리적 추론에 대하여 생각한다. 그 추론은 틀린 것임을 A는 알고 B는 모른다. 이 경우는 시각적 지각의 비유를 가지고 다뤄진다. A는 관련된 지각과정들이 제대로 작동하기 때문에 추론의 잘못됨을 안다. 이와 대조적으로 B의 시각은 어떤 방해하는 요소 때문에 '흐려지고' 혹은 '가려진다'. 논리적인 경우에 A의 직관이 인식론적 진리의 '비물리적인 영역' 안에 있다는 것을 인정했을 때, 인과성은 어떻게 되는가? 이 관점에서 볼 때 심리학자들이나 사회학자들이 다루는 보통의 원인들은 왜 B의 시각이 흐려지는가를 설명하는 데 도움을 줄 수 있을 것이다. 그리고 어떻게 A가 진리를 알게 되었는가를 설명할 수 있을 것이다(예를 들어서 어떻게 교육, 훈련, 지능 등이 객관적인 진리에 도달하는 길을 열어줄 수 있는가). 그러나 인과는 진리 자체에 대한 궁극적 도달을 설명할 수 없다. 합리적 행위는 인과적 관계의 일종이 아니다.

여기서 우리는, 내가 지식사회학에 반대하는 합리주의 밑에 깔려 있는 모형이라고 주장해왔던 비대칭적이고 목적론적 해석을 발견할 수 있다. 나는 그럴 듯하지 않은 극단주의자들을 공격하고 있지는 않다(차머스(Chalmers, 1990, p.83)가 나를 이렇게 비판한 것과는 다르게). 대신에 나는 스트롱 프로그램에 대한 단 하나의 진짜 대안을 나타내는 일관성 있는 주장을 검토해왔다.

수학과 필연의 영역

수학지식에 관한 사회학적 설명이 가능하다는 것을 보여주기 위하여 나는 대안적 수학이 가능하다고 주장하였다. 비판자들은 다음을 주장하였다. (1) 어떤 대안적 수학에 관한 증거도 설득력이 없고, (2) 나는 서로 시공간적으로 떨어져 있는 수학자들이 가지고 있는 상당한 합의를 무시하고, 또 그것을 설명할 수 없다. 프로이덴탈(Freudenthal, 1979), 트리플렛(Triplett, 1986), 그리고 아처(Archer, 1987)를 보라.

프로이덴탈은 내가 제시한 대안적 수학의 예들을(그리스 수학으로 부터 라카토슈의 오일러의 정의에 관한 설명을 포함한) 기각하였다. 그는 이런 예들이 "수학의 사회학과는 아무런 관계가 없다"고 말한다 (p.74). 그의 주장에 따르면, 나의 예들은 개념들의 정의만을 다루고 있으며, 증명에 관련된 추론을 다루고 있지 않다.

정의들은 실제로 공동체의 합의의 대상이지만, 그럼에도 불구하고 그것들은 수학적 필연성의 영역에 속하지 않는다(혹은 그렇다고 생각된 적도 없다)(p.74, p.75).

정의에 관한 협상과 증명들의 타당성에 관해 논쟁하는 것은 별개의 문제이다(p.80). 내가 이 점을 깨닫지 못한 이유는, 내가 수학 자체와 수학의 저변에 깔려 있는 모든 철학적인 전제들을 포함하는 메타수학(meta-mathematics)을 구분하지 못하였기 때문이다(p.75). 트리플렛은 프로이덴탈과는 독립적으로 이 점을 지적하였고, 아처는 프로이덴탈의 나의 예들에 관한 '상세한 해부'에 동의한다(p.238).

겔라틀리(1980)와 제닝스(1988)의 이에 대한 반론은 나의 비판자들이 가진 주장의 약점을 효과적으로 찾아내었다. 수학 자체와 메타수학의 경계를 설정함으로써 나의 비판자들은 문제를 만들어내고 있다. 나의 주장은 그러한 경계 자체가 협약이며, 역사적으로 가변적이라는 것이었다. 사람들이 무엇이 수학이고 무엇이 수학이 아닌가를 어떻게 결정하는지를 이해하는 것은 지식사회학이 당면하고 있는 문제의 일부이며, 이런 문제를 푸는 대안적인 방법들은 수학에 관한 대안적인 개념을 만들어내는 것이다. 수학의 경계는 비판자들이 하는 식으로 단순히 당연시될 수는 없다. 우리의 수학에 대한 대안이 없는 것처럼 보이는 이유들 가운데 하나는 우리가 일상적으로 그런 것을 허용하지 않기 때문이다. 우리는 그런 가능성을 무시해서 보이지 않게 하거나, 혹은 오류, 혹은 수학이 아니라고 정의해버린다(곧 이런 예를 제시할 것이다).

대안들에 반응하는 이러한 해석적 관행들은 대안들이 존재하지 않는다는 우리의 확신을 지지해준다. 내가 이해할 수 없는 이유로 인해서, 우리는 우리가 하는 것을 의식하지 못하면서도 요구되는 해석적 행위에 몰두할 수 있는 것처럼 보인다. 나는 이런 관행에 주의를 환기시키려고 노력하였다(p.129). 이제 이에 대해서 나의 비판자들은 어떻게 대처해왔을까? 그들은 내가 묘사한 관행을 단순히 이용했으며, 그렇게 사용한 결과를 나의 결론에 대항하여 인용하였다. 이 점은 과감하였지만 문제의 핵심을 피해버린 것이다.

월리스가 삼각형의 넓이는 밑변 곱하기 높이의 반이라고 증명한 것을 생각해보자. 그는 무한소를 사용하였고, 무한한 분자와 분모를 가진 분수를 사용하였다(p.126). 우리는 더 이상 이런 증명을 받아들이지 않지만, 월리스에게는 이 증명이 필연의 영역이었다. 즉 이것은 공식이 사실이라는 증명이었다. 이것을 후보 '증명'이라고 불렀을 때 나는 이 단어를 수학 교사처럼, 그리고 실제 수학자가 그 단어를 사용하는 것처럼 사용한다. 프로이덴탈은 '증명'의 의미를 바꾸고 증명을 특별한 방법—즉 추상적인 추론도식으로 취급함으로써—으로 사용함으로써 이런 예들을 피해간다. 기호논리학의 영향을 받음으로써 이런 식의 수학의 성격규정은 수학적 사상에서 필수적인 내용물을 결핍하고 있다. 라카토슈는 이런 내용물—즉 증명개념—은 기호의 조작을 조직화하고 동기화하는 준-경험적(quasi-empirical) 모형이라는 것을 우리에게 가르쳐주었다(1976).

월리스의 증명은 물론 명확한 증명개념을 가지고 있다. 이러한 의미의 변화는 월리스의 예와 같이 정당한 예를 부당하게 무시하는 결과를 초래하였다. 그러나 이런 해석적인 작업들을 찾아내는 일은 내가 전체적인 반론을 무시해버릴 수 있다는 것을 의미하지는 않는다. 이제 문제는 특별하고 몰해석적(stripped-down)인 증명의 의미가 지식사회학의 연구영역 밖에 위치하는가이다. 나는 조금 후에 이 문제에 대한 답을 특정한 예를 들어서 논할 것이다.

세 비판자들 모두 수학자들 사이에 만연한 합의와 수학사에서의 연속성을 지식사회학을 파괴하는 직접적인 원인으로 취급한다. 만일 스트롱 프로그램이 옳다면, 이런 사실들은 기적일 것이라고 주장된다. 따라서 프로이덴탈은 수학적 사고의 저변에 깔려 있는 조건들이 "너무나 깊이 배어 있기 때문에 **사회학적**이고 필연적으로 다른 접근의 어떤 역할도 배제해버리게 된다"(p.70)고 말한다. '필연적으로 다른'이라는 말은 중요하다. 아처가 스트롱 프로그램이 '상대주의적'(이것은 맞는다)이며, '상대주의적'이란 말을 '보편적인 것'인 것과 반대되는 것으로 취급할 때, 그녀는 비슷한 추론을 하고 있다 (p.235, p.237).

이런 추론들의 논리는 두 가지 점에서 의심스러운 것이다. 첫째로, '상대적'의 반대는 '보편적'이 아니다. 상대적의 반대는 '절대적'이다. 상대주의를 논박하려면 비판자들은 의견의 단순한 보편성 이상을 필요로 한다. 비판자들은 의견이 옳아야 함을 필요로 한다. 만장일치조차도 비판자들이 요구하는 성질을 보장하지는 못한다.[5] 워럴

---

5) 상대주의의 반대가 보편주의가 아니라 절대주의란 주장은 다음과 같이 이해

이 말한 것처럼 이성의 규약은 반드시 옳아야 한다. 둘째로, 어떤 의미에서 사회학적 탐구가 '필연적으로 달라야 하는가?' 만일 이것이 어떤 협약적인 합의도 원리적으로는 다를 수 있다는 것을 의미한다면, 즉 협약이 다른 협약이 되는 것이 가능하다는 것을 의미한다면, 이 지적은 옳다. 그러나 이것은, 실제로 혹은 경험적으로, 협약적인 합의가 불변성보다 변이를 보여주어야 한다는 것을 의미하지는 않는다. 이런 주장은 순전히 우연적인 이유들 때문에 생겨나는 규칙성의 가능성을 또 한 번 간과하게 된다.

스트롱 프로그램의 지지자들이나 비판자들에게 공히 어려운 점은 만일 사회학적 분석이 옳다면 수학에서 어느 정도의 문화적 변이를 기대할 수 있는가를 알아내는 일이다. 확실히 단일성을 기대할 만한 이유들이 있고, 또 그것을 설명할 수 있는 자원들이 존재한다. 이들은 (1) 생래적이고 공통적으로 공유하고 있는 추론성향들, (2) 기본적인 수학적 조작에 대한 경험적 모형을 제공해주는 공통적인 환경, 그리고 (3) 문화들과 상속된 문화적 자원들의 접촉 등이다. 반면에 변이는, 예를 들어서 반례들과 변칙들에 관한 반응들과 6장에서 논의된 차원들에서 기대된다. (스트롱) 프로그램이 적절한 이론으로 변

될 수 있을 것이다. 스트롱 프로그램이 옹호하는 상대주의는 지식의 타당성이 그 지식이 생성되는 지엽적이고 우연한 요소들(local and contingent causes)에 의하여 결정된다고 주장한다. 따라서 이런 지엽적이고 우연한 요소들을 떠난 맥락 자유적인(context free) 절대적 지식은 존재하지 않는다고 주장한다.

반면에 보편주의는 어떤 지식이 한 사회에서 보편적으로 받아들여지고 사실이라고 인정될 때에 적용된다. 따라서 보편주의는 상대주의와 양립이 가능한데 그 이유는 한 사회, 혹은 집단에서 어떤 지식이 보편적으로 받아들여지고 있을 때 이것은 이 사회, 혹은 집단이 옳다고 생각하는 이 집단에 특수한 보편적 지식이지 모든 집단, 사회를 넘어서는 절대적 지식은 아니기 때문이다.

환되기 전까지(그러한 시도로서는 Bloor, 1978을 보라) 확실히 논의할 수 있는 것은 가능성에 관한 문제일 뿐이다. 사회학적 설명에서 허용될 수 있는 종류의 변이가 **가능할까**? 특히 그런 변이가능성들이 가장 추상적이고 엄격한 형태라고 생각되는 증명의 논리적 심장부인 '필연의 영역'에서 발견될 수 있을까?

하나의 예로서 이른바 **모두스 포넌스**(modus ponens)라고 불리는 논리적 도식을 생각해보자. 이 도식은 만일 당신이 p라는 것을 인정하고, p가 q를 필연적으로 수반한다면, 당신은 q를 인정해야 한다는 것을 말한다. 기호적으로는 다음과 같이 나타낼 수 있다.

$$\frac{\begin{array}{c} p \\ p \supset q \end{array}}{\therefore q}$$

이런 도식의 필연성과 강제성에서 벗어날 수 있을까? 만일 전제들이 옳다면, 결론도 **옳아야만** 하지 않을까? 이것은 물론 추론의 올바른 형태에 관한 정의이며, 여기서 우리는 우리의 마음이 흐려지지 않았다면 우리의 합리적인 능력이 직접적으로 알아낼 수 있는 그런 형태에 관한 예를 가지고 있다. 여기서 우리는 그 앞에서는 스트롱 프로그램도 무기력해질 수밖에 없는 합리적이고, 혹은 절대적이고 보편적인 것을 소유하고 있는 듯이 보인다. 어떻게 자연주의적이고 사회학적인 접근이 우리의 인지적인 활동에서의 이러한 요소들을 설명할 수 있는가?

자, 여기에 그 답이 있다. 우선 반스와 블루어(1982)의 주장을 따라서, 나는 그 패턴이 생래적이기 때문에 이렇게 주장하려는 경향이 만연된 것이라고 주장한다. 그 패턴의 내적인 표상은 아직 알려져 있지 않지만, 어떤 형태로든 그것은 우리의 자연적 합리성의 특성이다 (이것은 이런 패턴이 동물에게도 존재하리라는 것을 알려주며, 실제로도 그렇다). 비판자들은 이 단계를 대수롭지 않게 취급한다. 아처는 "그들은 생물학 안에서 쳇바퀴를 돌고 있다"라고 말한다(p.241). 그러나 자연주의적 관점에서 보면, 이것은 완전히 적절하며, 이야기의 시작에 불과하다.

두번째로 사회학이 등장한다. 여기서 취할 입장은 친숙한 것이다. 우리의 자연적 합리성 안에 있는 **모두스 포넌스**와 같은 패턴의 일반성은 그 패턴을 두드러져 보이게 할 것이다. 우리가 인지적 협약들을 만들게 될 때, 이 협약들은 우리의 집단적 사고를 조화시키고 조직화하는 문제를 푸는 데 그런 두드러진 해답들을 사용할 것이다. 한마디로 패턴은 인지적인 제도의 수준으로 상승하게 될 것이다. 논리적인 협약으로서 이제 이 패턴은 그 응용에서 반례들과 변칙들로부터 특별한 보호를 받게 될 것이다.

모두스 포넌스와 같은 올바른 추론형태에도 반례들이 존재할 수 있을까? 사실 이런 반례들은 수백 년 동안 알려져 왔지만, 그것들은 우리들의 문화적 의식의 주변부에서 반쯤은 알려지고 반쯤은 숨겨진 상태로 이상한 삶을 영위해왔다. 논리학자들은 오래 전에 **모두스 포넌스**의 몇몇 응용사례들이 참인 전제들에서 잘못된 결론으로 이끈다는 것을 깨달았으나, 그들은 이런 응용사례들을 '역설들'(paradoxes)이라고 불렀다. 나는 '소리테스(sorites) 패러독스', 즉 더미(heap)의 문제에 대하여 말하고 있다.

만일 당신이 모래더미에서 한 알갱이를 제거하면, 당신은 아직 모래더미를 가지고 있다. 따라서 알갱이 하나를 제거해보라. 이제 당신은 모래더미를 가지게 된다. 만일 당신이 모래더미에서 한 알갱이를 제거하면……. 여기에서 우리는 **모두스 포넌스** 형태의 추론을 하고 있으나, 우리가 계속 알갱이를 제거하게 되면 모래알갱이는 마침내 다 없어지게 되고, 따라서 결론은 틀린 것이 되어버리고 만다. 즉 우리는 모래더미를 가지고 있지 못하고 한 알갱이의 모래도 남지 않게 된다.

전제들은 참이고, 추론은 모두스 포넌스이지만 결론은 틀리게 된다. 따라서 모두스 포넌스는 결국 타당한 추론이 아니다. 혹은 우리가 이렇게 말할 수 있을까? 모두스 포넌스는 옳다(왜냐하면 그것의 타당성을 우리는 확인할 수 있으므로). 따라서 문제는 다른 곳에 있고, 이 예는 단순한 역설이며 수수께끼이며 괴상한 것인가? 전통적인 반응은 '더미' 같은 '모호한' 서술어를 문제시하는 것이었다. 논리는 명확하거나, 혹은 잘 정의된 개념들에만 적용되는 것이라고 강변하였다. 최근에 와서야 다른 방법을 택해서 우리가 모두스 포넌스를 사용할 때 무엇이 일어나고 있는가에 대한 우리의 사고를 수정하는 실험이 행해졌다(Sainsbury, 1988).

물론 모두스 포넌스와 함께 절대적인 필연성을 담지하고 있다고 주장된 다른 후보들이 있다. 아처(1987)는 '비-모순의 법칙'(law of noncontradiction), 즉 하나의 명제는 동시에 참과 거짓이 될 수 없다는 법칙인 $\sim(p \cdot \sim p)$을 그런 후보 가운데 하나로 제시하였다. 여기서도 지식사회학자들이 상대주의가 옳다는 것을 보여주는데 필요한 자료를 논리학자들이 제공해주었다. 논리학자들은 '비-모순의 법칙'을 위반하는——예를 들어 세 개의 값을 가진 논리학(three-valued logic)——형식논리 체계를 고안해냈다(Makinson, 1973).

이제 문제는 이런 기술적인 체계들의 의미와 연관된다. 사회학자들은 세 개의 값을 가진 논리체계들을 사소한 것으로 만들기 위하여 여러 가지 수사적인 장치들이 사용되는 것을 발견할 것이다. 우리는 세 개의 값을 가진 체계들이 역설들이 아니며, 오히려 그것들의 기반이 된다고 강변되는 두 개의 값을 가진 체계—즉 모순의 법칙을 가지고 있는—에 기생적인 것이라는 주장을 접하게 된다(이 주장은 비유클리드적 기하학을 격하시키기 위하여 고안된 오래된 주장들과 유사하다. 비유클리드적 기하학은 우리가 가진 유일한 유클리드적 공간적 직관에 기생적이라고 주장되었다(Richards, 1988).

세 개의 값을 가진 논리적 체계를 격하시키기 위한 이러한 기법은 설득력을 갖지 못한다. 공식적인 체계로서, 세 개의 값을 가진 논리 체계와 두 개의 값을 가진 논리체계는 똑같은 지위를 가진다. 전자의 공식적인 조작이 후자의 공식적인 조작에서 파생된 것으로 봐야 할 이유는 없다. 이 두 개의 체계는 서로 독립적으로, 그리고 나란히 움직인다. 그러나 세 개의 값을 가진 논리는 우리의 자연적 합리성, 즉 우리의 비공식적인 사고과정들과 사고에 사용되는 상징들을 조작하기 위한 정신적 기술들을 전제하고 있다. 그러나 이것은 두 개의 값을 가진 체계의 공식적인 조작을 지탱하기 위해서도 마찬가지로 필요하다. 생래적인 기술은 일반적일지도, 혹은 당분간은 보편적일지도 모르지만, 그것들이 비모순의 법칙에다가 절대적인 지위를 부여하지는 않는다.[6]

따라서 이러한 '절대적인 보편성'에 대한 예견된 대안들이 제시되었다. 우리의 직관에 반하는, 실제로 정말 그럴 듯하지 않은, 스트롱 프로그램의 예측들은 따라서 확인되었다. 또 하나의 일반적인 포괄법칙은 검증을 통과했고 살아남았다. 여기서 나타나는 사실은 이런 후보들을 둘러싸고 있는 절대적이라는 후광이 그들의 특별한 지위를 구성하는 사회적 협약에서 온 것이 틀림없다는 것이다. 우리가 이것

---

6) 독자들은 이 논쟁을 위에서 살펴본 형식논리에 우선하는 비형식 논리들간의 '협상' 과정으로 볼 수 있을 것이다.

들의 강제적이고 필연적인 성격을 느낄 때, 이런 반응은 문화적 전통과 협약에 기인하는 것이다. '필연의 영역'은 그러므로 사회적 영역임이 밝혀진다.

결론 : 과학과 이단

얼마 전에 나는 놀랍게도 내가 바로 지금 살펴본—나의 주장을 포함한—주장들이 100년도 넘게 전에 일어났던 논쟁의 재판(再版)일 뿐이라는 사실을 발견하였다(Bloor, 1988). 스트롱 프로그램에 대한 논쟁은 또 하나의 다른 맥락—즉 신학과 종교적 신조의 역사—에서 이미 다 치러졌던 것이다. 내가 3장에서 우리가 과학을 신성한 것으로 취급함으로써 사회학적 탐구로부터 보호한다고 주장하였을 때, 나는 내가 알았던 것 이상을 말하였다. 스트롱 프로그램은 처음에 과학적 믿음들보다는 신성한 믿음들과의 연관 속에서 탄생하였으며, 그 당시에 신성한 믿음들에 반하여 사용된 주장들은 바로 지금 사용되는 주장들이다. 현재 우리는 과학사를 서술하는 적합한 방법에 대하여 논쟁한다. 과거에는 교회의 교리사(敎理史)를 쓸 때에 사용되어야 하는 적합한 방법이 논쟁대상이었으며, 우리 모두는 그 주장에 대하여 완전히 친숙할 것이다.

스트롱 프로그램은 교회사 서술에서 튀빙겐 학파가 표방하던 것과 유사한 입장을 가지고 있다. 바우어(Ferdinand Christian Baur, 1792~1860)의 영도 아래 이 학파의 학자들은 기독교 교리의 역사에 역사적인 서술기법을 사정없이 적용시켰다. 이들은 바우어가 '초자연주의'라 부른 교회사를 서술하는 오래된 패러다임을 거부하였다. 바우어가 『교회역사 서술의 기원들』(*Epochs of Church Historiography*,

1852)(Hodgson, 1968, p.53을 보라)에서 설명한 것처럼, '초자연주의자들'은 교리의 역사를 서로 다른 방식으로 다루는 두 개의 부분으로 나누었다.

한 부분은 진실로 사도적인 진리에 대한 기록이다. 이것은 성스러운 원천에서 나오는 것으로서, 성스러움 이외의 어떤 설명도 필요로하지 않는다. 다른 한 부분은 이단과 교리에서 벗어난 이론들에 대한기록이다. 이것은 교리에 충실한 사람들의 시야를 흐리게 하며, 그들을 잘못된 길로 인도하는 모든 것들에 의하여 설명된다. 여기서는 설명에 사용되는 단어들이 욕심, 욕망, 무지(無知), 미신, 그리고 악마등이다. 우리는 죄를 지은 사람들이며, 이것이 우리가 진실한 교리적발전에서 탈선하는 것을 설명한다.

분명히 이런 초자연주의 뒤에 있는 가정들은, 현재의 합리주의자들이 과학에 대한 역사서술시 서술방식 밑에 숨어 있는 가정들과 동일하다. 역사적으로 전개되는 성스러운 영감 대신에 우리는 합리적 탐구의 전개, 즉 '내적'인 과학사의 전개를 갖게 된다. 이단 대신에 우리는 비합리성과 사회–심리학적으로 인과된 진실로 과학적인 방법에서의 이탈, 즉 '외적' 과학사를 갖게 된다. 신학에서의 교리에 대한오해는 과학에서의 이데올로기적인 편견으로 대체된다. 현재의 합리주의자들은 다음과 같이 말한다.

사람이 합리적인 것을 하는 경우에는 그의 행위의 원인에 대해서우리는 더 이상 탐구할 필요가 없다. 반면에 그가 실제로 비합리적인 행위를 할 경우에는——그 자신은 그 행위가 합리적이라고 믿을지라도——우리는 그 이상의 설명을 필요로 한다(Laudan, 1977, p.188, p.189).

같은 단어들을 사용하고 또 몇몇 치환을 하게 되면 과거에 초자연주의자가 취한 입장의 성격을 정확히 살펴볼 수 있다.

기독교인이 정통교리를 믿을 때에는 그의 믿음의 원인에 대해서 우리는 더 이상 탐구할 필요가 없다. 반면에 그가 실제로 이단적인 믿음을 가지고 있을 경우에는—그 자신은 그 믿음이 정통의 교리라고 믿을지라도—우리는 그 이상의 설명을 필요로 한다.

바우어는 초기교회에서 경쟁하던 교파들간의 정치적 갈등들과 협상들에 대한 연구를 통하여 이런 존경할 만한, 그러나 어리석은 관점을 대체해버렸다. 그는 경쟁하는 교파들이 보이던 경향들, 즉 그들이 가지고 있었던 이해관계들을 가지고 교리들을 분석하였고, 이런 경향들 중 어느 것이 신학적으로 맞는가에 대한 사전적인 교리에 관한 판단에 기반하여 그의 연구를 수행하는 것을 거부하였다. 한마디로, 그는 우리가 가장 소중하게 생각하는 교리들의 사회적 구성을 연구하였고, 그는 경건하고 충실한 신자로서 그렇게 하였다(Hodgson, 1966).

바우어와 튀빙겐 학파는 지식사회학의 진정한 선구자들이었다. 이들의 위대한 업적이 과학철학자들, 과학사회학자들, 그리고 과학사가들의 공동의 인식에 뿌리내리지 못해서 똑같은 논쟁이 다시금 반복되어야 한다는 것은 슬픈 일이다. 이러한 역사적인 비극이 더 이상 진행되지 않기를 진실로 바랄 뿐이다. 바우어와 그의 동료들은 신학적인 전통에 사로잡혀 있던 사람들이 그들 자신의 믿음과 실천에 대하여 역사적으로 생각하던 방식을 바꿔보려던 시도에서 궁극적으로 실패하였다.

"왜 이런 관심을 신학적인 논쟁에 기울여야 하는가?"라고 비판자들은 물었다. 논쟁은 끝나지 않는가, 그리고 이런 논쟁의 종식은 신이 존재한다는 현실과 교리의 진리가 항상 궁극적으로 승리한다는 것을 증명하는 것이 아닌가(예를 들어 Matheson, 1875)? 자세하고 광범위한 연구와 수많은 수집된 증거에도 불구하고, 튀빙겐 학파는 이전의 연구들을 격하시키는 것으로 단순히 치부되었다. 궁극적으로 그들의 영향은 반개혁론과 편협성, 그리고 권위주의적인 정부의 사주를 받은 반동적 신학의 무게에 눌려서 무산되었다.

옮긴이의 말

이 책은 데이비드 블루어의 『지식과 사회의 상』(*Knowledge and Social Imagery*) 2판을 번역한 것이다. 한길그레이트북스 시리즈의 다른 책들의 저자들——예를 들면 화이트헤드, 레비-스트로스 등——에 비해 블루어는 상대적으로 잘 알려진 학자는 아니다. 그럼에도 불구하고 역자가 그의 책을 그레이트북스의 한 권으로 번역하여 출간하게 된 이유는, 이 책이 화이트헤드 등의 책들과는 다른 점에서 상당히 중요한 의미가 있기 때문이다.

이 책 전체를 통해서 블루어의 논조는 사뭇 도전적이고 비판적이다. 블루어는 전통적인 과학사회학과 철학이 우리에게 심어준 과학관을 거부하고, 자연과학 지식에 대한 전형적인 지식사회학적 접근을 시도하고 있다. 1976년에 초판이 발행된 이래 블루어의 책은 수많은 비판과 논쟁의 대상이 되었으며, 비판자들이건 동조자들이건 현대 지식사회학에서 블루어의 스트롱 프로그램은 하나의 준거점이 되어버렸다.

스트롱 프로그램을 우리말로 번역하지 않고 그대로 사용한 것은 어차피 프로그램은 우리말화되었고, 또 스트롱 프로그램은 이미 이 분야에서 하나의 고유명사화가 되어버렸기 때문이다.

이 번역본은 시카고 대학 출판부에서 1991년에 나온 2판을 번역한 것인데, 여기서 블루어는 그의 비판자들에 대한 답을 후기에서 자세하게 논의하고 있다. 이 후기에서 논의되고 있듯이, 스트롱 프로그램은 동조자들보다는 비판자들을 더 많이 만들어냈는데, 그 이유는 전통적으로 철학자들의 영역으로 여겨졌던 과학지식의 연구에 사회학자들이 침입했다고 생각되었기 때문이다.

블루어의 책을 읽고 그 주장들을 잘 이해한다면, 과학철학자 아가시(Joseph Agassi)가 지적하듯이, 블루어의 과학지식 사회학이 과학을 비합리적이고 싸구려 지식으로 전락시키려는 시도를 하고 있는 것이 아니라는 점을 이해하게 될 것이다. 블루어와 과학지식 사회학자들의 목적은 과학을 다른 문화와 마찬가지로 그 생성과 변화, 확산의 측면을 경험적으로, 그리고 어떤 규범적 편견을 가지지 않고 분석해내는 데 있다.

블루어가 지적하듯이, 버니언(John Bunyan)의 『천로역정』에서 모든 유혹과 사탄의 방해를 극복하고 오직 진정한 진리에 도달하려는 순례자가 상정하는 세계는, 이미 무엇이 옳고 그르며, 성스럽고 세속적인 것인가에 대한 사전적(a priori) 판단과 평가가 존재하는 초월적인 세계이다. 블루어에 따르면, 불행하게도 우리는 지금까지 과학에 대하여도 똑같은 생각을 가져왔다. 즉 진리와 합리성은 우리에게 주어진 고정불변의 원리와 방법에 의하여 밝혀질 수 있는 초월적인 것이며, 따라서 사회적이며 집단적인 요소——즉 사탄과 유혹——에 의해서 왜곡되는 것으로 보아왔다. 오일러의 정리에 대한 수학적 논쟁이 어떻게 진행되었는가에 대한 사회학적 분석은, 『천로역정』에서처럼 '초월적이고 신성한 진리'와 '잘못된 믿음'의 구분이 우리 밖에서 주어지는 것이 아니라, 우리의 '사회적 상호작용' 안에서 우리 자신들이 만들어가고 있다는 것을 보여주고 있다.

지난 8년간 서강대학교 사회학과, 서울대학교 과학사-과학철학 협동과정, 고려대학교 과학학 협동과정에서 이 책을 교재 가운데 한 권으로 사용하여 과학사회학 세미나를 하면서 느꼈던 점은, 학생들의 뇌리 속에 블루어가 이른바 '목적론적' 관점이라 부른 전통적인 지식관이 뿌리 깊게 자리잡고 있었기 때문에 그의 주장을 이해하는 데 상당히 어려움을 겪었다는 것이다. 이런 관점이 전통적으로 우리에게 각인되어왔던 것은 사실이나, 블루어가 주장하듯이 우리의 생리적 기제는 아니므로, 책을 자세히 읽다보면 극복될 수 있을 것이며, 한 걸음 더 나아가 블루어의 관점에 대한 비판에도 도달할 수 있을 것이다. 블루어의 책이 과학사회학뿐 아니라 과학철학, 과학사를 연구하는 사람들의 사고에도 전환을 가져오는 계기가 되기를 기원한다.

2000년 4월
김경만

참고문헌

Archer, M., "Resisting the Revival of Relativism," *International Sociology* 2, no.3, September 1987, pp.219~223.

Aristotle, *Metaphysics*, Trans. J. Warrington, London : Dent, 1956.

Arthur, B., "Positive Feedbacks in the Economy," *Scientific American*, February 1990, pp.92~99.

Austin, J., *Philosophical Papers*, chap.5, Oxford : Clarendon Press, 1961.

Barber, B., "Resistance by Scientists to Scientific Discovery," *Science* 134, no.3479, 1961, pp.596~602.

Barber, B., and R. Fox, "The Case of the Floppy-eared Rabbits," *American Journal of Sociology*, no.64, 1958, pp.128~136.

Barker, S., *Philosophy of Mathematics*, Englewood Cliffs, N.J. : Prentice-Hall, 1964.

Barnes, B., *Scientific Knowledge and Sociological Theory*, London : Routledge & Kegan Paul, 1974.

───, "Natural Rationality : A Neglected Concept in the Social Sciences," *Philosophy of the Social Sciences* 6, no.2, 1976, pp.115~126.

———, *T.S. Kuhn and Social Science*, London : Macmillan, 1982.

———, "Problems of intelligibility and Paradigm Instances," *Scientific Rationality : The Sociological Turn*, edited by J. Brown, Dordrecht : Reidel, 1984, pp.113~125.

Barnes, B., and D. Bloor, "Relativism, Rationalism and the Sociology of Knowledge," *Rationality and Relativism*, edited by M. Hollis and S. Lukes, Oxford : Blackwell, 1982, pp.21~47.

Bartlett, F.C., *Remembering*, Cambridge : Cambridge University Press, 1932.

Bartley, W.W. III., "Alienation Alienated : The Economics of Knowledge *versus* the Psychology and Sociology of Knowledge," *Evolutionary Epistemology, Rationality and the Sociology of Knowledge*, edited by G. Radnitzky and W.W. Bartley, La Salle, III, Open Court, 1987, pp.423~451.

Baur, F.C., "Epochs of Church Historiography," *Ferdinand Christian Baur on the Writing of Church History*, edited by P. Hodgson, New York : Oxford University Press, 1968.

Ben-David, J., *The Scientist's Role in Society*, Englewood Cliffs, N.J. : Prentice-Hall, 1971.

———, "Sociology of Scientific Knowledge," *The State of Sociology : Problems and Prospects*, edited by J.F. Short, Beverly Hills : Sage Publications, 1981, pp.40~59.

Bloor, C., and D. Bloor, "Twenty Industrial Scientists," *Essays in the Sociology of Perception*, edited by M. Douglas, London : Routledge and Kegan Paul, 1982, pp.83~102.

Bloor, D., "Two Paradigms for Scientific Knowledge?" *Science Studies* 1, no.1, 1971, pp.101~115.

_____, "Wittgenstein and Mannheim on the Sociology of Mathematics," *Studies in the History and Philosophy of Science* 4, no.2, 1973, pp.173~191.

_____, "Popper's Mystification of Objective Knowledge," *Science Studies* 4, 1974, pp.65~76.

_____, "Psychology or Epistemology?" *Studies in the History and Philosophy of Science* 5, no.4, 1975, pp.382~395.

_____, "Polyhedra and The Abominations of Leviticus," *British Journal for the History of Science* 11, 1978, pp.243~272. Reprinted in *Essays in the Sociology of Perception*, edited by M. Douglas, London : Routledge and Kegan Paul, 1982, pp.191~218.

_____, "Durkheim and Mauss Revisited : Classification and the Sociology of Knowledge," *Studies in the History and Philosophy of Science* 13, 1982, pp.267~297.

_____, *Wittgenstein : A Social Theory of Knowledge*, London : Macmillan, 1983.

_____, "Rationalism, Supernaturalism, and the Sociology of Knowledge," *Scientific Knowledge Socialized*, edited by I. Hronsky, M. Feher, and B. Dajka, Budapest : Akedemiai Kiado, 1988.

Bosanquet, B., *The Philosophical Theory of the State*, London : Macmillan, 1899.

Bostock, D., *Logic and Arithmetic*, Oxford : Clarendon Press, 1974.

Bottomore, T.B., "Some Reflections on the Sociology of

Knowledge," *British Journal of Sociology* 7, no.1, pp.52~58.

Boyer, C.B., *The History of Calculus and Its Conceptual Development*, New York : Dover Publications, 1959.

Bradley, F.H., *Ethical Studies*, Oxford : Clarendon Press, 1876.

Brown, J., *The Rational and the Social*, London : Routledge, 1989.

Burchfield, J.D., *Lord Kelvin and the Age of the Earth*, London : Macmillan, 1975.

Burke, E., *Reflections on the Revolution in France*(1970), In *The Works of the Right Honourable Edmund Burke*, vol.5, London : Rivington, 1808.

Cajori, F., *A History of Mathematics*, 2d Edition, New York : Macmillan, 1919.

Cardwell, D.S.L., *From Watt to Clausius*, London : Heinemann, 1971.

Carruccio, E., *Mathematics and Logic in History and in Contemporary Thought*, Trans. I. Quigley, London : Faber & Faber, 1964.

Cassirer, E., *The Problem of Knowledge*, Trans. W.H. Woglom and C.W. Hendel, New Haven : Yale University Press, 1950.

Chalmers, A., *Science and Its Fabrication*, Milton Keynes : Open University Press, 1990.

Coleman, W., "Bateson and Chromosomes : Conservative Thought in Science," *Centaurus* 15, no.3~4, pp.228~314.

Collins, H., *Changing Order : Replication and Induction in Scientific Practice*, London : Sage, 1985.

Conant, J.B., "The Overthrow of Phlogiston Theory," *Harvard Case*

Histories in Experimental Science, edited by J.B. Conant and
L.K. Nash, Cambridge, Mass. : Harvard University Press, 1966.

Cowan, R.S., "Francis Galton's Statistical Ideas : The Influence of
Eugenics," *Isis* 63, 1976, pp.509~528.

Dedekind, R., *Essays on the Theory of Numbers*, Trans. W.W.
Berman, New York : Dover Publications, 1963.

DeGre, G., *Science as a Social Institution*, New York : Random
House, 1967.

Desmond, A., *The Politics of Evolution : Morphology, Medicine, and
Reform in Radical London*, Chicago : University of Chicago
Press, 1989.

Dienes, Z.P., *Building up Mathematics*, London : Hutchinson, 1960.

＿＿＿, *The Power of Mathematics*, London : Hutchinson, 1964.

Douglas, M., *Purity and Danger : An Analysis of Concepts of Pollu-
tion and Taboo*, London : Routledge & Kegan Paul, 1966.

＿＿＿, *Natural Symbols*, London : Barrie & Jenkins, 1970.

Durkheim, E., *The Elementary Forms of the Religious Life*, Trans.
J.W. Swain, London : Allen and Unwin, 1915(Quotations are
from the 1961 Collier Books editon).

＿＿＿, *The Rules of Sociological Method*, 8th Editon, Trans. S.A.
Soloway and J.H. Mueller, New York : The Free Press, 1938.

＿＿＿, *Selected Writings*, Edited by Anthony Giddens, Cambridge :
Cambridge University Press, 1972, pp.251~253.

Evans-Pritchard, E.E., *Witchcraft, Oracles and Magic among the
Azande*, Oxford : Clarendon Free Press, 1937.

Flew, A., "A Strong Programme for the Sociology of Belief," *Inquiry*

25, 1982, pp.365~385.

————, "Must Naturalism Discredit Naturalism?" *Evolutionary Epistemology, Rationality and the Sociology of Knowledge*, edited by G. Radnitzky and W.W. Bartley, La Salle, III : Open Court, 1987, pp.402~421.

Forman, P., "Weimar Culture, Causality, and Quantum Theory, 1918~1927, Adaptation by German Physicists and Mathematicians to a Hostile Intellectual Environment," *Historical Studies in the Physical Sciences*, vol.3, edited by R. McCormmach, Philadelphia : University of Pennsylvania Press, 1971, pp.1~115.

Frege, G., *The Foundations of Arithmetic*, Trans. J.L. Austin, Oxford : Blackwell, 1959.

French, P., *John Dee*, London : Routledge & Kegan Paul, 1972.

Freudenthal, G., "How Strong is Dr. Bloor's 'Strong Programme'?" *Studies in History and Philosophy of Science* 10, 1979, pp.67~83.

Geach, P., *The Virtues*, Cambridge : Cambridge University Press, 1977.

Gellatly, A., "Logical Necessity and the Strong Programme for the Sociology of Knowledge," *Studies in History and Philosophy of Science* 11, no.4, 1980, pp.325~339.

Giddens, A., *Emile Durkheim : Selected Writing*, Edited with an introduction by A. Giddens, Cambridge : Cambridge University Press, 1972.

Gooch, G.P., *Studies in German History*, London : Longmans, 1948.

Halevy, E., *The Growth of Philosophical Radicalism*, Trans. M. Morris, London : Faber & Faber, 1928.

Hamlym, D.W., *The Psychology of Perception*, London : Routledge & Kegan Paul, 1969.

Haney, L.H., *History of Economic Thought*, New York : Macmillan, 1911.

Heath, Sir T., *Diophantus of Alexandria : A Study in the History of Greek Algebra*, 2d Edition, Cambridge : Cambridge University Press, 1910.

_____, *A History of Greek Mathematics*, 2 vols, Oxford : Clarendon Press, 1921.

Hesse, M., *Models and Analogies in Science*, Notre Dame : University of Notre Dame Press, 1966.

_____, *The Structure of Scientific Inference*, London : Macmillan, 1974.

_____, "The Strong Thesis in the Sociology of Science," *Revolutions and Reconstruction in the Philosophy of Science*, Brighton : Harvester, 1980, pp.29~60.

Hobhouse, L.T., *The Metaphysical Theory of the State*, London : Allen & Unwin, 1918.

Hodgson, P., *The Formation of Historical Theology : A Study of Ferdinand Christian Baur*, New York : Harper & Row, 1966.

_____, *Ferdinand Christian Baur on the Writing of Church History*, New York : Oxford University Press, 1968.

Hollis, M., "The Social Destruction of Reality," *Rationality and Relativism*, edited by M. Hollis and S. Lukes, Oxford :

Blackwell, 1982, pp.67~86.

Jacob, J., "Boyle's Atomism and the Restoration Assault on Pagan Naturalism," *Social Studies of Science* viii, 1978, pp.211~233.

Janik, A., and S. Toulmin, *Wittgenslein's Vienna*, London : Weidenfeld & Nicolson, 1973.

Jennings, R., "Truth, Rationality and the Sociology of Science," *British Journal for the Philosophy of Science* 35, 1984, pp.201~211.

―――, "Alternative Mathematics and the Strong Programme : Reply to Triplett," *Inquiry* 31, 1988, pp.93~101.

Kantorowicz, H., "Savigny and the Historical School of Law," *Law Quarterly Review* 53, 1937, pp.326~343.

Kitcher, P., *The Nature of Mathematical Knowledge*, Oxford : Oxford University Press, 1984.

Klein, J., *Greek Mathematical Thought and the Origin of Algebra*, Trans. E. Brann, Cambridge, Mass. : MIT Press, 1968(first published in 1934 and 1936).

Kuhn, T.S., *The Copernican Revolution*, Cambridge, Mass. : Harvard University Press, 1957.

―――, "Energy Conservation as an Example of Simultaneous Discovery," *Critical Problems in the History of Science*, edited by M. Clagett, Madison : University of Wisconsin Press, 1959.

―――, "The Historical Structure of Scientific Discovery," *Science* 136, 1962a, pp.760~764.

―――, *The Structure of Scientific Revolutions*, Chicago : University of Chicago Press, 1962b.

Lakatos, I., "Infinite Regress and the Foundations of Mathematics," *Proceedings of the Aristotelian Society*, supp. v.36, 1962, pp.155~184.

_____, "Proofs and Refutations," *British Journal for the Philosophy of Science* 14, 1963~1964, pp.1~25, 120~139, 221~243, 296~342.

_____, "A Renaissance of Empiricism in the Recent Philosophy of Mathematics," *Problems in the Philosophy of Mathematics*, edited by I. Lakatos, Amsterdam : North Holland Publishing Company, 1967, pp.199~220.

_____, "History of Science and Its Rational Reconstructions," *Boston Studies*, v.8, edited by R.C. Buck and R.S. Cohen, Dordrecht : Reidel, 1971.

_____, *Proofs and Refutations*, Cambridge : Cambridge University Press, 1976.

Lakatos, I., and A. Musgrave, eds., *Criticism and the Growth of Knowledge*, Cambridge : Cambridge University Press, 1970.

Langmuir, I., *Pathological Science*, Edited by R.N. Hall, New York : General Electric R & D Centre Report no.68-c-035, 1968.

Laudan, L., *Progress and Its Problems : Towards a Theory of Scientific Growth*, London : Routledge & Kegan Paul, 1977.

Lovejoy, A.O., "Reflections on the History of Ideas," *Journal of the History of Ideas* 1, no.1, 1940, pp.3~23.

Lukes, S., "Relativism : Cognitive and Moral," *Proceedings of the Aristotelian Society*, supp. v.48, 1940, pp.165~189.

Lummer, O., "M. Blondlot's N-ray Experiments," *Nature* 69, 1904, pp.378~380.

McDougall, W., *The Group Mind*, Cambridge : Cambridge University Press, 1920.

MacKenzie, D., *Statistics in Britain, 1865~1930 : The Social Construction of Scientific Knowledge*, Edinburgh : Edinburgh University Press, 1981.

Makinson, D., *Topics in Modern Logic*, London : Methuen, 1973.

Mander, J., *Our German Cousins : Anglo-German Relations in the 19th and 20th Centuries*, London : John Murray, 1974.

Manicas, P., and A. Rosenberg, "Naturalism, Epistemological Individualism and the 'Strong Programme' in the Sociology of Knowledge," *Journal for the Theory of Social Behavior* 15, 1985, pp.76~101.

Mannheim, K., *Ideology and Utopia*, Trans. with an introduction by L. Wirth and E. Shils, London : Routledge & Kegan Paul, 1936.

_____, *Essays on the Sociology of Knowledge*, London : Routledge & Kegan Paul, 1952.

_____, "Conservative Thought," *Essays on Sociology and Social Psychology*, London : Routledge & Kegan Paul, 1953.

Matheson, Rev. G., *Aids to the Study of German Theology*, Edinburgh : Clark, 1875.

Merton, R.K., "Priorities in Scientific Discoveries," *American Sociological Review* 22, no.6, 1957, pp.635~659.

_____, *Social Theory and Social Structure*, London : Collier-Macmillan, 1964.

_____, *The Sociology of Science : Theoretical and Empirical*

Investigations, chap.1, Chicago : University of Chicago Press, 1973.

Mill, J.S., *A System of Logic : Ratiocinative and Inductive*, London : Longmans, 1848. All quotations are from the 1959 impression of the eighth edition. All references are given by citing the book, chapter, and section number.

Millikan, R., *Language, Thought and Other Biological Categories*, Cambridge, Mass. : MIT Press, 1984.

Montmorency, J.E.G. de, "Friedrich Carl von Savigny," *Great Jurists of the World*, edited by J. Macdowell and E. Mason, London : John Murray, 1913.

Morrell, J.B., "The Chemist Breeders : The Research Schools of Liebig and Thomas Thomson," *Ambix* xix, no.1, pp.1~46.

Nash, L.K., "The Atomic-Molecular Theory," *Harvard Case Histories in Experimental Science*, edited by J.B. Conant and L.K. Nash, Cambridge, Mass. : Harvard University Press, 1966.

Newton-Smith, W., *The Rationality of Science*, London : Routledge & Kegan Paul, 1981.

Nisbet, R.A., *The Sociological Tradition*, London : Heinemann, 1967.

Pascal, R. "Herder and the Scottisch Historical School," *Publications of the English Goethe Society*, New Series xiv, pp.23~42.

Peters, R.S., *The Concept of Motivation*, London : Routledge & Kegan Paul, 1958.

Piaget, J., *The Child's Concept of Number*, Trans. C. Cattegro and F. M. Hodgson, London : Routledge & Kegan Paul, 1952.

Pickering, A., *Constructing Quarks : A Sociological History of Particle Physics*, Edinburgh : Edinburgh University Press, 1984.

Pinch, T., *Confronting Nature : The Sociology of Solar-Neutrino Detection*, Dordrecht : Reidel, 1986.

Poincaré, H., *Science and Method*, Trans. F. Maitland, New York : Dover Publications, 1908.

Polya, G., *Analogy and Induction*, Volume 1 of *Mathematics and Plausible Reasoning*, Princeton : Princeton University Press, 1954.

Popper, K.R., *The Logic of Scientific Discovery*, London : Hutchinson, 1959 (first published 1934).

_____, *The Poverty of Historicism*, London : Routledge & Kegan Paul, 1960.

_____, *Conjectures and Refutations*, London : Routledge & Kegan Paul, 1963.

_____, *The Open Society and Its Enemies*, vol.2, London : Routledge & Kegan Paul, 1966.

_____, *Objective Knowledge*, Oxford : Clarendon Press, 1972.

Reiss, H.S., *The Political Thought of the German Romantics, 1793~1815*, Oxford : Blackwell, 1955.

Richards, J., *Mathematical Visions : The Pursuit of Geometry in Victorian England*, London : Academic Press, 1988.

Rudwick, M.J.S., *The Meaning of Fossils*, London : Macdonald, 1972.

_____, "Darwin and Glen Roy : A 'Great Failure' in Scientific Method?" *Studies in the History and Philosophy of Science* 5, no.2, 1974, pp.97~185.

_____, *The Great Devonian Controversy : The Shaping of Scientific Knowledge among Gentlemanly specialists*, Chicago : University of Chicago Press, 1985.

Russell, B., *Portraits from Memory*, London : Allen & Unwin, 1956.

Ryle, G., *The Concept of Mind*, London : Hutchinson, 1949.

Sainsbury, R., *Paradoxes*, Cambridge : Cambridge University Press, 1988.

Scheffler, I., *Science and Subjectivity*, New York : Bobbs-Merrill, 1967.

Shapin, S., "Phrenological Knowledge and the Social Structure of Early Nineteenth-Century Edinburgh," *Annals of Science* xxxii, 1975, pp.219~243.

_____, "The Politics of Observation : Cerebral Anatomy and Social Interests in the Edinburgh Phrenology Disputes," *On the Margins of Science*(Sociological Review Monograph No.27, 1979), edited by R. Wallis.

_____, "Homo Phrenologicus : Anthropological Perspectives on an Historical Problem," *Natural Order : Historical Studies in Scientific Culture*, edited by B. Barnes and S. Shapin, Beverly Hills : Sage, 1979.

_____, "History of Science and Its Sociological Reconstruction," *History of Science* xx, 1982, pp.157~211.

Shapin, S., and S. Schaffer, *Leviathan and the Air-Pump*, Princeton : Princeton University Press, 1985.

Skinner, B.F., "The Operational Analysis of Psychological Terms,"

Psychological Review 52, pp.270~277.

Slezak, P., "Scientific Discovery by Computer as Empirical Refutation of the Strong Programme," *Social Studies of Science* 9, no.4, Nov. 1989, pp.563~600.

Spengler, O., *The Decline of the West*, Trans. C.F. Atkinson, London : Allen & Unwin, 1926.

Stark, W., "Liberty and Equality or : Jeremy Bentham as an Economist," *Economic Journal* 51, 1941, pp.56~79, and 56, 1946, pp.583~608.

_____, *The Sociology of Knowledge*, London : Routledge & Kegan Paul, 1958.

Staude, J.R., *Max Scheler*, 1874~1928, chap.3, "The Genius of the War," New York : The Free Press, 1967.

Storer, N.W., *The Social System of Science*, New York : Holt, Rinehart & Winston, 1966.

Strawson, P., "Truth," *Proceedings of the Aristotlian Society* supp. v. xxiv, 1950, pp.129~156.

Strong, E.W., *Procedures and Metaphysics*, Hildersheim : Georg Olms, 1966(first published 1936).

Toulmin, S., "Crucial Experiments : Priestley and Lavoisier," *Journal of the History of Ideas* 18, 1957, pp.205~220.

Triplett, T., "Relativism and the Sociology of Mathematics : Remarks on Bloor, Flew, and Frege," *Inquiry* 29, 1986, pp.439~450.

Turner, R.S., "The Growth of Professorial Research in Prussia, 1818 to 1848—Causes and Contest," *Historical Studies in the Physical Sciences*, vol.3, edited by R. McCormmach, Philadelphia :

University of Pennsylvania Press, 1971, pp.137~182.

Van der Waerden, B.L., *Science Awakening*, Trans. A. Dresden, Groningen : Noordhoff, 1954.

Warrington, J., Translation of Aristotles's *Metaphysics*, London : Dent, 1956.

Watkins, D.S., "Blondlot's N-rays : A History of a Notable Scientific Error," Unpublished paper from Department of Liberal Studies, University of Manchester, 1969.

Williams, R., *Culture and Society* 1780~1950, London : Chatto & Windus, 1958.

Winch, P., "Understanding a Primitive Society," *American Philosophical Quarterly* 1, 1964, pp.307~324.

Wittgenstein, L., *Remarks on the Foundations of Mathematics*, Oxford : Blackwell, 1956.

_____, *Philosophical Investigations*, Trans. G.E.M. Anscombe, Oxford : Blackwell, 1967.

Wolff, K.H. ed., *Essays on Sociology and Philosophy by Emile Durkheim et al*, New York : Harper & Row, 1964.

Wood, R.W., "The N-rays," *Nature* 70, 1904, p.530, p.531.

Worrall, J., "Rationality, Sociology and the Symmetry Thesis," *International Studies in the Philosophy of Science* 4, no.3, 1990, pp.305~319.

Yates, Frances A., *The Rosicrucian Enlightenment*, London : Routledge & Kegan Paul, 1972.

Yearley, S., "The Relationship between Epistemological and Sociological Cognitive Interests," *Studies in History and*

Philosophy of Science 13, 1982, pp.253~288.

Young, R.M., "Malthus and the Evolutionists : The Common Context of Biological and Social Theory," *Past and Present* 43, 1969, pp.109~145.

Znaniecki, F., *The Social Role of the Man of Knowledge*, New York : Octagon Books, 1965.

찾아보기

GB
한길그레이트북스

한길 그레이트북스 044

지식과 사회의 상

지은이 데이비드 블루어
옮긴이 김경만
펴낸이 김언호
펴낸곳 (주)도서출판 한길사

등록 • 1976년 12월 24일 제74호
주소 • (413-756) 경기도 파주시 교하읍 문발리 520-11
www.hangilsa.co.kr
E-mail: hangilsa@hangilsa.co.kr
전화 • 031-955-2000~3
팩스 • 031-955-200

제1판 제1쇄 2000년 5월 20일
제1판 제3쇄 2011년 10월 5일

Knowledge and Social Imagery
by David Bloor
Translated by Kim, Kyung-Man
Published by Hangilsa Publishing Co., Ltd., Korea

값 22,000원
ISBN 978-89-356-5239-6 94300

● 잘못 만들어진 책은 구입하신 서점에서 바꿔드립니다

한길그레이트북스 인류의 위대한 지적 유산을 집대성한다